Kompass-Wanderführer
Osttirol

Die 100 schönsten Wanderungen

- **Rundwanderungen**
- **Streckenwanderungen**

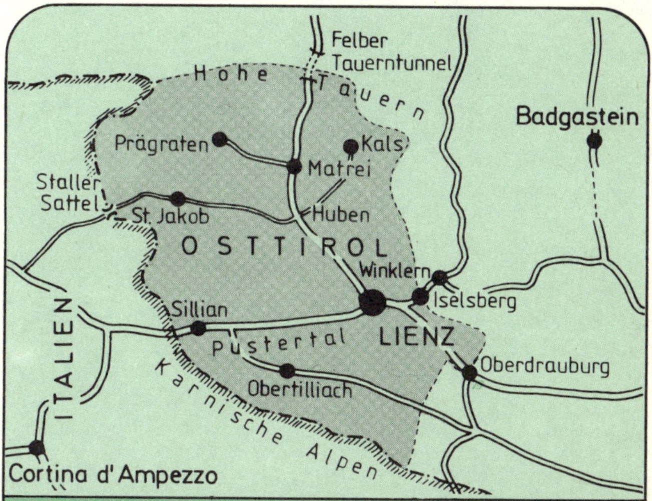

In Zusammenarbeit mit dem Deutschen Jugendherbergswerk

Kompass-Wanderführer

Wanderführer Osttirol

Ausgewählt, begangen
und beschrieben
von Alfred Thenius

Deutscher Wanderverlag
Dr. Mair & Schnabel & Co. · Stuttgart

wandern + radwandern

Die große Wanderbuch-Reihe
für grenzenloses Wandern

Zu diesem »KOMPASS-Wanderführer«
die Generalkarte für Österreich 1:200 000,
Blatt 6
(Mairs Geographischer Verlag, Stuttgart)

Kartographie:
Ing.-Büro für Landkartentechnik Adolf Benjes
Übersichtskarte: Adele Greschner
Umschlagbild: Großvenediger-Gruppe
(Foto: roebild, Ernst Müller)

2., verbesserte Auflage, 1990

ISBN 3-8134-0215-0

Satz: Gerda Kaul, D-7317 Wendlingen
Druck: Siegfried Roth, D-7311 Owen/Teck
Printed in Germany

INHALT

Rundwanderungen

Kleinregion Kals am Großglockner

Kleinregion Großvenediger

Lienz und Umgebung: von Ainet bis Nikolsdorf; von Aßling bis Iselsberg

Das Pustertal

Tiroler Gailtal

Streckenwanderungen

Kleinregion Kals am Großglockner

Kleinregion Großvenediger

Das Defereggental

Lienz und Umgebung: von Ainet bis Nikolsdorf; von Aßling bis Iselsberg

Das Pustertal

Tiroler Gailtal

Lehrpfade

Orts- und Sachverzeichnis

Mit Nummern-Angaben der betreffenden Wanderungen:
schräg-gedruckte Zahlen weisen auf Kurzbeschreibung im Text hin.

Vorwort

In diesem Kompass-Wanderführer sind rund 100 Berg- und Talwanderungen beschrieben. Osttirol, im Süden der Hohen Tauern gelegen, mit seinen 150 Dreitausendern, etwas abseits von den großen Durchzugsstraßen, ist vielleicht nicht so leicht zu erreichen wie andere Gebiete. Dafür bietet dieser Bezirk aber viele Vorteile. Es wird noch verhältnismäßig viel Landwirtschaft betrieben, dadurch ist das Bergland belebt, die vielen Wiesen mit ihren Blumen, die Almen und die netten Siedlungen, wo man noch viele Holzhäuser vorfindet, sind so richtig geeignet für einen erholsamen Urlaub.

Auf den Bergen und in den Tälern rauschen die Bäche mit Ausnahme der Kalkberge im Süden und man kann wohl mit Recht von einer heilen Umwelt sprechen. Die Berge ragen hinauf bis 3800 Meter, wie der Großglockner, der höchste Berg Österreichs, der sich mit seiner Südseite auf dem Osttiroler Gebiet befindet. Nur der Talboden von Lienz liegt tiefer als 1000 Meter Seehöhe; sonst liegen alle Hauptorte des Bezirkes über der 1000-Meter-Grenze.

Der 2020 Quadratkilometer große Bezirk Lienz/Osttirol mit fast 46 000 Einwohnern ist ein seit dem 1. Weltkrieg abgetrennter Teil von Tirol. Einst gehörte Osttirol zum großen Südtirol. Wenn auch der Bezirk nicht die rasante Entwicklung anderer Gebiete mitgemacht hat, so ist er doch relativ gut erschlossen. In alle Haupttäler führen gut ausgebaute asphaltierte Straßen, es gibt auch einige Bergbahnen und Liftanlagen, aber der Grad der Erschließung auf diesem Gebiet ist so gering, daß ein freies großflächiges Wandergebiet zur Verfügung steht.

Eines allerdings muß der Wanderer in Osttirol können. Er muß in der Lage sein, aufwärts zu steigen. Denn die flachen Talwanderungen sind gezählt. Aber gerade diese Höhenunterschiede bereichern die Wanderungen. Erstens vollbringt man eine Leistung, zweitens ist der Überblick von einer hochgelegenen Aussichtswarte aus doch wesentlich schöner als das unübersichtliche Flachland. Doch es ist besser, Sie kommen einmal nach Osttirol und versuchen es selbst. Etwas Training zu Hause wird Ihre Wanderungen genußvoller gestalten und erleichtern. Täglich soll man eine halbe Stunde in frischer Luft Bewegung machen, wobei der Puls über 110/Minute liegen soll. Der Sauerstoff allein hilft dem Körper nichts, wenn nicht der notwendige Druck vorhanden ist, und dieser wieder entsteht nur bei Bewegung.

Sollten Ihnen einzelne Wanderungen zu lang sein, so kann man auch Teile davon ausführen. Langsam beginnen und dann steigern, so werden Sie Freude an Ihren Unternehmungen finden.

Am Schluß noch eine Bitte: Wir alle wollen eine gesunde und erholsame Umwelt. Erste Voraussetzung ist die Reinhaltung unserer Umgebung, und dazu zählt auch die Natur, die Landschaft mit ihren Wegen und Straßen, den Gewässern und Seen. Hinterlassen Sie keine Verunreinigungen, werfen Sie nichts weg! In einem Plastiksack kann man die geringen Abfälle, die man im Rucksack hinaufgetragen hat, leicht wieder mitnehmen.

Schont die Alpenblumen!

Viele schöne erholsame Wanderungen wünscht Ihnen unter dem südlichen Himmel Osttirols, wo es viele Sonnentage gibt,

Alfred Thenius

Kurze Geologie Osttirols

Im Norden liegen die Hohen Tauern (Tauern ist eine alte Bezeichnung für Übergang) mit den Zentralgneiskernen der Venediger- und der Gratnatspitzgruppe. Diese Kerne sind von den Schieferhüllen der Unteren und der Oberen Schieferhülle (der kalkarmen und der kalkreichen) umgeben. Der Glockner gehört zur Oberen Schieferhülle und besteht aus dem sehr harten Grünstein, dem Prasinit.

Schobergruppe und Defereggeralpen bestehen in der Hauptsache aus Altkristallin und Quarzphylliten.

Der Süden des Bezirkes gehört der südlichen Grauwackenzone an. Dazu gehören die Gailtaler Alpen mit den Lienzer Dolomiten und an der Grenze gegen Italien der Karnische Hauptkamm. Im Erdaltertum, also vor einer Zeit, die mehr als eine Milliarde Jahre zurückliegt, waren es die beiden Großkontinente Laurasia, der Nordkontinent und das Gondwanaland im Süden, zwischen denen sich das alte Mittelmeer bildete, welches wohl zeitweise austrocknete, aber Jahrhundertmillionen Zeit hatte, um Ablagerungen und Kalkriffe zu bilden. Ein Teil des inzwischen auseinandergebrochenen Gondwanakontinents, das heutige Afrika, drängte als Festlandscholle gegen die Ozeanplatte des Mittelmeeres und diese wieder gegen den Europäischen Kontinent. Dies bewirkte die Auffaltung der Alpen und bildete dadurch den neuesten Teil Europas, soweit es die Geologie betrifft.

Dabei kam es nicht nur zu einer Auffaltung des ehemaligen Meeresbodens und zum Aufsteigen von Tiefengesteinen (zum Beispiel Gneis und Granit) sondern auch zu Überschiebungen älterer und jüngerer Gesteine. So lagern auf alten Gesteinen, die 400 Millionen Jahre und älter sind, die heutigen Lienzer Dolomiten. Die unterste Schicht, das rötliche Gestein aus dem Permzeitalter, ist 280 Millionen Jahre alt, darauf die verschiedenen Kalke und Dolomite bis zum Riffelkalk aus dem Trias mit 200 Millionen Jahren.

Die erzhaltigen Gesteine im Defereggen- und Iseltal und auch im Pustertal wurden früher abgebaut. Heute gibt es keinen Bergbau mehr. Es sind leider auch die alten Mineralquellen in Bad Grünmoos bei St. Jakob/Defereggen, Bad Weiherburg bei Aianet und Bad Jungbrunn bei Tristach und Bad Leopoldsruhe bei Lienz/Leisach in Vergessenheit geraten.

So findet man in Osttirol auf kleinstem Raum eine Vielfalt an Erscheinungsformen. Kein Tal gleicht dem anderen, dies ergibt zusammen mit den Unterschieden in der Vegetation und den bis in große Höhen hinauf bewirtschafteten Gebieten den besonderen Reiz des im südwestlichen Winkel von Österreich gelegenen Bezirkes Lienz/Osttirol.

Einige Tips für unsere Wanderungen

Für unsere Wanderungen brauchen wir – sollen sie uns Freude und Genuß bereiten – drei wichtige Voraussetzungen. Erstens eine gute Ausrüstung, zweitens die körperlichen Grundlagen, die Kondition, und drittens müssen wir wissen, wohin wir wollen, dazu brauchen wir Orientierungsbehelfe.

Die gute Ausrüstung beginnt bei den wasserdichten Bergschuhen und endet beim Regenumhang oder noch besser beim Regenschirm. Wer einen leichten Wanderrucksack trägt, wird darin viele wichtige Dinge verstauen können, nicht nur den Proviant. In den Bergen kann es oft empfindlich kalt werden, da sind Reservekleidungsstücke sehr wichtig. Ein Anorak und eine Überhose aus Goretex sind wohl teuer, aber erstklassige leichte, wind- und regendichte Kleidungsstücke für jede Extremwetterlage. Das heißt, wir müssen, wenn wir gut ausgerüstet sind, unsere Wanderung nicht gleich wegen Regens abbrechen. Schlechtwettertouren sind bei entsprechender Ausrüstung immer ein Erlebnis, und in der warmen Schutzhütte oder in der Gaststätte munden dann Suppe und Tee besonders. Ich nehme immer einen Knirps mit, er hat mir im Regen beste Dienste geleistet. Bei Schneefeldern die Sonnenbrille nicht vergessen, ebenso eine gute Sonnensalbe. Für Wanderer, deren Kreuz, Knie oder die Hüftgelenke Abnützungserscheinungen zeigen und die beim Abstieg Schwierigkeiten haben, noch eine Anregung. Ich gehe auch im Sommer auf meinen Bergwanderungen mit zwei ausziehbaren Teleskop-Skistöcken. Erstens trage ich so den oft schweren Rucksack leichter bergauf, da die Arme mithelfen können, zweitens entlaste ich im Abstieg die Gelenke ganz erheblich. Nützen Sie daher alle Behelfe, die es heute gibt, aus.

Zur zweiten Grundvoraussetzung der Kondition ist zu sagen, daß man sie am besten durch fleißiges Training erwirbt und erhält. Viel Bewegung und viel Sport in frischer Luft ist da am besten geeignet. Wer lange wandert, besonders dann, wenn es bergauf geht, der wird früher oder später ermüden. Was kann man da am besten dagegen tun? Erstens müssen wir langsam und gleichmäßig gehen. Zweitens nach zwei Stunden alle halbe bis dreiviertel Stunde mineralsalzhaltige Getränke trinken. Am besten ein Mineralsalzpulver und Traubenzucker mitnehmen, diese mit Wasser (und etwas Fruchtsaft) mischen und etwas (nicht in großen Mengen!) davon trinken. Essen ist nicht so wichtig, erst nach zwei bis vier Stunden wird man eine Jausenpause einlegen. Wer hier einige Erfahrungen sammelt, wird mit Freude bemerken, wie leicht er wandert und wie frisch er am Ziel ankommt.

Schließlich noch zu den Orientierungsbehelfen. Der vorliegende Wanderführer ist ein Beitrag dazu. Aber es ist gut, wenn Sie rechtzeitig Karten und Literatur studieren, erforderlichenfalls Erkundigungen einholen, so auch nach der Wetterlage und bei den Wanderungen Augen offenhalten, um am richtigen Weg zu bleiben und die Schönheiten alle genießen zu können.

Bitte lassen Sie die schönen Alpenblumen dort wo sie sind. Reißen Sie sie nicht ab! Die Abfälle nehmen wir wieder im Rucksack mit in das Tal, auch kleine Papiere werfen wir nicht weg, nur so können wir unser Alpenland schön und erholsam erhalten. Ich danke Ihnen für Ihren Beitrag.

Wanderhilfen Wanderführer, Panoramakarte Kals am Großglockner.
Ortsführer von Lois Oberwalder und dem Verkehrsverband Kals.
Matrei in Osttirol, herausgegeben vom Fremdenverkehrsverband Matrei in Osttirol.
Gletscherweg Innergschlöß, Österreichischer Alpenverein.
Lienzer Berge von W. Mair, R. Rother, München.
Sonnenterrasse Assling/Anras, 1:25 000, Fremdenverkehrsverband Assling/Anras.
1:25 000 Wanderkarte Tiroler Gailtal, Raiffeisenkassen des Tiroler Gailtales.
Wanderkarte Sillian, Villgratental, Raiffeisenbanken.
Ortsführer Villgratental, Fremdenverkehrsverein Inner- und Außervillgraten.
Osttiroler Wanderbuch von W. Mair, Tyrolia.

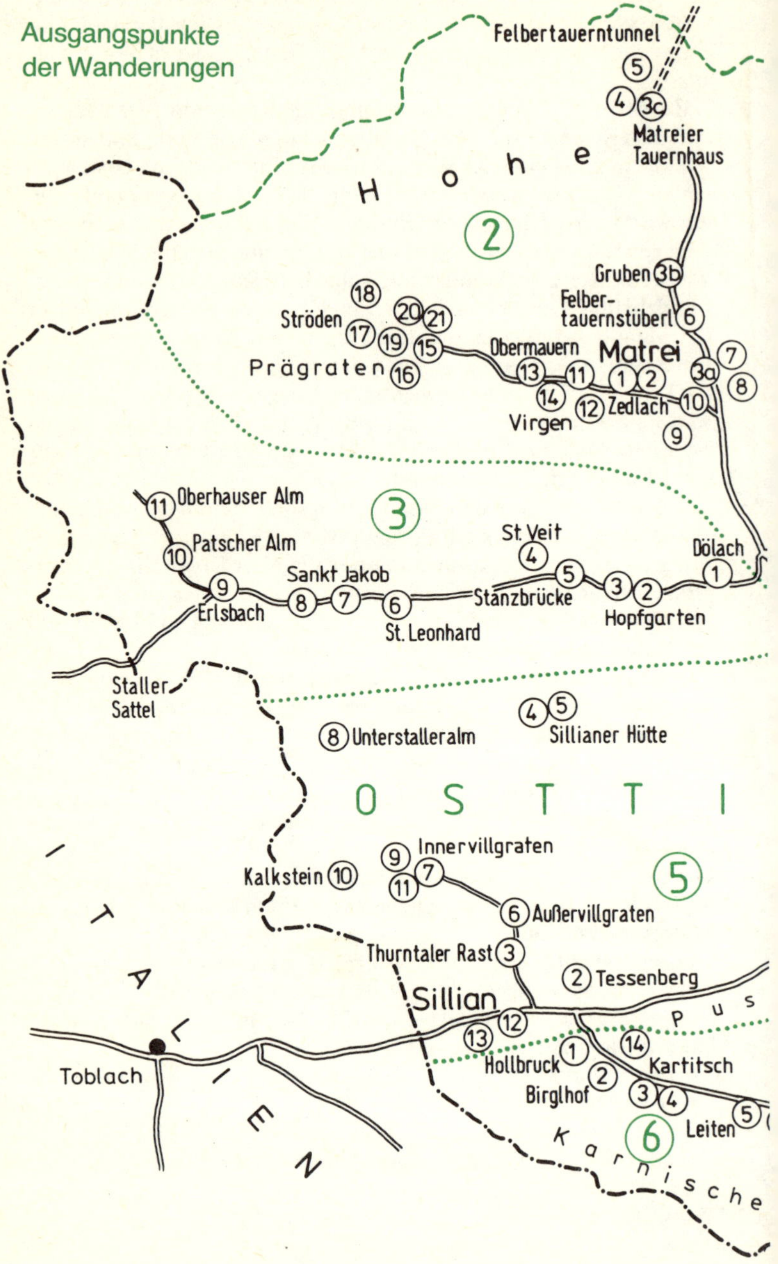

Ausgangspunkte der Wanderungen
Felbertauerntunnel
Matreier Tauernhaus
Hohe
Gruben
Felber-tauernstüberl
Ströden
Prägraten
Obermauern
Matrei
Zedlach
Virgen
Oberhauser Alm
Patscher Alm
St. Veit
Dölach
Sankt Jakob
Erlsbach
Stanzbrücke
St. Leonhard
Hopfgarten
Staller Sattel
Unterstalleralm
Sillianer Hütte
OSTTI
Innervillgraten
Kalkstein
Außervillgraten
Thurntaler Rast
Tessenberg
Sillian
Toblach
ITALIEN
Hollbruck
Kartitsch
Birglhof
Leiten
Pus
Karnische

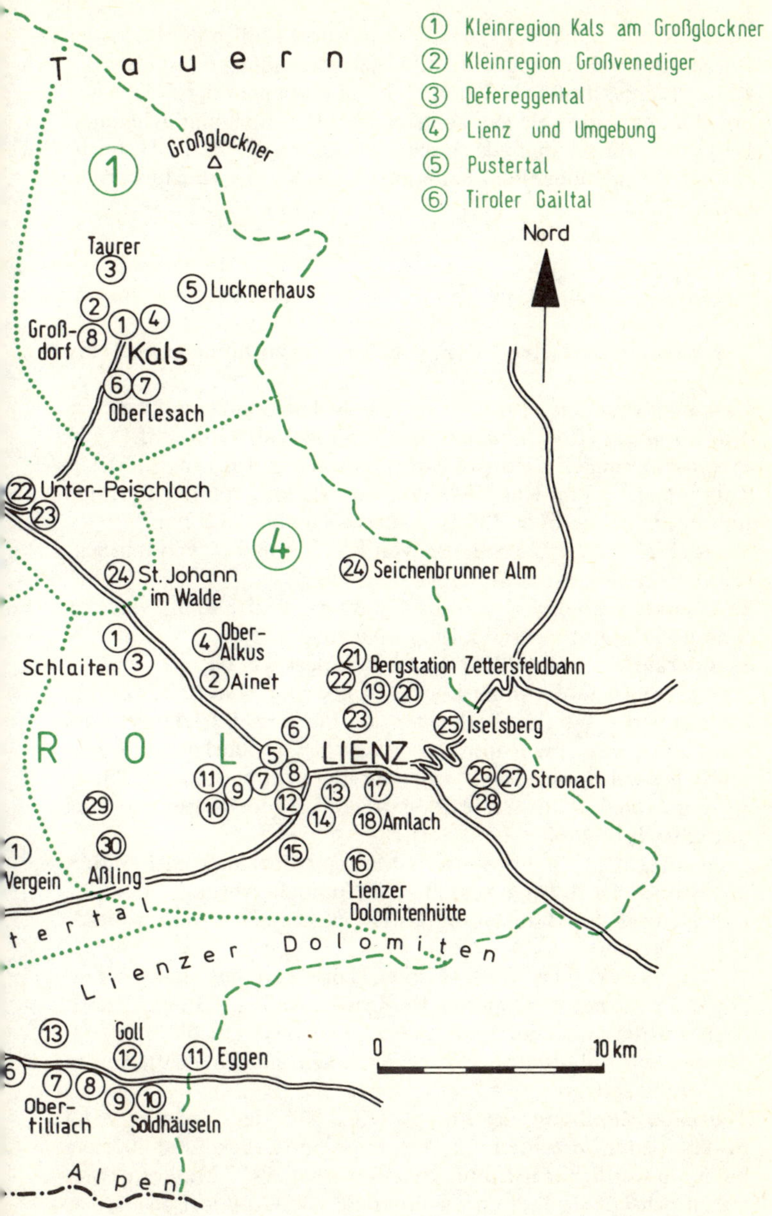
① Kleinregion Kals am Großglockner
② Kleinregion Großvenediger
③ Defereggental
④ Lienz und Umgebung
⑤ Pustertal
⑥ Tiroler Gailtal
Nord
Tauern
Großglockner
Taurer
Lucknerhaus
Groß-dorf
Kals
Oberlesach
Unter-Peischlach
St. Johann im Walde
Seichenbrunner Alm
Ober-Alkus
Schlaiten
Ainet
Bergstation Zettersfeldbahn
Iselsberg
LIENZ
Stronach
Amlach
Vergein
Aßling
Lienzer Dolomitenhütte
Lienzer Dolomiten
Goll
Eggen
Ober-tilliach
Soldhäuseln
Alpen
0
10 km

Kleinregion Kals am Großglockner

Der Ausgangspunkt Kals, das Glocknerdorf südlich des höchsten Berges Österreichs, liegt auf 1325 Meter Seehöhe und ist über die Kalser Landesstraße, 12 Kilometer von Huben an der Felbertauern Bundesstraße gelegen, zu erreichen. Für die höher gelegenen Bergwanderungen dient das Luckner Haus in 1925 Meter Höhe im Ködnitztal, das über eine 7 Kilometer lange Straße erreicht werden kann.

1.1 Kals – Matreier Törl

Verkehrsmöglichkeiten Bus von Eisenbahnstation Lienz bis Kals.
Parkmöglichkeiten Im Ortsbereich Kals/Ködnitz und bei der Talstation des *Glocknerblick-Sesselliftes* in Kals/Großdorf.
Wegmarkierungen Rot-weiß-rot, teilweise nur rot markiert.
Tourenlänge Von Kals/Großdorf aus 4,2 km; von der Bergstation des Glocknerblick-Liftes, 1980 m Seehöhe, 3,5 km.
Wanderzeit 2½ bis 3 Stunden von Kals/Großdorf; von der Sessellift-Bergstation 1¾ Stunden.
Höhenunterschiede Von Kals/Großdorf rund 880 m; von der Sessellift-Bergstation rund 400 m Aufstieg.
Wanderkarte 1:50 000 Kompass-Wanderkarte Nr. 48.
Anmerkung Zwei Möglichkeiten, entweder von Kals/Ködnitz auf das Kals-Matreier-Törl, oder von der Sessellift-Bergstation. Empfohlen wird eine Rundwanderung von Großdorf mit dem Sessellift (verkehrt meist ab 8 Uhr) zur Bergstation Glocknerblick, 1980 m; von dort aus das Kals-Matreier-Törl und retour den Weg direkt nach Kals oder Großdorf.

Abstiegsmöglichkeit vom Kals-Matreier-Törl auch nach Matrei in Osttirol. Dort Busanschluß, 2½ Stunden Abstieg, oder den Goldriedweg zur Bergstation des Doppelsessellifts Matrei/Goldried, 1 Stunde.
Wissenswertes Das Kals-Matreier-Törl liegt auf 2207 Meter Höhe. Privat bewirtschaftetes Berggasthaus. Sehr schöner Rundblick auf die Glockner- und Venediger- sowie auf die Schobergruppe. Das Kals-Matreier-Törl liegt in den südlichen Ausläufern der Granatspitzgruppe.
Tourenbeschreibung a) Von *Kals/Ködnitz* den Fußsteig beim Friedhof zum *Bach* hinunter, dort über eine Brücke und über die Felder in westlicher Richtung zum *Temblhof,* 1417 Meter (hierher wesentlich kürzer über eine Fahrstraße von Großdorf aus – aber

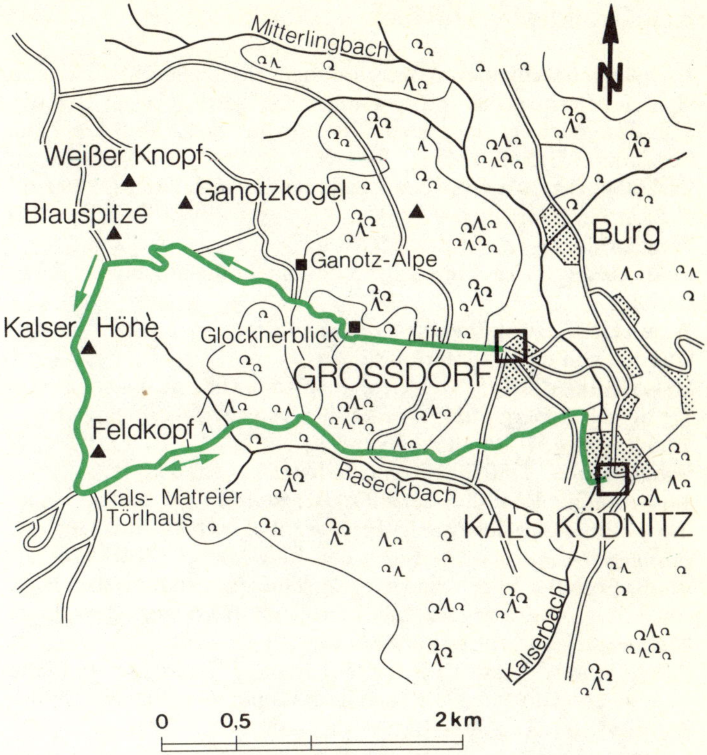

nur beschränkte Parkmöglichkeiten). Weiter in westlicher Richtung einen breiten Weg (südlich des Schleppliftes) nach der ersten *Wegkehre* nach links abzweigen und nun den schmäler und steiler werdenden Steig aufwärts, zuerst durch Busch und Wald, dann über freie Almwiesen zum Törl.

b) Von *Kals/Großdorf* mit dem Sessellift zur *Bergstation.* Nun über gut markierte Wege aufwärts (Kinderspielplatz auf 2000 m Höhe), vorbei an einer *Kapelle,* die zur Erinnerung an die Bergtoten des Großglockners errichtet wurde, dann geradeaus nach Westen aufwärts (nicht nach rechts gegen Blauspitz und Hochtor). Oben am Kamm (Kalser Höhe 2387 m) nach links, nach Süden abwärts (oder gleich nach der Kapelle dem breiten neuen Panoramaweg nach links – 1 Stunde) zum *Kals-Matreier-Törl.*

1.2 Großdorf – Hochtor

Verkehrsmöglichkeiten Bus von der Eisenbahnstation Lienz über Huben nach Kals und weiter nach Großdorf. (Auch mit Pkw.) Von Großdorf mit dem Sessellift (verkehrt meist ab 8 Uhr) zur Bergstation Glocknerblick, 1980 m.
Parkmöglichkeiten Bei der Talstation des Sesselliftes Glocknerblick in Großdorf.
Wegmarkierungen Rot-weiß-rot und rot.
Tourenlänge 5 km ohne Lift, 3 km mit Liftbenützung ab Bergstation.
Wanderzeit 3½ Stunden ohne Benützung des Sesselliftes, 1½ Stunden von der Lift-Bergstation.
Höhenunterschiede Von Großdorf rund 1080 m Aufstieg, von der Sessellift-Bergstation rund 500 m Aufstieg. Abstiegszeiten 2 Stunden, bzw. 1 Stunde.
Wanderkarte 1:50 000 Kompass-Wanderkarte Nr. 48.
Anmerkung Von der Sessellift-Bergstation zur Sudetendeutschen Hütte führt der Aussig-Teplitzer Weg, dem bis zum Hochtor gefolgt wird. Zurück kann man den Kals-Matreier-Törl-Weg bis zur Kalserhöhe folgen und zur Sessellift-Bergstation absteigen. Auch der Weiterweg zum Kals-Matreier-Törl ist möglich und von dort Abstieg zur Talstation nach Großdorf.

Sehr schöne Aussicht. Besonders in das Virgental sowie in die Venediger-, Glockner- und Schobergruppe; auch hinunter in das Kalsertal, am Weg altes Bergwerk.

Tourenbeschreibung Von der Bergstation des Sesselliftes aufwärts (zwei Möglichkeiten, die vor der Bergkapelle wieder zusammenführen). Nach der *Kapelle* den rechten Steig, gut markiert und Hinweise. Um den Rücken des *Ganots* oberhalb der Waldgrenze herum zum *Hochtor,* einem Sattel, der die Wasserscheide zwischen *Kalsertal* und *Tauerntal* bildet. (Von hier Weiterweg zur Sudetendeutschen Hütte oder Ersteigung der *Blauspitze,* 2572 m.) Rückweg auf der Westseite des Kammes in südlicher Richtung zur *Kalser Höhe,* 2387 Meter möglich. Von hier Abstieg zur Sessellift-Bergstation oder auch zum Kals-Matreier-Törl.

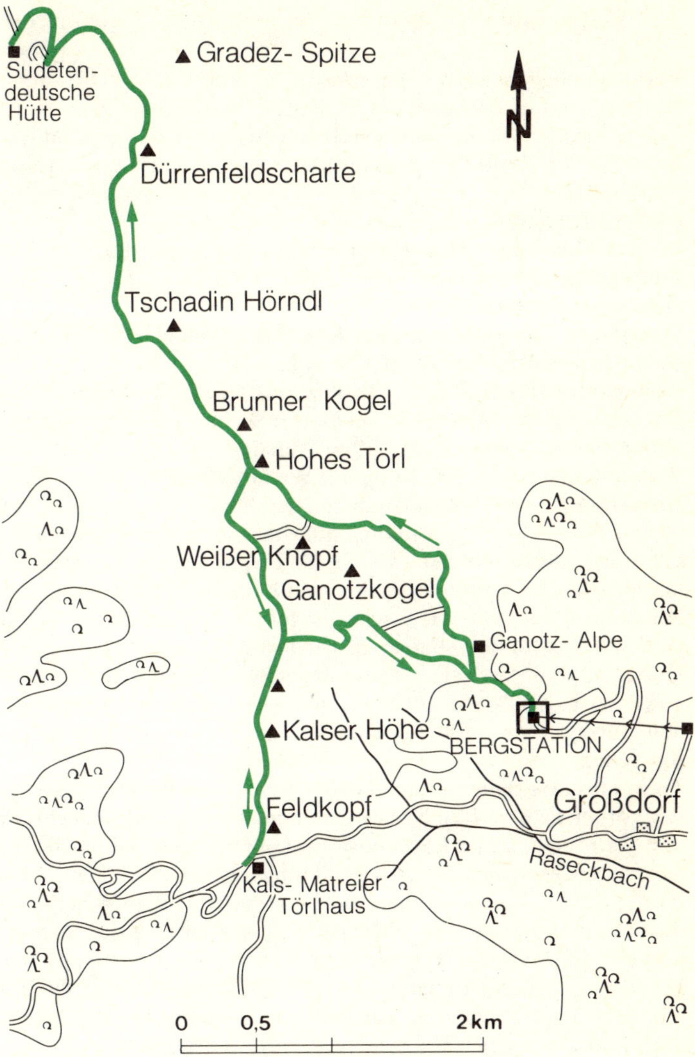
Sudetendeutsche Hütte
Gradez- Spitze
N
Dürrenfeldscharte
Tschadin Hörndl
Brunner Kogel
Hohes Törl
Weißer Knopf
Ganotzkogel
Ganotz- Alpe
Kalser Höhe
BERGSTATION
Großdorf
Feldkopf
Raseckbach
Kals- Matreier Törlhaus
0
0,5
2 km

1.3 Daberklamm – Kalser Tauernhaus – Dorfer See

Verkehrsmöglichkeiten Autostraße und Bushaltestelle beim Gasthof Taurer, eingangs der Daberklamm. Zufahrt nach Kals: Von Lienz über die B 108 bis Huben, von dort die Kalser Landesstraße nach Kals und gerdeaus weiter zum Gasthof Taurer (Ende der Straße).
Parkmöglichkeiten Beim Gasthof Taurer.
Wegmarkierungen Rot-weiß-rot und stellenweise nur rot.
Tourenlänge Vom Taurer zum Kalser Tauernhaus 5,5 km. Zum Dorfer See weitere 2,5 km.
Wanderzeit Vom Taurer zum Kalser Tauernhaus 1½ Stunden, weiter zum Dorfer See noch 1 Stunde.
Höhenunterschiede Taurer 1500 m, Kalser Tauernhaus 1754 m, das sind rund 250 m; weiter zum Dorfer See auf 1935 m zusätzlich 180 m Aufstieg. Insgesamt 430 m Aufstieg.
Wanderkarte 1:50 000 Kompass-Wanderkarte Nr. 48.
Anmerkung Die Daberklamm und das dahinterliegende Dorfertal mit dem Kalser Tauernhaus und dem Dorfer See sind landschaftlich sehr reizvoll. Die vielen Almen mit ihren alten Holzhütten, die bewirtschafteten Flächen mit dem Weidevieh stehen im Kontrast zu den hohen Gletscherbergen. In der Daberklamm soll eine 230 Meter hohe Sperrmauer errichtet werden und das ganze Dorfertal über das Kalser Tauernhaus hinaus eingestaut werden. Ein Besuch des Tales und der Klamm lohnen sich, bevor diese Sehenswürdigkeiten infolge des steigenden Energiekonsums verloren gehen.
Tourenbeschreibung Vom Gasthof Taurer, am *Bauernhof Spöttling* vorbei, gehen wir in Richtung der nahe gelegenen Schlucht. In der wildromantischen Klamm ist ein kurzer Tunnel zu passieren, der auch auf einem schmalen Steig umgangen werden kann. Der breite, von der Landwirtschaft mit Traktoren benutzte Weg ist bequem zu begehen und ist nicht steil. Immer entlang des Baches, vorbei an Almhütten gelangt man zum *Kalser Tauernhaus* des DAV. Bald danach erreichen wir die Waldgrenze und nun führt ein schmaler Fußsteig weiter, der schließlich durch ein Blockwerk führt und etwas steiler werdend den *Dorfer See* erreicht. – Weiterweg über den *Kalser Tauern* zur neuen *Rudolfshütte* (2½ Stunden) möglich; Rückmarsch zum Taurer auf dem Aufstiegsweg.

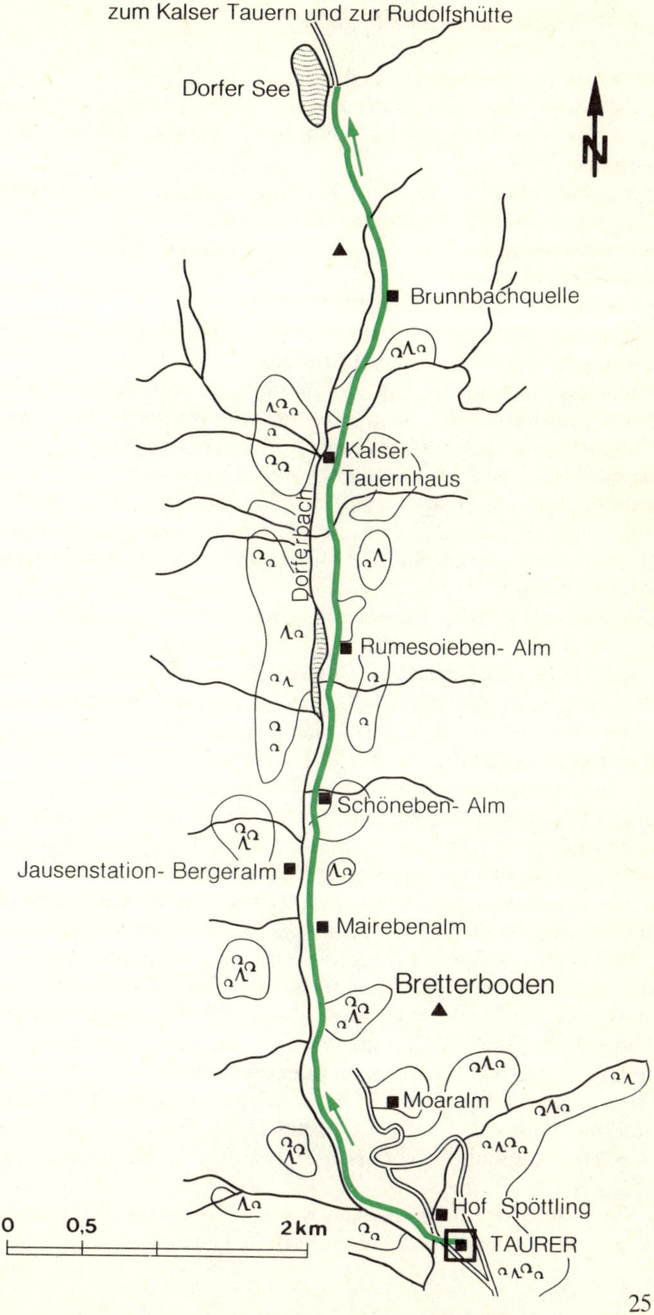
zum Kalser Tauern und zur Rudolfshütte
Dorfer See
N
Brunnbachquelle
Kalser Tauernhaus
Dorferbach
Rumesoieben- Alm
Schöneben- Alm
Jausenstation- Bergeralm
Mairebenalm
Bretterboden
Moaralm
Hof Spöttling
TAURER
0
0,5
2 km

1.4 Ködnitztal – Stüdlhütte

Verkehrsmöglichkeiten Nach Kals siehe unter 1.2, von Kals/Ködnitz (Ortsteil bei der Kirche) mit Pkw oder Omnibus über die Kalser Glocknerstraße (7 km Länge – Mautstraße) zum Lucknerhaus, 1920 m.
Parkmöglichkeiten In Kals/Ködnitz entlang der Ortsstraße Parkplätze, beim Lucknerhaus Parkplatz.
Wegmarkierungen Rot-weiß-rot und teilweise nur rot. Überall gute Wegweiser.
Tourenlänge 5 km hin und 5 km zurück.
Wanderzeit Vom Lucknerhaus, 1920 m, zur Stüdlhütte, 2802 m, 3 Stunden. Abstieg 2½ bis 3 Stunden.
Höhenunterschied 882 m. Zuerst flach, dann steiler zur Luckner Hütte und weiter über Almböden mit Steilstufen zur Stüdlhütte.
Wanderkarte 1:50 000 Kompass-Wanderkarte Nr. 48.
Anmerkung Man kann auch von Kals/Ködnitz, 1325 Meter, über Glor den alten Weg zum Lucknerhaus gehen. 2 bis 2½ Stunden. Schöner breiter Schotterweg, teilweise steil; bei den alten Bauernhöfen vorbei durch steile Bergwiesen. Im Tal unten der Ködnitzbach.
Wissenswertes Von Kals aus sieht man den Großglockner nicht; vom Lucknerhaus herrlicher Ausblick auf den Großglockner, 3798 Meter (höchster Berg Österreichs und auch höchster Berg von Tirol) und den Talschluß des Ködnitztals. Vom Lucknerhaus kurze Wanderung taleinwärts (flach) bis zur Huteralm, 10 Minuten. Dort einige Almhütten mit Holzkapelle.

Nordwestlich vom Lucknerhaus in den steilen Bergflanken kann man bei etwas Glück die Steinböcke sehen. Daher Fernglas mitnehmen!

Lucknerhaus gute Gaststätte, Kalser Familienbetrieb.

Tourenbeschreibung Vom *Lucknerhaus* taleinwärts zuerst über Bergwiesen, vorbei an der *Huteralm,* wo es noch einige Lärchen gibt, bis zum Talschluß (Materialseilbahn) ½ Stunde. Hier endet der Fahrweg. Man überquert rechts den Bach und wandert einen steiler werdenden Weg aufwärts. Bald erreicht man die *Lucknerhütte*, 2227 Meter – 1 Stunde vom Lucknerhaus. Der Steig führt über flachere Almböden, dann über eine Steilstufe, die in Serpentinen überwunden wird. Auf einer kuppenartigen Verflachung, es sind die Viehböden auf 2500 Meter Höhe, finden wir Wegweiser vor. Hier mündet der vom *Berger Törl* (Glorerhütte) kommende Steig ein.

Nun rückt das Ködnitzkees (Kees = Gletscher) immer näher. Wir bleiben aber auf der linken Talseite gegenüber des Gletschers

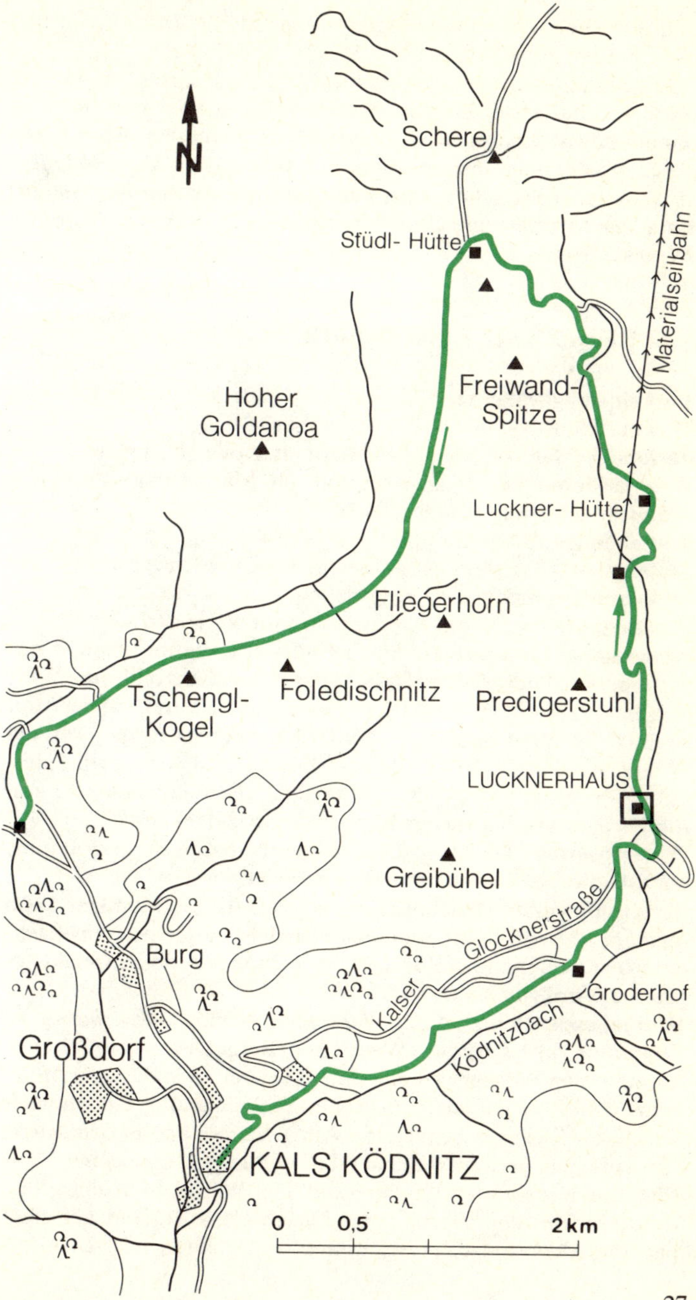
Schere
Stüdl- Hütte
Materialseilbahn
Freiwand-
Spitze
Hoher
Goldanoa
Luckner- Hütte
Fliegerhorn
Tschengl-
Kogel
Foledischnitz
Predigerstuhl
LUCKNERHAUS
Greibühel
Glocknerstraße
Burg
Kalser
Groderhof
Ködnitzbach
Großdorf
KALS KÖDNITZ
0
0,5
2 km

und erreichen über eine etwas anstrengende Steilstufe einen flachen breiten *Sattel,* wo sich die *Stüdlhütte* befindet.

Die Stüdlhütte ist eine Alpinunterkunft für Bergsteiger, die den Großglockner ersteigen wollen. Die Hütte ist vom Juni bis September bewirtschaftet. Vom Lucknerhaus 3 Stunden. Abstieg am gleichen Weg oder anstrengender und länger über das *Teischnitztal,* (landschaftlich sehr schön), zum *Alpengasthof Taurer* (1500 m, Ende der Talstraße und Omnibushaltestelle), 1300 Meter Abstieg 2½ bis 3 Stunden.

1.5 Berger Törl – Glorerhütte

Verkehrsmöglichkeiten Zufahrt nach Kals siehe unter 1. 2 zum Luckner Haus wie bei 1. 4. Lucknerhaus 1920 m.
Parkmöglichkeiten Beim Lucknerhaus großer Parkplatz.
Wegmarkierungen Wegweiser und rote Markierung. Zur »Glorerhütte« und zum »Berger Törl«.
Tourenlänge 3 km hin und 3 km zurück.
Wanderzeit 2½ Stunden Aufstieg, 1½ Stunden Abstieg.
Höhenunterschiede 722 m Aufstieg.
Wanderkarte 1:50 000 Kompass-Wanderkarte Nr. 48.
Anmerkung Am Berger Törl befindet sich die im Sommer bewirtschaftete Glorerhütte (DAV). Das Berger Törl bildet die Wasserscheide zwischen dem Kalsertal und dem Leitertal, das zur Möll nach Heiligenblut entwässert. Außerdem liegt das Berger Törl am Wiener Höhenweg. Empfehlenswert ist die Wanderung zur Salmhütte (2638 m) ÖAV-Schutzhütte über die Glatzmulde (3 km, rund 1 Stunde). Herrlicher Blick zum Großglockner.
Wissenswertes Der Weg vom Lucknerhaus zum Bergertörl führt über Almwiesen und ist besonders im Frühsommer, in der Zeit des Bergfrühlings, ein Erlebnis. Bei einiger Aufmerksamkeit kann man am Kasteneck und im Gebiet Medelspitz Gemsen beobachten. Knapp oberhalb des Berger Törls schöner Aussichtspunkt gegen den Großglockner.
Tourenbeschreibung Vom *Parkplatz beim Lucknerhaus* die Fahrstraße zurück bis zum Wegweiser (Berger Törl – Glorer Hütte) zur ersten Wegabzweigung (links) bei der Talstation der *Materialseilbahn Glorerhütte* (vom großen Parkplatz führt ein schmaler markierter Steig zur Schliederle Alm). Vorbei an der *Schliederle Alm* auf einen breiten Weg mit Blick auf den Großglockner. Aufwärts durch schütteren Lärchenwald. Der Weg zieht in eine große Mulde hinein, den sogenannten *Tinkenwinkel.* Geradeaus sieht man die Medelspitze, etwas weiter rechts einen felsigen Grat-

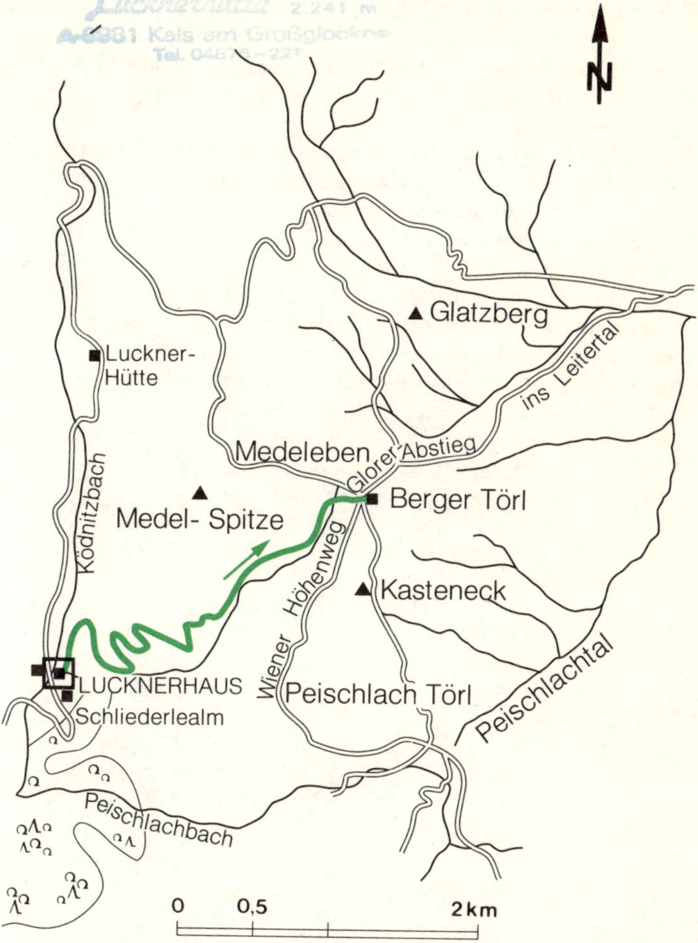

rücken, das Kasteneck und hinten rechts das Böse Weibl und das Tschadinhorn mit der Schönleitenspitze.

Bei etwa 2200 Meter Höhe endet der breite Weg. Ein Steig führt über Bergwiesen hinauf in einen *Sattel* und weiter in eine große Mulde, die *Medeleben.* Weiter aufwärts in der flachen Mulde bis zur *Glorerhütte.* Die Hütte ist im Sommer bewirtschaftet.
Aussicht auf den Sonnblick. Wandermöglichkeiten zum *Peischlachtörl* und zur *Salmhütte.* Abstieg durch das *Leitertal* nach Heiligenblut möglich.

1.6 Lesach – Riegelhütte

Verkehrsmöglichkeiten Zufahrt nach Kals, siehe unter 1.2. 2 km vor Kals die Ortschaft Lesach, dort Ausgangspunkt der Wanderung.
Parkmöglichkeiten In Oberlesach bei den letzten Häusern, dort Fahrverbotstafel, beschränkte Parkmöglichkeit. In Unterlesach bei der Kapelle größerer Parkplatz.
Wegmarkierungen Wegweiser und rote Markierung, »Riegelhütte« und »Lesachalm«.
Tourenlänge Von Oberlesach 4 km hin und 4 km zurück.
Wanderzeit 2½ bis 3 Stunden. Abstieg 1¾ Stunden.
Höhenunterschied Von Oberlesach 800 m Aufstieg.
Wanderkarte 1:50 000 Kompass-Wanderkarte Nr. 48.

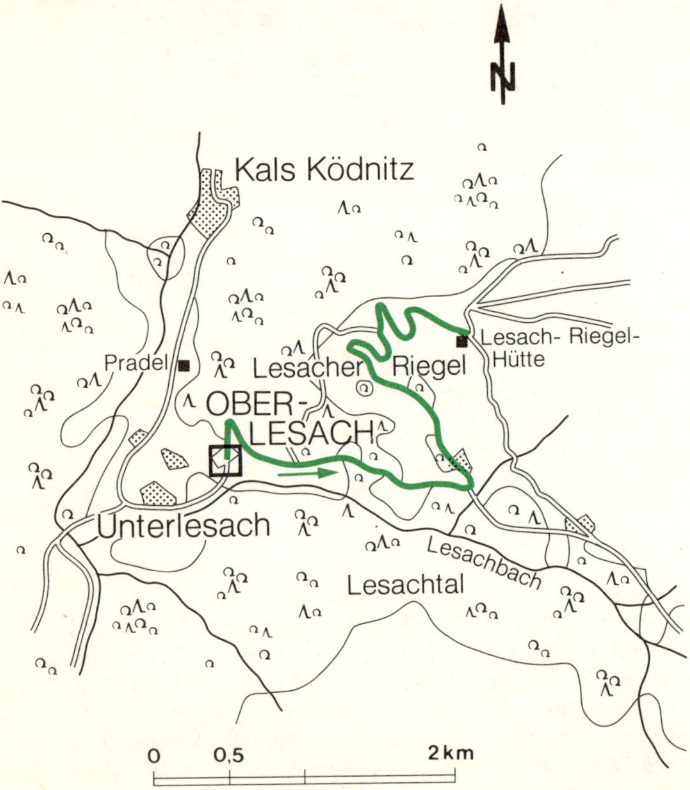

Anmerkung Die Lesachriegelhütte ist eine privat bewirtschaftete Hütte. Der Weg ist breit und wird von landwirtschaftlichen Fahrzeugen befahren.
Wissenswertes Die Lesachriegelhütte liegt in der Schobergruppe. Während des Aufstieges von Oberlesach hat man einen sehr schönen Blick in die Schobergruppe, wo man Glödis, Ralfkopf, Ganot, Kleinschober und Hochschober sieht; etwa 5 Minuten oberhalb der Lesachriegelhütte großartige Aussichtswarte auf die Hohen Tauern, besonders auf den Großglockner. Von hier führt ein Verbindungsweg (Steig) über die Tschadinalm zum Peischlachtörl und weiter zum Berger Törl. Hochalpine Wanderung.
Tourenbeschreibung Von Kals 2 Kilometer die Straße zurück nach *Unterlesach* und von dort nach *Oberlesach* (1400 Meter) oder mit dem Auto bis Oberlesach. Den gut gekennzeichneten breiten Weg aufwärts, zuerst durch Wald und später über Lichtungen und durch einzelne Waldgruppen bis zur *Wegabzweigung Lesachalm*, links zum *Lesachriegel Haus*, wo die steilen Almwiesen beginnen.

Wir folgen dem linken Weg nun nicht mehr in östlicher, sondern in nordwestlicher Richtung weiter. Es geht über freie Wiesen und einen schüttereren Lärchenbestand (schöner Blick ins Tal hinein) Richtung Westen zum Rotenkogel und über das Kals-Matreier Törl hinüber zur Virger Nordkette. Im Nordwesten die Granatspitzgruppe. Über freie Flächen gelangen wir zur *Riegelhütte*.

1.7 Oberlesach – Lesachalm

Verkehrsmöglichkeiten Zufahrt nach Kals siehe unter 1.2. 2 km vor der Ortschaft Kals liegt der Weiler Unterlesach. Hier führt eine asphaltierte Straße bis nach Oberlesach.
Parkmöglichkeiten In Oberlesach vor der Fahrverbotstafel nur beschränkte Parkmöglichkeiten. Größerer Parkplatz in Unterlesach bei der Kapelle.
Wegmarkierungen An allen Wegkreuzungen befinden sich Wegweiser. Markierung rot-weiß-rot.
Tourenlänge 4 km hin und 4 km zurück.
Wanderzeit 1¾ bis 2 Stunden ab Oberlesach.
Höhenunterschied 430 m Aufstieg.
Wanderkarte 1:50 000 Kompass-Wanderkarte Nr. 48.
Anmerkung Auf der Lesachalm befindet sich eine privat bewirtschaftete Almhütte als Jausenstation und kleine Gaststätte. Sehr romantische Lage am Zusammenfluß des Ralf- und des Lesachbaches. Die Alm liegt in der Schobergruppe.

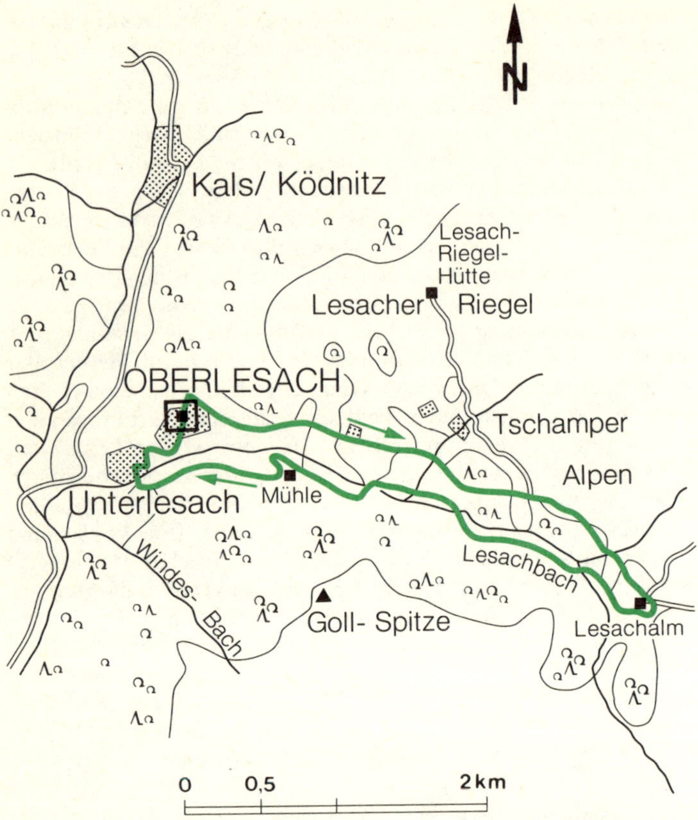

Wissenswertes Von *Oberlesach* gibt es zwei Wege zur *Lesachalm*. Der alte Steig über die Säge, entlang des Lesachbaches, ist beschwerlicher zu gehen. Bequemer ist der neue, gut markierte breite Fahrweg bis zur Lesachalm. Der Weg wird von landwirtschaftlichen Fahrzeugen befahren. Schöner Ausblick auf die Berge der Schobergruppe. Glödis, Ralfkopf, Ganot, Kleinschober und Hochschober bilden den Talschluß. Links das *Lesachtal*, rechts von der Lesachalm abzweigend das *Ralftal*. Von der Lesachalm taleinwärts Almbetrieb. Eine kurze Wanderung von der Alm taleinwärts ist sehr lohnend.

Tourenbeschreibung Von *Oberlesach* entlang des gut gekennzeichneten breiten *Fahrweges* zuerst durch Wald, dann über Lichtungen entlang der steilen *Bergflanke* taleinwärts. Das letzte Stück des Weges führt leicht fallend zur *Lesachalm*.

Als Rückweg kann man den kürzeren Steig entlang des *Lesachbaches* benützen. Dieser alte Steig ist allerdings beschwerlicher. Abstiegszeit 1½ Stunden.

1.8 Rundgang Großdorf – Spöttling – Großdorf

Verkehrsmöglichkeiten Bus von der Eisenbahnstation Lienz. Über Huben nach Kals und weiter nach Großdorf (auch mit Pkw).
Parkmöglichkeiten Bei der Talstation des Sesselliftes Glocknerblick in Großdorf.
Wegmarkierungen Rot-weiß und Wegweiser.
Tourenlänge 5 km (Rundgang).
Wanderzeit 1½ Stunden.
Höhenunterschiede Von Großdorf 1364 m bis Spöttling. 1521 m 157 m Aufstieg und ebenso 157 m Abstieg. Keine steilen Wege und Straßenstücke.
Wanderkarte 1:50 000 Kompass-Wanderkarte Nr. 48.
Anmerkung Breiter Wanderweg von Großdorf entlang des Dorfer- oder Kalserbaches bis zum Bauernhof Spöttling. Dort kleine Kapelle. Rückweg über den Gasthof und Bauernhof Taurer, über die wenig befahrene Straße vom Taurer über Burg nach Großdorf. Im Bereich Taurer kann man auch ein kurzes Stück, den Waldweg zwischen Straße und Bach wählen. Der Waldweg führt einerseits zur Straße Taurer-Burg, anderseits nach rechts über den Bach zum Wanderweg Großdorf Spöttling, der etwa in der Hälfte erreicht wird. Wer den Rückmarsch über die Straße meiden will, wähle daher den Waldweg (in der Skizze punktierte Linie).
Wissenswertes Die Höfe Spöttling und Taurer liegen am Eingang in die Daberklamm. Hier Endpunkt der Omnibuslinie, auch Parkmöglichkeiten für Pkw.
Tourenbeschreibung Vom Parkplatz in Großdorf geht man bei der Talstation des *Sesselliftes Glocknerblick* vorbei und zwar in Richtung Norden taleinwärts. Bei der Weggabelung im Ortsgebiet zwischen den schmucken hölzernen Bauernhäusern, wählt man den linken Weg (siehe Wegweiser Tauer und Gschlöß). Diesem breiten Wanderweg folgt man entlang des Bachlaufes in das sogenante *Geschlöß*. Zuerst rechter Hand ein Bachlauf und links Wiesen, später zur linken Hand Wald und in etwa der Hälfte des Weges, im Gebiet Gschlöß, eine kleine Wiesenlichtung und zu beiden Seiten Wald. Dann über Wiesen, die von Wäldern umgeben sind, immer entlang des Baches, diesen nicht überschreitend, bis unser Weg bei einer Brücke den Dorfertal- bzw. *Daberklammweg* erreicht. Unmittelbar bachaufwärts der Brücke befindet sich eine

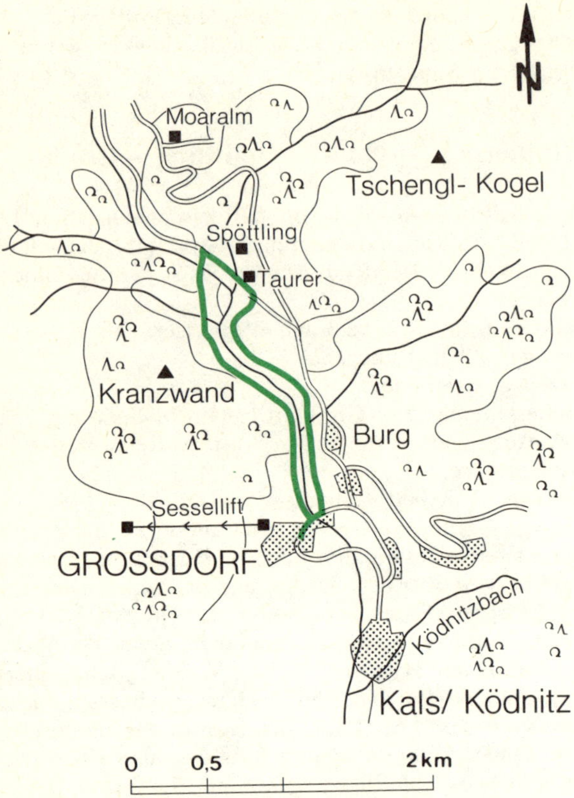

Wassermeßstelle. Hier sind wir am Wendepunkt unseres Rundganges. Links die Daberklamm mit steil aufragenden Felswänden, vor uns der schmucke *Bauernhof Spöttling* mit einer kleinen Kapelle und etwas weiter rechts der Bauernhof und *Gasthaus Taurer*.

Wir wenden uns nach rechts und wandern entlang der nun asphaltierten Straße zuerst fallend, dann leicht ansteigend auf eine Anhöhe und wieder abwärts bis zum *Weiler Burg*. Hier überschreiten wir den *Burgergraben*, einen markanten Wildbach, über eine breite Holzbrücke. Noch weiter abwärts vorbei an der Abzweigung der neuen *Kalser Glocknerstraße* (links) bis zum nächsten Bauernhof, der rechts der Straße liegt. Hier zweigt (vor dem Bauernhof) eine schmale Straße ebenfalls nach rechts in Richtung Großdorf ab. Diese Straße, besser gesagt Feldweg, leitet uns über den *Dorferbach*, zu beiden Seiten liegen nun Wiesen, nach Großdorf zurück zum Ausgangspunkt.

Die Kleinregion Großvenediger liegt südlich dieses Bergmassivs, Ausgangsorte sind Matrei in Osttirol, Virgen und Prägraten sowie die dazwischenliegenden kleineren Ortschaften. Zu erreichen ist diese Region vom Norden her über die Felbertauernstraße, vom Süden her über Lienz und das Iseltal. Die beiden Hauptflüsse der Region sind die Isel und der Tauernbach. Der Tauernbach verläuft etwa mit der Felbertauernstraße vom Tunnel-Südportal bis Matrei in Osttirol, die Isel kommt aus dem Virgental, wie das obere Iseltal genannt wird. Matrei in Osttirol liegt auf 970 Meter Seehöhe, Virgen auf 1200 Meter und Prägraten auf 1310 Meter Höhe. Matrei in Osttirol, Virgen und Prägraten sind eigene Gemeinden.

2.1 Das Zedlacher Paradies

Rundwanderweg von Zedlach über das Paradies, den Strumerhof, und wieder zurück nach Zedlach.

Verkehrsmöglichkeiten Von Matrei in Osttirol in Richtung Virgental, gleich am Ausgang der Ortschaft nach der ersten Brücke, die über den Tauernbach führt, scharf nach rechts der Markierung und dem Wegweiser Zedlach folgend, über eine asphaltierte Bergstraße aufwärts. Die Brücke über den Tauernbach liegt auf 930 Meter Seehöhe, dann 3 Kilometer Bergstraße nach Zedlach, das auf 1260 Meter Höhe liegt. Idyllisches Bergdorf mit schöner Aussicht, klimatisch sehr begünstigt.

Parkmöglichkeiten Eingangs und in der Ortschaft Zedlach verschiedene kleine Parkplätze.

Wegmarkierung Rot-weiße Markierungen und Hinweistafeln, sowie Wegweiser.

Tourenlänge Etwa 5 km.

Wanderzeit 2½ bis 3 Stunden.

Höhenunterschiede Zedlach liegt auf 1260 m, das Paradies auf etwa 1600 m. Somit etwa 340 m Aufstieg und ebenso 340 m Abstieg. Vorerst steiler Aufstieg von Zedlach, dann flacher Weg im Bereich Paradies, steiler Abstieg zum Strumerhof, 1450 m, etwa 150 m Abstieg, anschließend über den flachen Fahrweg zurück nach Zedlach. 190 m Abstieg.

Wanderkarte 1:50 000 Kompass-Wanderkarte Nr. 46.

Anmerkung Wer den steilen, schmalen Aufstieg von Zedlach beginnend vermeiden will, kann an dessen Stelle einen breiten Fahrweg benutzen. Von Zedlach in östlicher Richtung Hinweise Paradies und Strumerhof, nach etwa 500 Metern verläßt man den

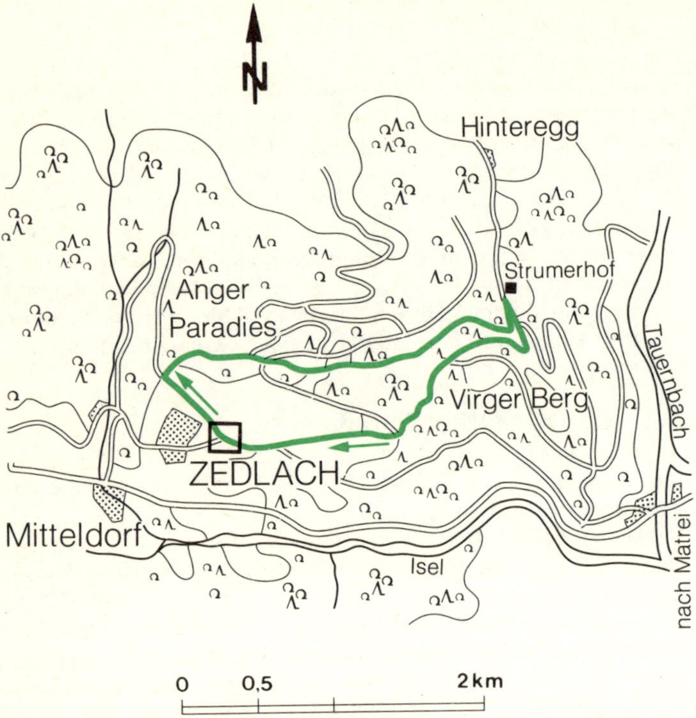

asphaltierten Fahrweg nach links in Richtung Paradies (Hinweistafel). Diesen Weg aufwärts bis man in der zweiten Kehre den Paradiesrundgang erreicht. Den flachen Rundgangweg nach rechts in Richtung Thiemeweg. Der Fahrweg in das Paradies ist für den allgemeinen Kraftfahrzeugverkehr gesperrt.

Wissenswertes Das Zedlacher Paradies ist ein uralter Lärchenwald. Hier findet man Bäume mit 500 Jahren Alter, Stammunfang bis zu 6 Meter. Er ist ein Naturdenkmal und stellt einen der schönsten Lärchenbestände der Ostalpen dar.

Tourenbeschreibung Direkt vom Ortszentrum *Zedlach* folgt man in nordwestlicher Richtung der Markierung und den Hinweisen aufwärts. Nach etwa 500 Metern nach rechts in nordöstlicher Richtung bis man den »*Paradiesrundgang*« erreicht. Dieser Markierung folgend, einmal den breiten Fahrweg querend, wandert man in östlicher Richtung bis zum *Thiemeweg*. Hier befinden sich die schönsten Lärchenbestände. Dem Thiemeweg folgt man abwärts bis zur

Dimburg, einer Geländekuppe, wo man den breiten Fahrweg zwischen Zedlach und Strumerhof erreicht.

Schon wegen der Aussicht wird empfohlen, das kurze Stück taleinwärts, also vom Thiemeweg links abbiegend, zum *Strumerhof* zu gehen. Der Strumerhof liegt landschaftlich wunderschön mit herrlicher Aussicht auf das Talbecken von Matrei in Osttirol und auf die gegenüberliegende Bergwelt der Granatspitz- und der hinter dem Kals-Matreier Törl liegenden Schobergruppe. Taleinwärts sieht man einen Teil der Venedigergruppe, ebenso die aus dem Tauerntal kommende Felbertauernstraße. Vom Strumerhof geht man flach und bequem den Fahrweg, der asphaltiert ist, nach *Zedlach* zurück.

2.2 Zedlach – Paradies – Wodenwiesen

Verkehrsmöglichkeiten Von Matrei in Osttirol in Richtung Virgental, gleich nach der ersten Brücke, die über den Tauernbach führt, scharf nach rechts, der Markierung und dem Wegweiser Zedlach folgend über eine asphaltierte Bergstraße aufwärts. Tauernbachbrücke 930 m Seehöhe, anschließend 3 km Straße nach Zedlach, 1260 m hoch gelegenes idyllisches Bergdorf mit schöner Aussicht. Klimatisch sehr begünstigt.
Parkmöglichkeiten Eingangs und in der Ortschaft Zedlach verschiedene kleine Parkplätze.
Wegmarkierungen Rot-weiße Markierungen und Hinweistafeln, sowie Wegweiser.
Tourenlänge Etwa 5,5 km bzw. 8 km.
Wanderzeit Etwa 2 Stunden einschließlich Paradies-Rundweg 3 Stunden. Abstieg 1½ Stunden.
Höhenunterschiede Zedlach liegt auf 1260 m, die Wodenwiesen auf 1860 m, somit 600 Höhenmeter Aufstieg und genauso 600 Höhenmeter Abstieg. Am Rundweg im Paradies nur geringe Höhenunterschiede. Alle Wege sind flach und größtenteils sehr breit.
Wanderkarte 1:50 000 Kompass-Wanderkarte Nr. 46.
Anmerkung Den Rundweg im Paradies muß man nicht unbedingt benützen. Es ist ein markierter Rundgang auf knapp 1600 Meter Höhe. Man kann zum Beispiel den Rundgang gehen und dafür den Aufstieg zu den Wodenwiesen auslassen, wodurch man die Gesamtzeit auf 3 Stunden verkürzen kann.
Wissenswertes Das Zedlacher Paradies ist ein uralter Lärchenwald. Hier findet man Bäume mit 500 Jahren Alter, Stammumfang bis zu 6 Meter. Es ist ein Naturdenkmal und stellt einen der schönsten Lärchenbestände der Ostalpen dar.

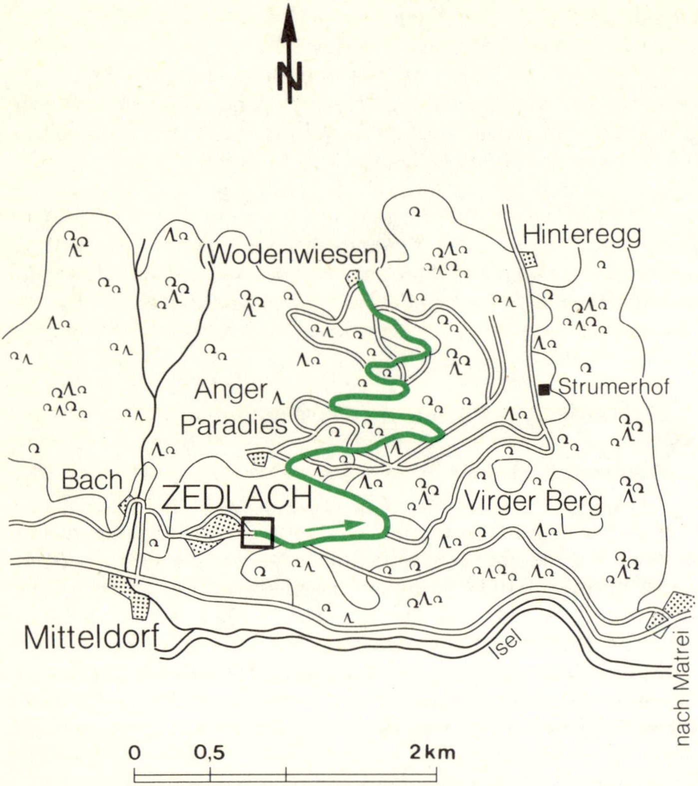

Tourenbeschreibung Von der Ortschaft *Zedlach* in östlicher Richtung der asphaltierten Fahrstraße kurz folgend bis zur Abzweigung, links sehen wir den Wegweiser „Paradies«, rechts der Wegweiser zum »Strumerhof« und nach Hinteregg. Wir folgen dem nun nicht asphaltierten und für den öffentlichen Verkehr gesperrten Fahrweg aufwärts in Richtung *Paradies*. Nach etwa 1¼ Stunden erreichen wir das Paradies und folgen nun dem markierten Rundgang, wofür wir langsam wandernd, etwa 1 Stunde benötigen.

Dann folgen wir wieder dem breiten Fahrweg aufwärts, vorbei an einem *Sportplatz* mitten im *Lärchenwald* bis an das Ende dieses Weges über der Waldgrenze zu den *Wodenwiesen*. Bei der ersten Weggabelung halten wir uns nach links, bei der zweiten Weggabelung, es handelt sich immer um breite Fahrwege, halten wir uns nach rechts. Bei den Wodenwiesen (in der Karte Zedlacher Wiesen) sehr schöner Rundblick auf die Granatspitzgruppe, die Schobergruppe und die Defereggger Alpen. Als steil aufragende Bergkulisse die Südausläufer der Venedigergruppe, die sogenannte Virger-Nordkette. Steile Bergwiesen führen hinauf zum *Hinteregger Kogel*. Ausblick auf das Tauerntal, das Iseltal und das Virgental.

2.3 Der Tauerntalwanderweg von Matrei in Osttirol in das Innergschlöß

Dieser 18 Kilometer lange, von der Sektion Matrei in Osttirol des Österreichischen Alpenvereines angelegte Wanderweg trägt die Bezeichnung Alpenvereinsweg 925, überwindet einen Gesamthöhenunterschied von 760 Meter und kann in 3 Teilstücken gewandert werden.

Verkehrsmöglichkeiten Ausgangspunkt für die erste Teilstrecke ist der Markt Matrei in Osttirol, für die zweite Teilstrecke die Ortschaft Gruben, die direkt von der Felbertauernstraße aus über einen kurzen Stichweg zu erreichen ist. Ausgangspunkt für die dritte Teilstrecke ist das Matreier Tauernhaus, das genau unter dem Südportal des Felbertauerntunnels liegt und ist über eine etwa 2 Kilometer lange Stichstraße von der Felbertauernstraße aus zu erreichen.

Parkmöglichkeiten In Matrei in Osttirol bieten sich genügend Parkplätze an. In Gruben selbst ist der Parkplatz sehr beschränkt und man wird das Auto besser an der Felbertauernstraße abstellen. Etwa 200 Meter südlich der Abzweigung nach Gruben befindet sich eine genügend große Abstellfläche direkt an der Straße. Beim Matreier Tauernhaus gibt es genügend Parkplätze sowohl vor als auch nach dem Tauernhaus.

Wegmarkierungen Rot-weiße Markierungen. Hinweisschilder.

Tourenlänge Erster Abschnitt 5 km, zweiter Abschnitt 9 km, dritter Abschnitt 4 km. Insgesamt 18 km.

Wanderzeit Erster Abschnitt 1½ Stunden, zweiter Abschnitt 3 Stunden, dritter Abschnitt 1¾ Stunden.

Höhenunterschiede Erster Abschnitt 220 m, zweiter Abschnitt 350 m, dritter Abschnitt 190 m. Insgesamt 760 m. Matrei Tauernbach 940 m Seehöhe, Gruben 1160 m, Matreier Tauernhaus 1510 m, Innergschlöß 1700 m.

Wanderkarten 1:50 000 Kompass-Wanderkarte, Nr. 46 und Nr. 39.

Anmerkung Da es zweckmäßig ist, den Tauerntal-Wanderweg aufwärts zu gehen, muß man mit dem Autobus zum Ausgangspunkt zurückkehren. Die Omnibuslinie verkehrt von Matrei in Osttirol über Gruben in das Matreier Tauernhaus. Vor Antritt

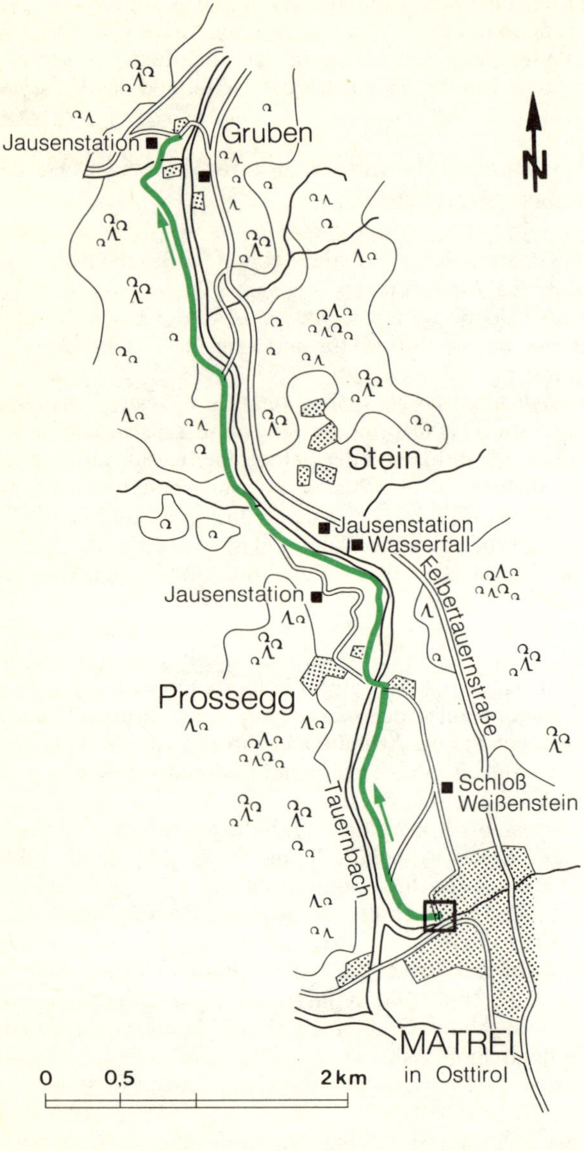
Jausenstation
Gruben
N
Stein
Jausenstation
Wasserfall
Jausenstation
Felbertauernstraße
Prossegg
Tauernbach
Schloß
Weißenstein
MATREI
in Osttirol
0
0,5
2 km

der Wanderung erkundigt man sich daher im Verkehrsbüro in Matrei in Osttirol nach dem Omnibusfahrplan. Das dritte Teilstück vom Tauernhaus in das Innergschlöß muß man auf jeden Fall wieder zu Fuß zurücklegen. Hierfür kann man allerdings die gegenüberliegende Talseite, den breiten, für den Autoverkehr gesperrten Fahrweg, wählen. Die gesamte Marschlänge erhöht sich dadurch von 18 auf 22 Kilometer.

Wissenswertes Der Tauerntal-Wanderweg führt vorerst durch die sogenannte Proßeggklamm, die vom Tauernbach durchflossen wird. Von der Seite kommt als hoch herabstürzender Wasserfall der Steinerbach hinzu. Sodann führt der Weg über landwirtschaftliche Kulturgründe, vorbei an den beiden letzten Dauersiedlungen des Tales Gruben und Berg, wo man noch ganz in Holz gebaute Bauernhöfe vorfindet. Im Bereich des Matreier Tauernhauses erreichen wir bereits die Almen und zwar die Schildalm, die Wohlgemuthalm sowie die Almen Inner- und Außergschlöß. Diese werden nur im Sommer bewirtschaftet. Fotografisch außerordentlich schön ist das dritte Teilstück und der Abschnitt von der Alm Außergschlöß nach Innergschlöß. Der Blick auf den Großvenediger mit dem vielleicht schönsten Talschluß der Ostalpen ist auch sehr schön.

Tourenbeschreibung *Erstes Teilstück: Matrei – Proßegg – Gruben.*

Von Matrei über den *Proßeggweg* oder entlang des *Bretterwandbachdammes* hinunter zum *Tauernbach* und hier entlang des Dammes durch die *Hinterau* bis zur Brücke, die nach Proßegg führt. Nun auf der anderen Seite des Baches in die *Proßeggklamm* hinein. Der Weg ist teilweise aus den Felsen gesprengt. Durch einen kleinen Tunnel in die romantische Proßeggklamm hinein, wo man den unteren Steiner Wasserfall erblickt. In einer Felsnische befindet sich eine Gedenkstätte der Matreier Alpenvereinssektion. Nach der Klamm erreicht man einen breiten Weg. Die folgenden Brücken, die rechts über den Tauernbach führen, benützt man nicht, man bleibt immer auf der gleichen Talseite, das heißt der Tauernbach fließt rechts unseres Weges. Erst vor der Ortschaft Gruben überqueren wir auf einer Holzbrücke den *Froßnitzbach*. In *Gruben* Jausenstation. Zugleich auch Kontrollstelle für die Tauerntalweg-Wandernadel. Von hier nicht weit zu Fuß zur Postautohaltestelle an der *Felbertauernstraße*.

Zweites Teilstück: Gruben – Löbbenbach (Matreier Tauernhaus). Von Gruben führt der ausgebaute Weg hinauf zur Ortschaft *Berg*, einer alten Bergbauernsiedlung und von dort weiter taleinwärts nach *Raneburg*, wo die letzten ganzjährig bewohnten Bauernhäuser im *Tauerntal* liegen. Nun überqueren wir den *Tauern-*

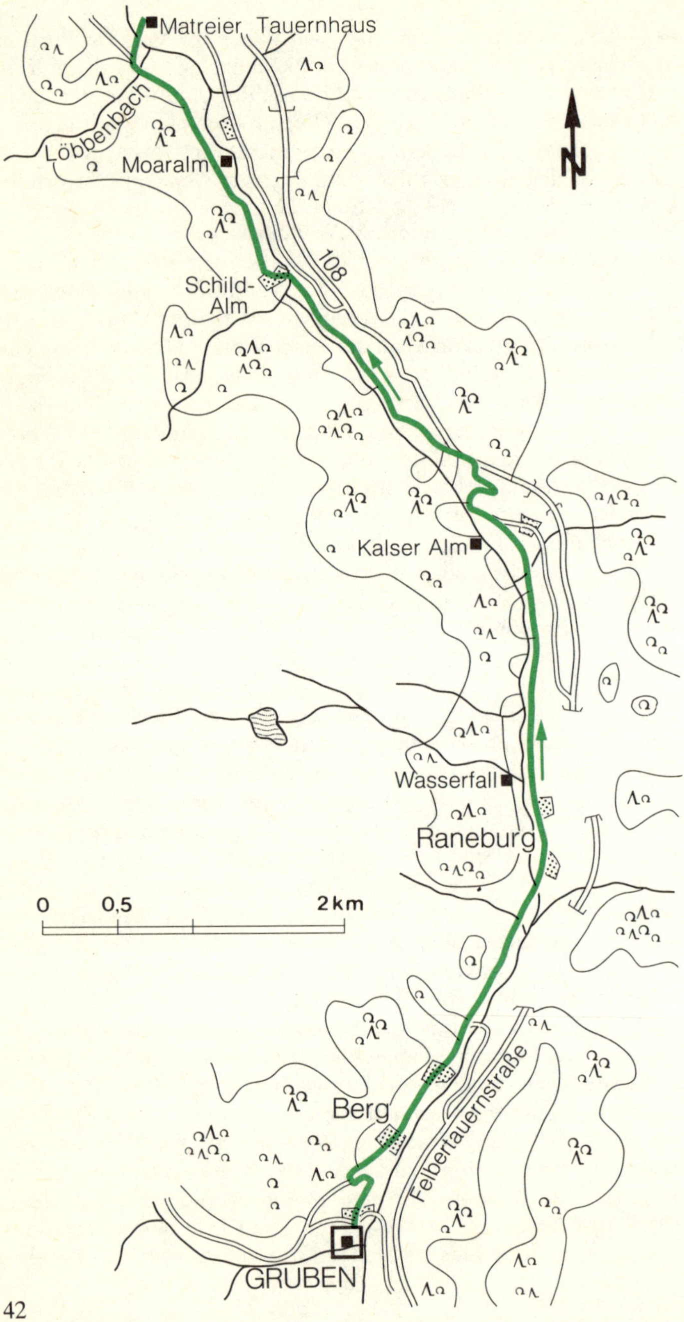
Matreier Tauernhaus
Löbbenbach
Moaralm
108
Schild-
Alm
Kalser Alm
Wasserfall
Raneburg
0
0,5
2 km
Berg
Felbertauernstraße
GRUBEN

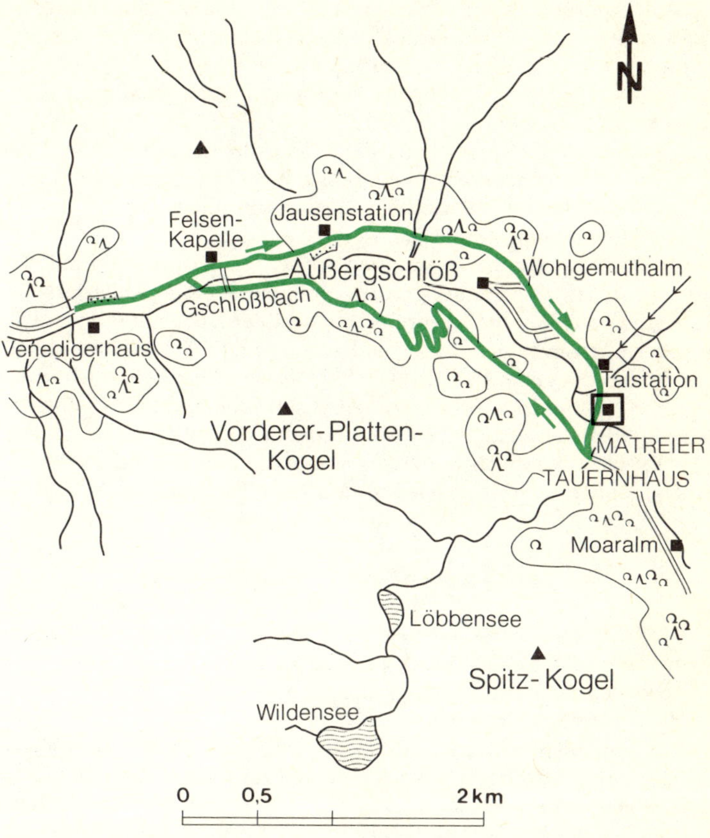

bach und wandern entlang des Baches bis in einen Wald und über eine eingezäunte Wiese und weiter in den Wald über einen Steg, der den *Landeckbach* übersetzt. Nun folgt ein etwas steilerer Anstieg hinauf zur alten *Tauerntalstraße*. Diese alte Straße führt uns weiter bis zur neuen *Felbertauernstraße*, die wir jedoch sofort wieder verlassen und durch einen Wald zum sogenannten *Aschenbichel,* einer freien Almfläche am Ende des Waldes, gelangen. Nun noch ein Stück weiter bis zur *Schildalm,* einer kleinen Gruppe von Almhäusern. Hier überschreiten wir den *Tauernbach,* um wieder zwischen den steilen Bergflanken linker Hand und dem Tauernbach rechts von uns, über einen breiten Weg auf dem Talboden des *Matreier Tauernhauses* zu schreiten. Gegenüber vom Matreier Tauernhaus mündet der Löbbenbach in den Tauernbach ein. Hier queren wir hinüber zum Matreier Tauernhaus, wenn wir dieses Teilstück beenden wollen. Dort befindet sich auch eine Omnibushaltestelle.

Drittes Teilstück: Löbbenbach (Matreier Tauernhaus) – Innergschlöß.

Vom Matreier Tauernhaus über eine Holzbrücke hinüber an das andere *Tauernbachufer*, wo der breite Wanderweg taleinwärts verläuft. Diesem folgen wir über Almwiesen. Gegenüber liegt die Wohlgemuthalm, vor uns die Schlucht aus der der Tauernbach entspringt. Nun ein etwas steilerer Ansteig in Serpentinen auf die *Hohe Achsel*, einer Schulter, die gegenüber der Alm Außergschlöß liegt. Von dieser Stelle bereits sehr schöner Blick auf die vergletscherte Bergwelt des Großvenedigers. Weiter führt uns unser Steig entlang des rauschenden *Gschlößbaches*, (landschaftlich sehr schön) hinein zur *Alm Innergschlöß*. Im Innergschlöß Alpengasthof und Kontrollstelle für Wandernadel.

Retourweg auf der anderen Talseite über die *Felsenkapelle*, die *Alm Außergschlöß* zurück zum Matreier Tauernhaus.

2.4 Matreier Tauernhaus – Innergschlöß

Die schönste Wanderung Osttirols! Obwohl sich diese Wanderung mit dem dritten Teilstück des Tauerntal Wanderweges deckt, wird sie wegen ihrer Einmaligkeit hier als gesonderte Tour mit einigen Hinweisen beschrieben.

Verkehrsmöglichkeiten Mit dem Auto oder Omnibus von der Felbertauernstraße bis zum Matreier Tauernhaus, 1512 m.

Parkmöglichkeiten Parkplätze vor und nach dem Matreier Tauernhaus, bei der Sessellift-Talstation Venedigerblick.

Wegmarkierung Wanderweg vom Tauernhaus in das Innergschlöß ist nicht markiert. Der gegenüberliegende schmale Steig ist mit rot-weißer Markierung versehen. Alpenvereinsweg Nr. 925.

Tourenlänge 4 km taleinwärts und 4 km zurück.

Wanderzeit 1¼ Stunde hin und 1 Stunde zurück.

Höhenunterschiede 190 m, meist flacher Anstieg, ebensoviel wieder Abstieg. Der Steig auf der Schattenseite hat etwa 20 m Höhenverlust, so daß dort die Gesamthöhe 210 m beträgt.

Wanderkarte 1:50 000 Kompass-Wanderkarte Nr. 46.

Anmerkung Wer bequem gehen will, geht den breiten Wanderweg vom Tauernhaus taleinwärts. Dieser Weg ist bequemer zu gehen. Er ist ein Fahrweg, der in der Zeit von 9 bis 17 Uhr für den Kraftfahrzeugverkehr gesperrt ist. Vor 9 und nach 17 Uhr können Bergsteiger den Weg gegen Entrichtung einer Mautgebühr

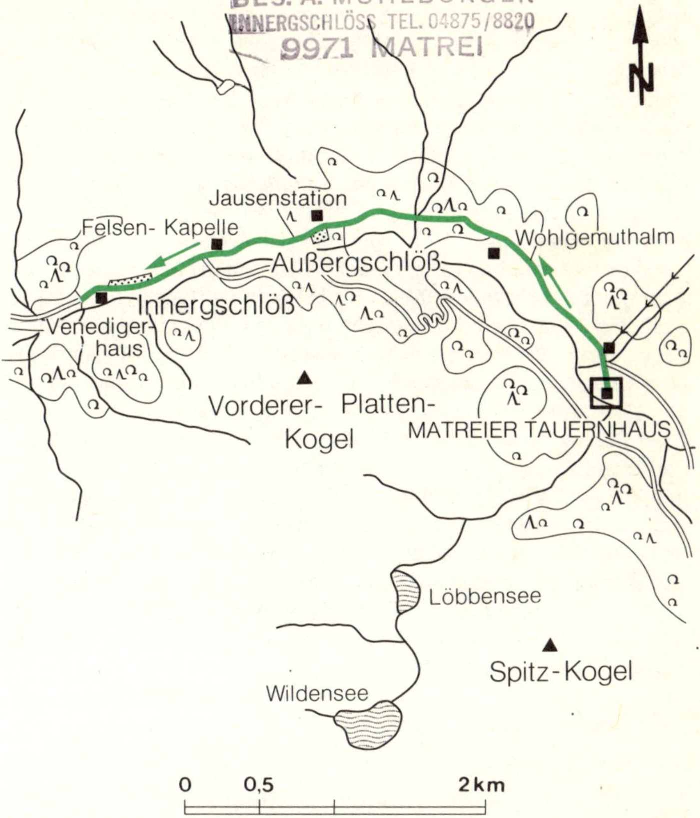

bis vor die Alm Innergschlöß benützen. Wer eine Rundwanderung unternehmen will, benütze den auf der gegenüberliegenden Bachseite verlaufenden Weg, der ab Wohlgemuthalm als Steig weiterführt. Vom Matreier Tauernhaus aus direkt hinüber auf die andere Bachseite.

Sehr schöne Fotostandorte bei der Alm Innergschlöß, Felsenkapelle und bei der Alm Außergschlöß.

Wer im Bereich Innergschlöß noch weitere Wanderungen unternehmen will, besorge sich die Broschüre »Gletscherschaupfad Innergschlöß« beim Fremdenverkehrsverband in Matrei. Zu empfehlen ist der neue Ochsnerwaldweg und als kürzerer Spaziergang die Wanderung in den Talschluß. Etwa 1 Stunde hin und zurück.
Wissenswertes Vor 150 Jahren reichten die beiden Gletscher, das Schlatenkees und das Villtragenkees, noch bis in den Talboden

herab. Danach zogen sich die Eismassen zurück, wobei die Gletscherbäche immer mehr Geröll herabbrachten. Dieses Geröll verwüstete in den Jahren von 1940 bis 1950 fast den gesamten Talboden. Die Errichtung eines Steindammes und Regulierung des Gschlößbaches versetzte die Alm wieder in ihren ursprünglichen Zustand. Die Alm Innergschlöß mit ihren Weideflächen dient den Rindern der Matreier Bauern als Sommeraufenthalt. Sehenswert ist die am Wege liegende, aus Stein gehauene Felsenkapelle.
Tourenbeschreibung Vom Matreier Tauernhaus über den breiten Weg taleinwärts, vorbei an der Talstation des *Sesselliftes Venedigerblick*, der bis auf 2000 Meter Höhe hinaufführt, zuerst flach, dann leicht ansteigend. Links unten die Wohlgemuthalm mit dem Tauernbach. Der Weg erreicht nun waldiges Gebiet, überquert den *Tauernbach*, der schäumend von rechts herabstürzt, und kommt dann bei einer Wegbiegung vor der *Alm Außergschlöß* aus dem Wald heraus. Von hier bietet sich bereits ein herrlicher Blick auf die vergletscherte Bergwelt. Von links nach rechts die Berge: Hoher Zaun, Schwarze Wand, Großvenediger, Kleinvenediger und Kesselkopf. Der Großvenediger ist 3674 Meter hoch. Bei den idyllischen Almhüten in Außergschlöß etwas abwärts, wieder entlang des Baches, es handelt sich hier bereits um den *Gschlößbach,* bis zur *Felsenkapelle.* Bald nach der Felsenkapelle betreten wir den weiten und breiten *Talboden* mit seinen Almflächen. Nun noch ein kurzes Stück bis zu den Almhütten im Innergschlöß.

Beim Matreier Tauernhaus, im Außergschlöß und Innergschlöß jeweils Gaststätten.

2.5 Matreier Tauernhaus – Grünsee

Verkehrsmöglichkeiten Das Matreier Tauernhaus erreicht man per Omnibus oder mit dem Pkw von der Felbertauernstraße. Von Matrei aus 16 km taleinwärts. Das Matreier Tauernhaus liegt unmittelbar unter dem Südportal des Felbertauerntunnels. Abzweigung etwa 2 km südlich des Tunnels.
Parkmöglichkeiten Vor und nach dem Matreier Tauernhaus. Nach dem Matreier Tauernhaus befindet sich die Talstation der Venedigerblick Sesselbahn, hier Parkmöglichkeiten.
Wegmarkierungen Ab Sessellift-Bergstation rot-weiße Markierung.
Tourenlänge Etwa 3 km Aufstieg und ebenso Abstieg.
Wanderzeit 1 Stunde Aufstieg eine halbe Stunde Abstieg.
Höhenunterschiede Bergstation der Sesselbahn 1950 m, Gründsee 2250 m. Somit Höhenunterschied 300 m.

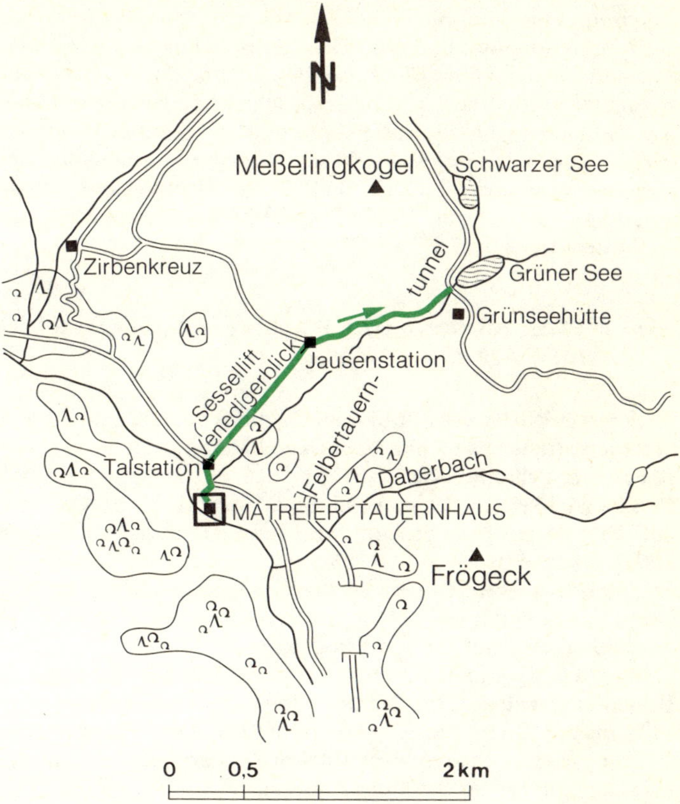

Wanderkarte 1:50 000 Kompass-Wanderkarte Nr. 46.
Anmerkung Sehr schöner Blick bereits von der Bergstation der Sesselbahn auf den Talschluß Innergschlöß und die vergletscherte Bergwelt des Großvenedigers. Am Weg die Grünsee Hütte, der AV-Sektion Matrei in Osttirol. Freies Gelände oberhalb der Waldgrenze.
Wissenswertes Der Sessellift verkehrt täglich von 9 bis 17 Uhr. Sicherheitshalber nochmals fragen, wann die letzte Talfahrt ist. Wer nur einen kurzen Spaziergang im Bereich der Bergstation unternehmen will, der wandere den Panoramaweg, der mit ganz geringen Höhenunterschieden in Richtung taleinwärts zum Zirbenkreuz führt. Etwa 2 km Weglänge. Sehr schöne und bequeme Wanderung. (Links vom Lift.)

Tourenbeschreibung Auffahrt mit dem Sessellift vom *Matreier Tauernhaus* bis unter die 2000 Meter Grenze. Von hier folgt man der Markierung und den Hinweisen in Richtung *Grünsee-Hütte*. Zuerst flach, dann über *Blockgelände* steiler hinauf zur Hütte und von dieser wieder flacher weiter zum sehr schön gelegenen *Grünsee*. Dahinter ragen die Bärenköpfe und etwas weiter rechts der Riegelkopf auf. Links, also im Westen, liegt der Messlingkogel und etwas weiter südlich, ebenfalls in westlicher Richtung, die Venedigergruppe. Im Süden der Wildenkogel. Für den Abstieg wählt man am besten die gleiche Route.

2.6 Matrei – Innere Steiner Alm – Äußere Steiner Alm – Matrei

Verkehrsmöglichkeiten Mit dem Omnibus oder Pkw an der Felbertauernstraße etwa 3 km nördlich von Matrei in Osttirol. Haltestelle beim Felbertauernstüberl.
Parkmöglichkeiten Beim Felbertauernstüberl, bzw. gegenüber auf der anderen Straßenseite, oder beim Gasthof Lublas, etwa 200 m taleinwärts.
Wegmarkierungen Rot-weiße Markierungen und Hinweisschilder.
Tourenlänge 7 km für den Rundgang.
Wanderzeit 3 Stunden Aufstieg und 1½ Stunden Abstieg.
Höhenunterschiede Insgesamt 760 m, Felbertauernstüberl 1150 m, Am Stein 1400 m, Innere Steiner Alm (Hainzer Alm) 1770 m, Äußere Steiner Alm 1909 m. Steiler Aufstieg vom Felbertauernstüberl zur Siedlung Am Stein.
Wanderkarte 1:50 000 Kompass-Wanderkarte Nr. 46.
Anmerkung Der Weg führt am oberen Steiner Wasserfall vorbei, nach der Siedlung Am Stein hochgelegene Almwiesen und besonders schöner Blick hinunter auf den Talkessel von Matrei.
Wissenswertes Die Siedlung Am Stein ist schon sehr alt. Die Häuser stammen zum Teil aus dem 17. Jahrhundert und sind sehenswert. Man bemüht sich, sie zu erhalten. Laut Volkskundler Dr. Lois Ebner ist das Bichleranwesen eine typische Karhofanlage, und zwar ein Wohngebäude, zwei Wirtschaftsgebäude, ein Kornkasten und die in unmittelbarer Nähe gelegene Mühle.
Tourenbeschreibung Vom *Felbertauernstüberl* an der Felbertauernstraße aus schreiten wir bergseitig über einen schmalen, in Serpentinen hochführenden Weg aufwärts. Teilweise ist dieser Weg aus den Felsen gesprengt, wir queren den *Steinerbach* und sehen hier einen sehr schönen Wasserfall (oberer *Steiner Wasserfall*).

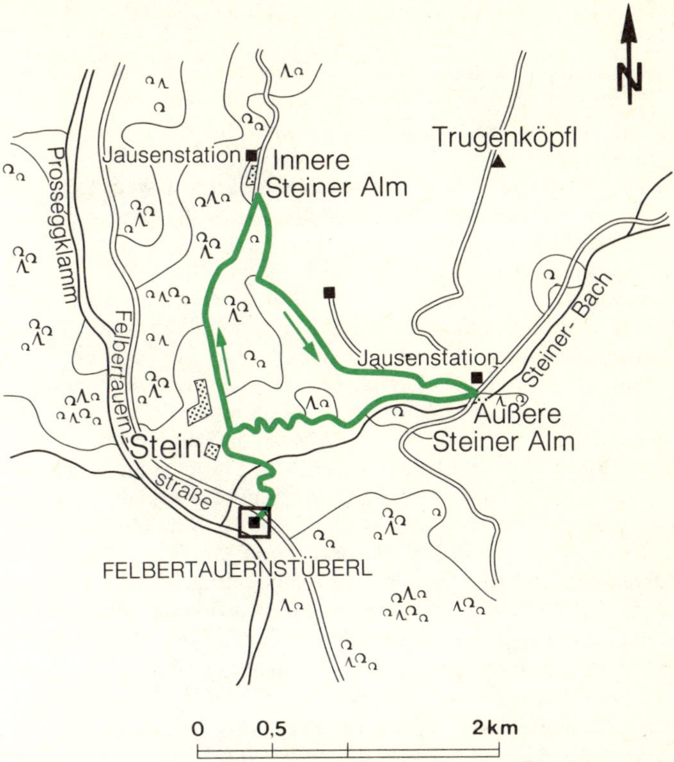

Nach etwa 1 Stunde kommen wir zur *Jausenstation Am Stein.* Nach dem *Weiler Stein* noch gemeinsamer Weg bis zur Abzweigung bei einer großen Fichte. Links zur Inneren Steineralm, rechts steil hinauf zur *Äußeren Steiner Alm*. Wir wenden uns nach links und erreichen, mäßig ansteigend, durch Waldgebiet in nördlicher Richtung die *Innere Steiner Alm*, auch *Hainzer Alm* genannt (Jausenmöglichkeit). Vom Weiler Stein etwa 1 Stunde. Nun weiter über einen kleinen Wiesenpfad in Richtung Nussingkogel ansteigend bis auf die Höhe der mittleren Bergwiesen. Oberhalb der Waldgrenze dann nach Osten, teilweise leicht fallend über Wiesen zur *Äußeren Steiner Alm*. Etwa 1 Stunde von der Inneren Steiner Alm. Rückweg nun über den steilen Steig hinunter zum *Weiler Am Stein* (1 Stunde) und noch eine weitere ½ Stunde hinunter zur Felbertauernstraße.

2.7 Matrei – Äußere Steiner Alm – Glanz – Matrei

Verkehrsmöglichkeiten Mit dem Omnibus von Matrei in Osttirol in Richtung Felbertauern bis zur Haltestelle Stein (Felbertauernstüberl). Hierher auch mit eigenem Pkw. Etwa 3 km nördlich von Matrei in Osttirol.
Parkmöglichkeiten Bei Felbertauernstüberl bzw. gegenüber auf der anderen Straßenseite oder beim Gasthof »Lublas«, etwa 200 m taleinwärts.
Wegmarkierungen Rot-weiß mit Hinweisschildern.
Tourenlänge 3 km Aufstieg und 6 km Abstieg = 9 km.
Wanderzeit 3 Stunden Aufstieg, 2½ Stunden Abstieg.
Höhenunterschiede 760 m Aufstieg, 900 m Abstieg. Felbertauernstüberl 1150 m, Weiler Stein 1400 m, Äußere Steineralm 1909 m, Glanz 1447 m, Matrei an der Felbertauernstraße 1000 m.
Wanderkarte 1:50 000 Kompass-Wanderkarte Nr. 46.
Anmerkung Günstig ist es, den Pkw in Matrei stehen zu lassen und bis zum Felbertauernstüberl das öffentliche Verkehrsmittel zu benützen. Der Aufstieg vom Weiler Stein zur Äußeren Steineralm ist sehr steil und erfordert entsprechende Kondition.
Wissenswertes Der Wanderweg bietet eine großartige Aussicht auf die gegenüberliegenden Berge der Lasörlinggruppe und der Venedigergruppe. Das Wandergebiet liegt in den Ausläufen der Granatspitzgruppe. Sehenswert sind der Steiner Wasserfall im Aufstieg zum Weiler Stein und eine Gruppe alter Bergbauernhäuser.
Tourenbeschreibung Beginn des Weges bei der *Postomnibushaltestelle Stein.* Gegenüber liegt das *Felbertauernstüberl,* von wo sich ein herrlicher Blick nach Matrei hinunter und zum Zunig anbietet. Steil durch den Wald hinauf, der Weg wurde gut angelegt und teilweise aus den Felswänden herausgesprengt. Nach Querung des *Steinerbaches* mit Wasserfall, erreicht man nach etwa 1 Stunde den *Weiler Stein*. Im mittleren Bauernhof Jausenmöglichkeit. Nördlich der Häuser gabelt sich der Weg. Links geht es zur *Inneren Steineralm,* rechts zur *Äußeren Steineralm.* Diesen Weg verfolgen wir, er führt in vielen Serpentinen über das steile Gelände aufwärts. Nach 2 Stunden vom Weiler Stein aus gerechnet, wird die *Äußere Steiner Alm*, (1909 Meter) erreicht. (Jausenmöglichkeit). Unterhalb der Almhütte über den Bach hinüber auf die andere Seite, wo der Weg durch felsiges Gelände weiter zur Edelweißwiese führt. Nun werden die Bergwiesen in östlicher Richtung bis zur oberen Waldgrenze gequert. Dann führt der Steig durch den Wald abwärts nach *Glanz*. Von Glanz folgt man am besten dem Güterweg bis nach *Matrei.* Abstiegszeit von der Steiner Alm nach Matrei 2½ Stunden. Gesamtzeit 5½ Stunden.

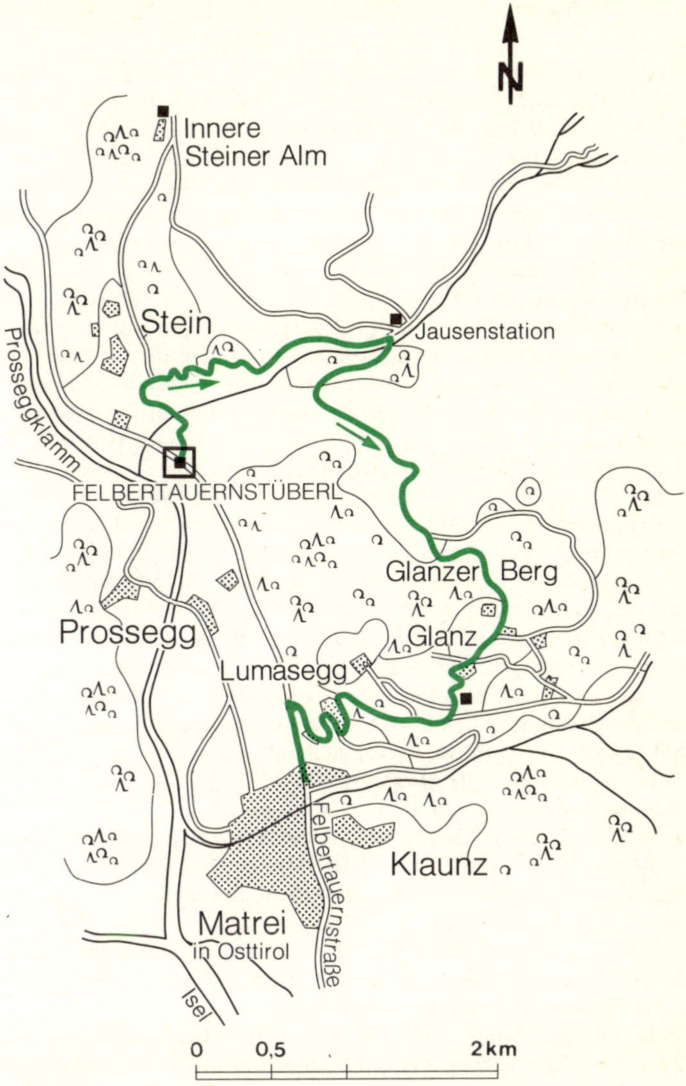
Innere
Steiner Alm
Jausenstation
Stein
Prosseggklamm
FELBERTAUERNSTÜBERL
Glanzer Berg
Glanz
Prossegg
Lumasegg
Felbertauernstraße
Klaunz
Matrei
in Osttirol
Isel
0
0,5
2 km

2.8 Landen – Kals/Matreier Törl – Matrei in Osttirol

Verkehrsmöglichkeiten Von Matrei in Osttirol zweigt der Weg unmittelbar hinter der Kirche von der Felbertauernstraße in die Straße zum Klaunzer Berg ab. Schon nach 200 m erreicht man die Parkgarage bei der Talstation der Goldried-Sesselbahnen. Von Matrei-Ort aus 10 Minuten Aufstieg zu Fuß.
Parkmöglichkeiten Parkmöglichkeiten in der Parkgarage oder entlang der zum Teil sehr breiten Auffahrtsstraße zur Sesselbahn-Talstation.
Wegmarkierungen Rot-weiße Markierungen und Hinweistafeln.
Tourenlänge 3 km von der Lift-Bergstation zum Kals-Matreier Törl, 5 km Abstieg nach Matrei in Osttirol. Zusammen 8 km.
Wanderzeit 3 Stunden. 1 Stunde Aufstieg, 2 Stunden Abstieg.
Höhenunterschiede Von der Lift-Bergstation auf 2160 m Aufstieg bis 2280 m (Grat zwischen Matrei und Kals), Abstieg zum Kals-Matreier Törl 2207 m und weiter hinunter zur Talstation der Liftanlagen auf 1050 m. Somit 120 m Aufstieg, 1230 m Abstieg.
Wanderkarte 1:50 000 Kompass-Wanderkarte Nr. 46.
Anmerkung Von der Bergstation de Goldriedbahn hat man auf den sogenannten »Landen« sehr schöne Aussicht, da man von hier aus gleichzeitig den Großglockner und die Großvenedigergruppe sehen kann. Besonders schön ist auch das Virgental und die Berge der Granatspitzgruppe. Gegenüber liegt der Zunig, ein schöner Aussichtsberg in der Lasörlinggruppe. Anstelle des Abstieges kann man auch den gleichen Weg zurück zu den Sesselbahnen und ins Tal fahren. Auch für Senioren geeignet. Oder als Variante eine Sektion, und zwar die obere, zu Fuß absteigen.
Wissenswertes Die Goldried-Doppelsesselbahnen wurden 1980 errichtet. Sie erschließen ein sehr schönes Aussichtsgebiet, ein Skigebiet und Wandergebiet. Auch im Bereich der Liftanlagen lassen sich Wanderungen unternehmen. (Prospekte bei den Liftstationen). Die moderne Doppelsesselbahn führt über den Klaunzer Berg, in 2 Sektionen in das Gebiet Goldried, wie die große Mulde unterhalb des Rotenkogels heißt. Der Rotenkogel ist ebenfalls ein schönes touristisches Ziel, (2762 m).
Tourenbeschreibung Mit den Doppelsesselbahnen fahren wir über den *Klaunzer Berg* zu den *Landen* auf 2160 Meter Höhe. Von hier folgen wir in östlicher Richtung dem Weg in die große *Mulde* hinein. Wir befinden uns hier bereits oberhalb der Waldgrenze. Leicht ansteigend wandern wir in nordöstlicher Richtung auf einen *Gratrücken* hinauf. Von diesem gehen wir links abwärts zum *Kals-Matreier Törl*, 2207 Meter (private Schutzhütte). Hier haben wir eine schöne Aussicht auf den Großglockner und nach Kals.

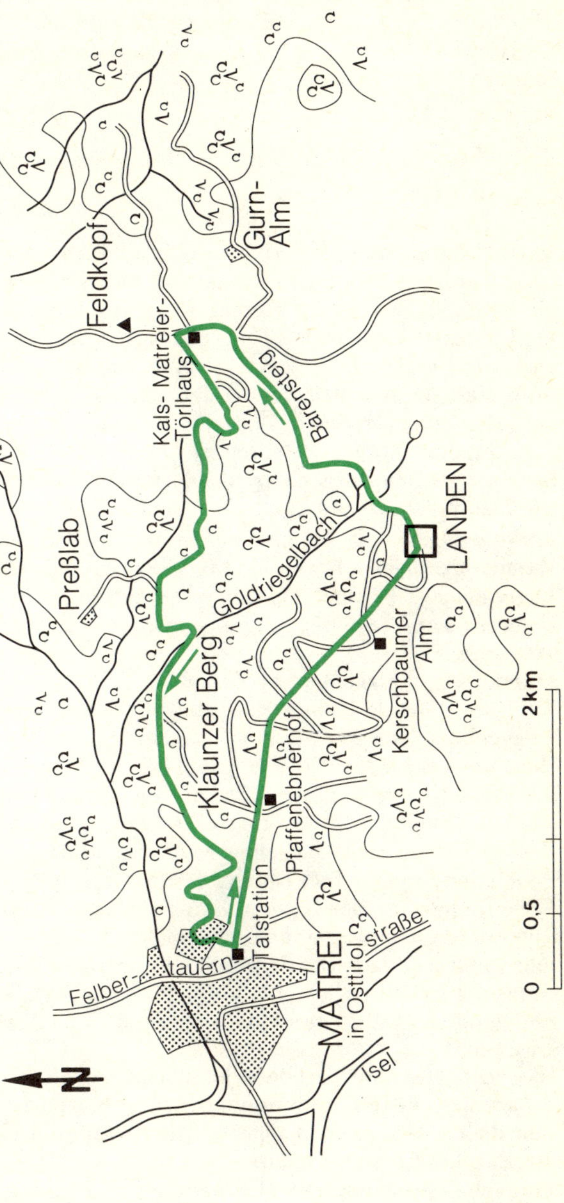

Feldkopf
Gurn-Alm
Kals-Matreier-Törlhaus
Bärensteig
Preßlab
LANDEN
Goldriegelbach
Klaunzer Berg
Kerschbaumer Alm
Pfaffenebnerhof
Talstation
MATREI in Osttirol
Felber-tauern-straße
Isel
N
0
0,5
2 km

Nun Abstieg über einen Fahrweg in westlicher Richtung nach *Matrei* hinunter. Ganz am Schluß des Weges gehen wir nach links zur Talstation der Sesselbahn, die gut sichtbar ist. Das Kals-Matreier Törl erreicht man in etwa 1 Stunde, für den Abstieg benötigt man 2 Stunden.

2.9 Matrei – Zunigalm – Zunigsee – Agnitzalm – Matrei

Verkehrsmöglichkeiten Mit Bus oder Pkw nach Matrei in Osttirol an der Felbertauernstraße, von dort mit Pkw oder zu Fuß über die Straße in Richtung Virgental. (Virgen – Prägraten) Am Ortsende quert die Straße den Tauernbach (Brücke), etwa 200 Meter nach der Brücke verläuft eine Straße nach links. Gleich danach stößt man auf eine Brücke, die über die Isel führt. Dort bei der Weggabelung nach rechts, Auffahrt bis zu den letzten Bauernhöfen, soweit die Straße noch breit ist. Die Ortschaft heißt Ganz, danach der Weiler Guggenberg, der letzte Hof Lukasser. Von Matrei-Hauptplatz etwa 4 km, zu Fuß eine gute Stunde.
Parkmöglichkeiten Entlang der Straße (Verbreiterungen).
Wegmarkierungen Rot-weiße Markierungen und Hinweistafeln.
Tourenlänge 10 km. Guggenberg – Zunigalm 3 km, Zunigalm – Zunigsee 1 km, Zunigsee – Agnitzalm 2 km, Agnitzalm – Guggenberg 4 km.
Wanderzeit Guggenberg – Zunigalm 2¼ Stunden, Zunigalm – Zunigsee 1 Stunde, Zunigsee – Agnitzalm ¾ Stunden, Agnitzalm – Guggenberg 1 bis 1½ Stunden. Insgesamt 5 bis 5½ Stunden.
Höhenunterschiede Von Guggenberg 1200 m zur Zunigalm 1845 m, über den Zunigsee 2112 m, von dort auf den Gratrücken 2240 m. Summe des Aufstieges 1040 m. Über die Agnitzalm 1848 m zurück nach Guggenberg. Abstieg 1040 m.
Wanderkarte 1:50 000 Kompass-Wanderkarte Nr. 46.
Anmerkung Im Bereich der Zunigalm kann man eine schöne Rundwanderung als Variante unternehmen. Zuerst Aufstieg bis zum Zunigsee, dann der Markierung folgend (Rundwegbezeichnung) bis auf den Kleinen Zunig, 2443 m (2 Stunden von der Zunigalm) und über den Rundweg zurück zur Zunigalm. (Jausenstation).
Wissenswertes In Ganz befindet sich die St. Nikolauskirche, eine der ältesten und interessantesten Kirchen Österreichs. Ein Römerstein deutet auf eine ehemalige römische Straße hin, Grabstelle aus der Zeit um Christus Geburt.
Tourenbeschreibung Von Lukasserhof in Guggenberg gehen wir

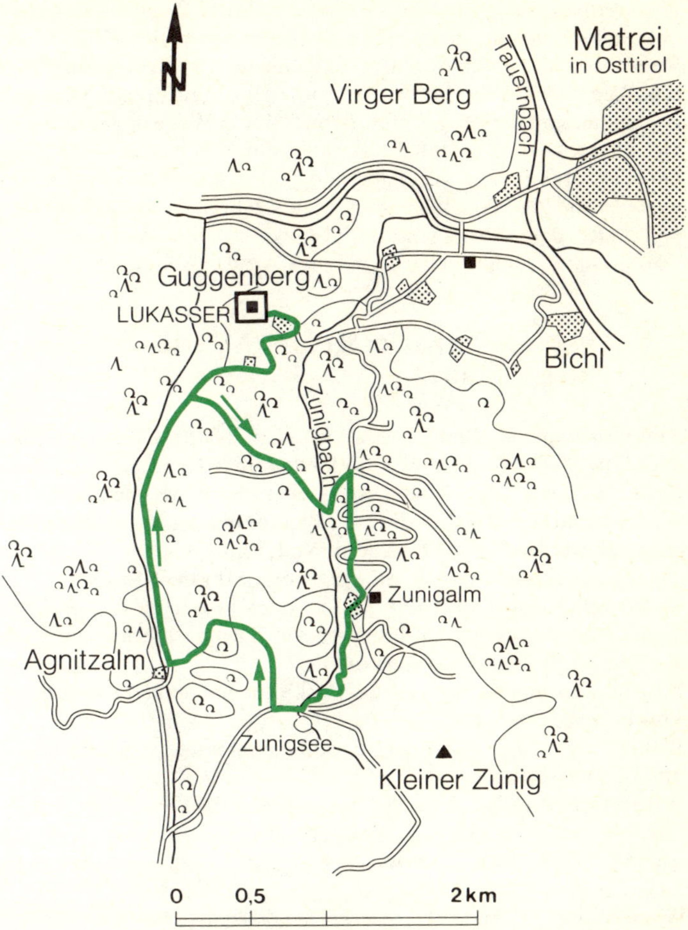
N
Matrei
in Osttirol
Virger Berg
Tauernbach
Guggenberg
LUKASSER
Bichl
Zunigbach
Zunigalm
Agnitzalm
Zunigsee
Kleiner Zunig
0
0,5
2 km

den breiten *Güterweg* entlang aufwärts. An der Weggabelung nach links zur *Zunigalm*, nicht nach rechts zur Agnitzalm. Dies ist der Retourweg. Bei einer Wegtafel zur Zunigalm verläßt man den breiten Weg nach rechts aufwärts. Nun dem Steig folgend bis zur Zunigalm, von dieser, gekennzeichnet durch Wegweiser, zum *Zunigsee*, der bereits merklich oberhalb der Waldgrenze liegt. Nun hat man erneut eine Weggabelung, links führen die Steige zum *Kleinen* und zum *Großen Zunig*, rechts zuerst aufwärts bis auf einen *Sattel*, dann absteigend zur Agnitzalm. Dem Weg talaus abwärts folgend, gehen wir zurück zum Ausgangspunkt.

2.10 Matrei – Lukasser Kreuz – Mitteldorf – Virgerberg – Matrei

Verkehrsmöglichkeiten Nach Matrei in Osttirol per Omnibus oder Pkw. Von Matrei mit Pkw oder zu Fuß in Richtung Virgental, etwa 200 m nach der Brücke über den Tauernbach nach links, bei der nächsten Brücke über die Isel, Weggabelung, dort den rechten Fahrweg wählen, über Ganz zum Weiler Guggenberg. Der letzte Hof ist der Lukasser Hof. Zu Fuß hierher 4 km, 1 Stunde.
Parkmöglichkeiten Im Ort Matrei oder besser bei der Brücke über den Tauernbach, Bruggerbrücke, da man hierher auf dem Rückweg von Mitteldorf herkommt.
Wegmarkierungen Rot-weiße Markierungen und Hinweistafeln.
Tourenlänge 9,5 km.
Wanderzeit 3½ bis 4 Stunden, Rundgang von der Tauernbachbrücke und zurück.
Höhenunterschiede Von der Tauernbachbrücke auf 930 m zum Lukasser Kreuz auf 1252 m, Abstieg auf 1030 m zur Isel, Aufstieg nach Mitteldorf 1100 m, zurück zur Brugger Brücke 930 m. 420 m Aufstieg und 420 m Abstieg.
Wanderkarte 1:50 000 Kompass-Wanderkarte Nr. 46.
Anmerkung Wanderung im Talbereich, zuerst über Wiesen, dann durch Wälder, die Schlucht der Isel und sonnseitig in Hanglage von Mitteldorf zurück nach Matrei in Osttirol. Eine größere Runde von Mitteldorf über Zedlach 1260 Meter und dann ein Abstieg entlang der asphaltierten Straße sind ebenfalls möglich. Etwa eine ¾ Stunde mehr Zeitbedarf, jedoch sehr interessant und schöne Aussicht vom hochgelegenen Bergdorf Zedlach aus.
Wissenswertes Es lohnt sich ein Besuch der Kirche in St. Nikolaus in Ganz.
Tourenbeschreibung Von der *Tauernbachbrücke* gehen wir zuerst der Straße von *Matrei* nach *Virgen* entlang, dann nach 200 Me-

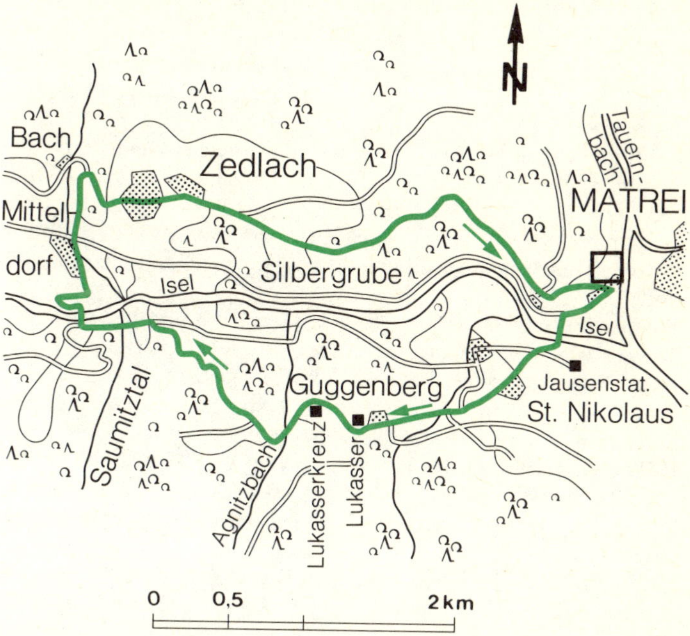

tern biegen wir links ein, nach einigen 100 Metern überqueren wir die Isel. Dort folgen wir zuerst der Markierung *Zunigalm* und *Zunig*, dann wählen wir bei der Abzweigung die rechte Fahrstraße. Bei den letzten Bauernhöfen des *Hofes Lukasser* verlassen wir den breiten Fahrweg und folgen, rechts abzweigend, den Hinweisen zum *Lukasser Kreuz*. Nun weiter in den Bachgraben hinein. Auf der gegenüberliegenden Seite erreichen wir neuerlich einen *Güterweg*. Nun nicht mehr aufwärts, sondern abwärts in Richtung Mitteldorf. Wir benützen dann die *Brücke* über die Isel, um auf das andere Ufer zu gelangen. Dann schlagen wir den Weg hinauf in die Ortschaft *Mitteldorf* ein. Die Virgentalstraße überquert im Ort Mitteldorf einen schluchtartigen Bachgraben. Unmittelbar bei der Brücke in Richtung Matrei zweigt unser Weg nach links ab. Hier zwei Möglichkeiten, entweder gerade entlang der *Bachschlucht* hinauf nach Zedlach oder kürzer, ohne wesentlichen Aufstieg, einen Steig oberhalb der Straße zurück zur *Bruggerbrücke* und somit zum Ausgangspunkt.

2.11 Virgen – Bobojach – Virgen

Verkehrsmöglichkeiten Über die Felbertauernstraße nach Matrei in Osttirol und von dort in westlicher Richtung nach Virgen – 7 km.
Parkmöglichkeiten Im Ort Virgen verschiedene kleine Parkplätze. Sollten die Parkplätze im Ort überfüllt sein, so fährt man vom Ortskern beim Gasthof »Resinger« (schönes Gebäude unter Denkmalschutz mit Erker) nach links abwärts, wo außerhalb der Ortschaft, entlang des breiten Fahrweges, Abstellplätze vorhanden sind.
Wegmarkierungen Rot-weiße Markierungen und Hinweise.
Tourenlänge Kleine Runde 5 km, Gesamtweg Virgen – Bobojach 7 km, nach Virgen zurück 5 km. Insgesamt 12 km.
Wanderzeit Kleine Runde 1¾ bis 2 Stunden, Gesamtweg von Virgen nach Bobojach 2¼ bis 2½ Stunden.
Höhenunterschiede Kleine Runde von Virgen 1190 m bis zur Isel 1080 m. Das sind 110 m Abstieg, ebensoviel Aufstieg. Gesamter Abstieg 110 m. Aufstieg bis Bobojach (1270 m) mit kleiner Gegensteigung 190 m.
Wanderkarten 1:50 000 Kompass-Wanderkarte Nr. 45 oder 46.
Anmerkung Kleine Runde führt von Gries (Iselbrücke) zum Ausgangspunkt zurück, attraktiver ist jedoch der Gesamtweg nach Bobojach, da man dort durch die Schlucht der Isel wandert. Eine Verkürzung des Weges ergibt sich, wenn man von Virgen den Weg entlang der Fahrstraße über. Niedermauern nach Grieß wählt. Etwa eine ¼ Stunde Verkürzung. Schöner ist jedoch der Originalweg, da hier keine Störung durch Kraftfahrverkehr.
Wissenswertes Der kleine Weiler Welzelach mit der 1642 erbauten Silvesterkapelle ist eine typische Bergbauernsiedlung. Murbrüche und Lawinen bedrohen die Kulturflächen, die hier auf engsten Raum zusammengedrängt sind. Der alte Fahrweg führte früher von Matrei über Virgen und Welzelach nach Prägraten. Erst mit dem Bau der Virgentalstraße nach dem 1. Weltkrieg wurde die Straße auf die gegenüberliegende Seite, die Sonnseite, verlegt.
Tourenbeschreibung Von der Ortschaft *Virgen* abwärts in südlicher Richtung, entlang des *Virger-* oder *Virschnitzbaches*, ein regulierter Wildbach, hinunter bis zum *Iselfluß*. Hier über eine Brücke auf die andere Seite und entlang eines Fahrweges bis zur nächsten *Iselbrücke*, über diese nicht hinüber, sondern weiter in Wanderrichtung links des Flusses bis zum *Weiler Gries*, wo sich wieder eine Brücke über die Isel befindet. Wir bleiben wieder am selben Ufer des Flusses, verfolgen nun einen asphaltierten Fahrweg bis zum *Weiler Welzelach* und weiter den Fahrweg in Richtung Berg bis zu

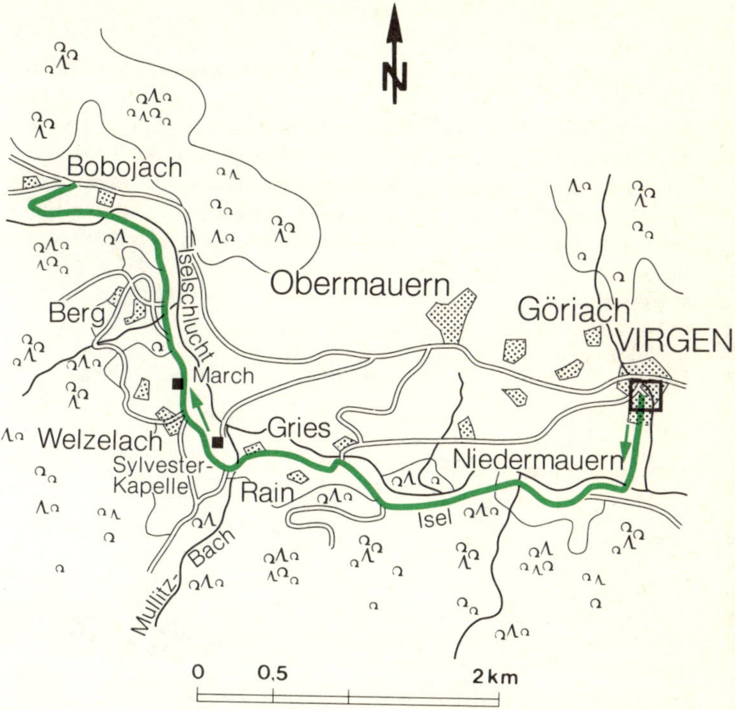

einer Abzweigung nach rechts zur *Iselschlucht* mit Wegweiser *Bobojach*. Den Weg durch die Schlucht bis zur *Iselbrücke*, über diese auf die andere Seite hinüber und hinauf nach *Bobojach*, einer kleinen Häusergruppe, die an der *Virgentalstraße* liegt. Hier Haltestelle für Postomnibusse, Rückfahrt nach Virgen möglich. Der Fußweg über die Virgentalstraße nach *Virgen* zurück ist 5 Kilometer lang, wofür man 1¼ Stunden benötigt.

2.12 Virgen – Wetterkreuz

Verkehrsmöglichkeiten Über die Felbertauernstraße nach Matrei in Osttirol, von dort in westlicher Richtung nach Virgen, 7 km.
Parkmöglichkeiten Im Ort Virgen verschiedene kleine Parkplätze. Sollten die Parkplätze im Ort überfüllt sein, so fährt man vom Ortskern beim Gasthof »Resinger« (schönes Gebäude unter Denkmalschutz mit Erker) nach links abwärts, wo außerhalb der Ortschaft entlang des breiten Fahrweges Abstellplätze vorhanden sind.
Wegmarkierungen Rot-weiße Markierungen und Hinweise.

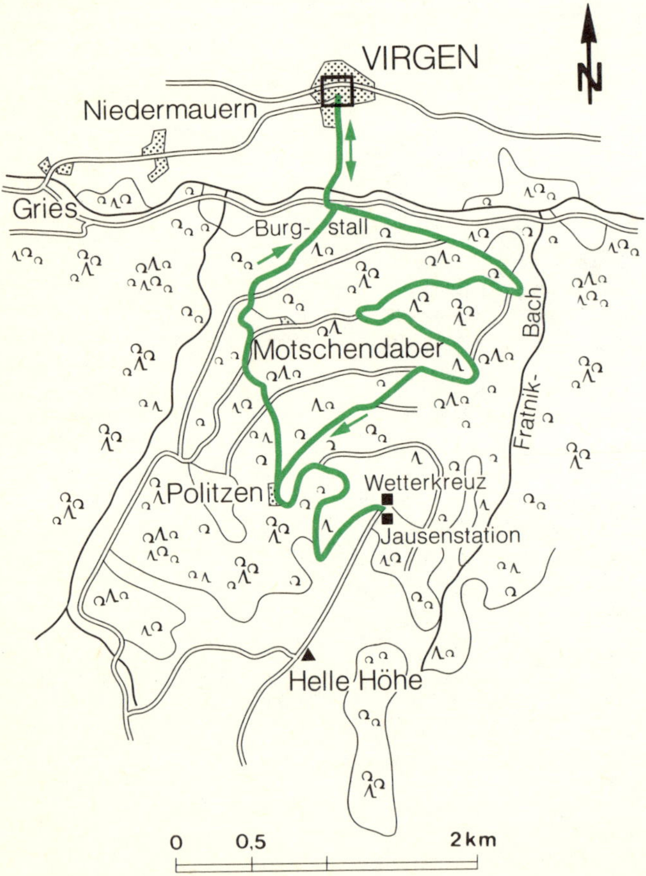

Tourenlänge 8 km von Virgen zum Wetterkreuz.
Wanderzeit 3½ Stunden.
Höhenunterschiede Virgen 1190, hinunter zur Isel auf 1080, hinauf zum Virger Wetterkreuz auf 2110 m. Somit zuerst 110 m Abstieg, sodann 1030 m Aufstieg, somit für Hin- und Retourweg insgesamt 1140 m Aufstieg und ebenso Abstieg.
Wanderkarten 1:50 000 Kompass-Wanderkarte Nr. 45 oder 46.
Anmerkung Wer ein eigenes Fahrzeug besitzt, kann von Virgen in Richtung Grieß abwärts fahren, gleich nach Querung des Nilbaches in der Ortschaft Niedermauern nach links abwärts zur Isel, über die Brücke und entlang der Isel abwärts bis zur nächsten Iselbrücke. Vor dieser beginnt unser Wanderweg. Hier gibt es genügend Parkplatzmöglichkeiten. In der Sommersaison fährt auch ein eigener Taxidienst, ein Geländefahrzeug, von Virgen zum Virger Wetterkreuz.
Wissenswertes Der Aufstieg von der Isel zum Wetterkreuz, wo sich eine bewirtschaftete Gaststätte befindet, verläuft durchwegs durch einen Wald. Ein geeigneter Weg für heiße Sommertage. Oben beim Wetterkreuz haben wir eine sehr schöne Aussicht auf die Virger Nordkette und zum Großglockner.
Tourenbeschreibung Von Virgen gehen wir entlang des *Virger-* oder *Virschnitzbaches* (verbauter Wildbach) abwärts bis zur *Isel* über die Brücke auf die andere Seite, ein kurzes Stück *Iselaufwärts*, wo der Weg zum Virger Wetterkreuz, ein breiter Forstweg beginnt. Nun immer entlang des Fahrweges. Eine Abkürzung von der ersten Lichtung beim sogenannten *Motschendaba* auf 1500 Meter Höhe bis zur *Politzenalm*, 1888 Meter, ist möglich, wird jedoch als Abkürzung eher für den Abstieg empfohlen. Am First 2106 Meter befindet sich das große Wetterkreuz.

2.13 Obermauern – Niljochhütte – Bonn-Matreier Hütte

Verkehrsmöglichkeiten Über die Felbertauernstraße nach Matrei in Osttirol, von dort in westlicher Richtung nach Virgen, 7 km. Von Virgen weiter 2 km nach Obermauern.
Parkmöglichkeiten Direkt an der Abzweigung von der Virgentalstraße bei einem Gasthaus oder ein kurzes Stück weiter aufwärts entlang des Nilbaches.
Wegmarkierungen Rot-weiße Markierungen und Hinweise.

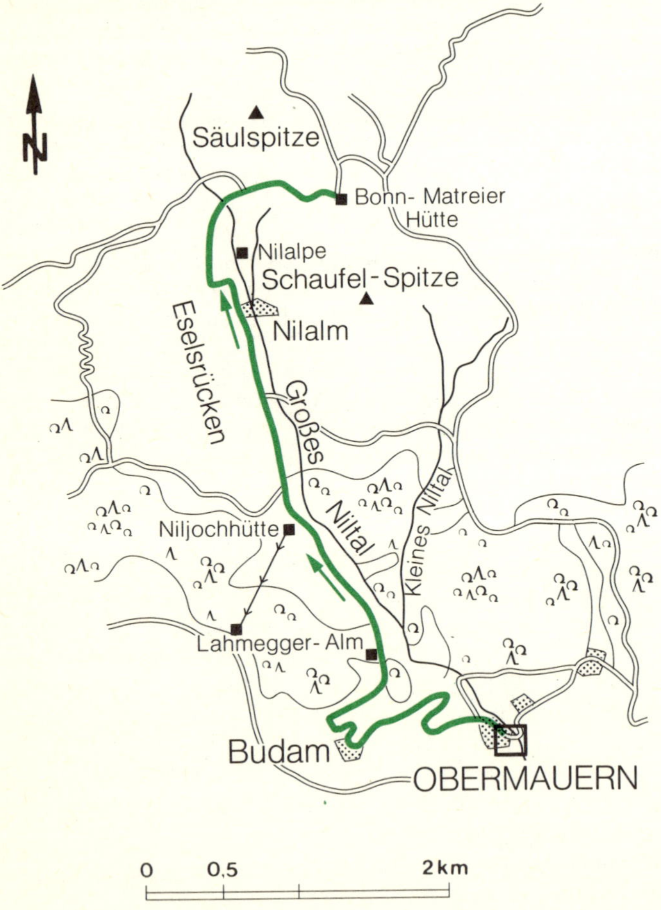

Tourenlänge Tourenlänge 3 km zur Niljochhütte und weitere 3 km zur Bonn-Matreier Hütte. Insgesamt 12 km (mit Abstieg).
Wanderzeit Von Obermauern zur Niljochhütte 2¼ Stunden, von der Niljochhütte zur Bonn-Matreier Hütte 2¼ bis 2½ Stunden. 4½ Stunden Aufstieg, 2½ Stunden Abstieg. Insgesamt 7 Stunden.
Höhenunterschiede Obermauern 1300 m, Niljochhütte 1970 m, das sind 670 m Aufstieg, Bonn-Matreier Hütte 2750 m, weitere 780 m Aufstieg, insgesamt 1450 m Aufstieg und ebenso Abstieg.
Wanderkarten 1:50 000 Kompass-Wanderkarte Nr. 45 oder 46.
Anmerkung Schon die Hälfte der Wanderung bis zur Niljochhütte erfordert Ausdauer und gutes Schuhwerk, da ein schmaler, zum Teil steiler Steig zu begehen ist. Der zweite Abschnitt des Weges ist alpines Gelände, wenn auch der Steig zur Hütte gut markiert und ohne Schwierigkeiten begehbar ist. Man muß jedoch im Gebirge mit Wettersturz, verbunden mit Schneefall, rechnen. Daher im Rucksack neben einer kleinen Jause einen Wetterschutz nicht vergessen.
Wissenswertes Gotische Wallfahrtskirche mit berühmten Fresken in Obermauern. Ein Besuch dieser Kirche lohnt sich. Die Bonn-Matreier Hütte, eine Schutzhütte, wurde von den Sektionen Matrei und Bonn errichtet und wird von diesen bewirtschaftet. Die Hütte ist im Sommer bewirtschaftet, und es besteht auch Nächtigungsmöglichkeit.
Tourenbeschreibung In Obermauern gehen wir den Weg zwischen Kirche und *Nilbach* aufwärts, wo bei der nächsten Brücke, (die wir nicht überschreiten) die Markierung nach links abzweigt. Nun dem Fahrweg in Richtung *Budam* folgen. Nach dem letzten *Bauernhof Budam* wird der Weg schmäler und zum Steig. Weiter gehen wir ziemlich steil durch Wiesengelände bis zur *Niljochhütte*. Die Niljochhütte ist bewirtschaftet. Von hier haben wir eine schöne Aussicht nach Prägraten.

Der Weiterweg verläuft in nördlicher Richtung taleinwärts, nun wieder etwas flacher und erst nach der *Nilalm* wieder steiler. Im großen *Blockkar* wendet sich der Weg in einer Schleife nach Osten und am Schluß über einen Rücken, auf dem die Bonn-Matreier Hütte steht. Herrlicher Ausblick nach Süden.

2.14 Virgen – Obermauern – Marin – Virgen

Verkehrsmöglichkeiten Über die Felbertauernstraße nach Matrei in Osttirol, von dort in westlicher Richtung nach Virgen, 7 km.
Parkmöglichkeiten Im Ort Virgen verschiedene kleine Parkplätze. Sollten die Parkplätze im Ort überfüllt sein, so fährt man vom Ortskern beim Gasthof »Resinger« (schönes Gebäude unter Denkmalschutz mit Erker) nach links abwärts, wo außerhalb der Ortschaft, entlang des breiten Fahrweges, Abstellplätze vorhanden sind.
Wegmarkierungen Rot-weiße Markierungen und Hinweise.
Tourenlänge 3,5 km.
Wanderzeit 1¾ Stunden.
Höhenunterschiede Virgen 1190 m, Obermauern 1300 m, Ma-

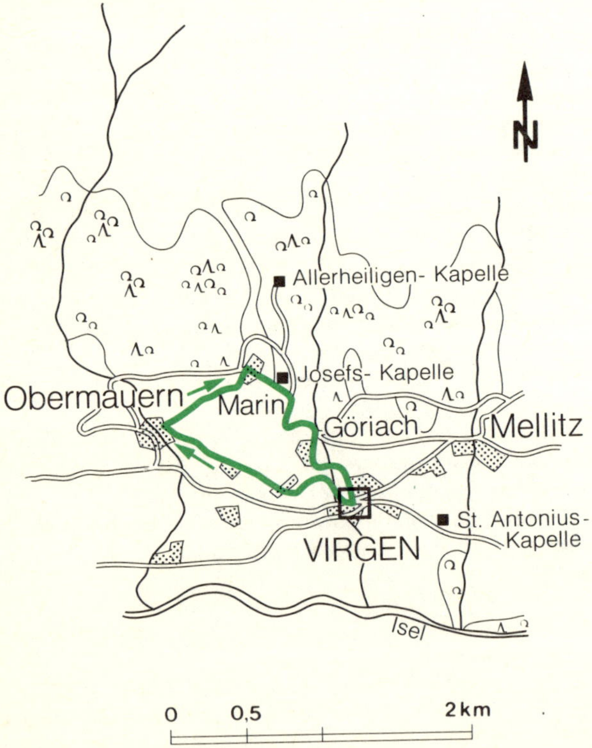

rin 1400 m. Aufstieg 210 m, ebenso Abstieg.
Wanderkarten 1:50 000 Kompass-Wanderkarte Nr. 45 und 46.
Anmerkung Kreuzweg von Virgen nach Obermauern, es ist ein schöner Spazierweg, da er nicht von Kraftfahrzeugen befahren werden darf.
Wissenswertes Alte gotische Wallfahrtskriche in Obermauern mit Fresken. Die Virger Nordseite ist der in der Sonne liegende Teil des Tales, die sogenannte Sonnenseite. Sie ist klimatisch begünstigt. Wenig Wind, viel Sonne.
Tourenbeschreibung Von Virgen den Weg Nummer 12 westlich des Dorfes nach rechts abbiegen, einem alten *Kreuzweg* nach Obermauern folgend. In *Obermauern* quert man nicht den Nilbach, sondern geht entlang des ersten Fahrweges nach rechts. Am Waldrand erreicht man *Marin*, eine kleine Häusergruppe, vorbei an der *Josefskapelle* und über *Göriach* hinunter zurück nach Virgen.

2.15 Iselweg: Bobojach – Prägraten – Ströden

Verkehrsmöglichkeiten Von der Felbertauernstraße in Matrei in Osttirol in westlicher Richtung nach Virgen, Prägraten abzweigen. Von Matrei bis Prägraten 14 km.
Parkmöglichkeiten Parkplätze sind in der Ortschaft Prägraten vorhanden.
Wegmarkierungen Rot-weiße Markierungen und Hinweisschilder.
Tourenlänge 7 km einfache Länge, von Prägraten nach Bobojach 2 km, von Prägraten nach Ströden 5 km.
Wanderzeit Von Prägraten nach Bobojach ½ Stunde, von Prägraten nach Ströden 1½ Stunden. Für die gesamte Runde hin und zurück benötigt man 4 Stunden.
Höhenunterschiede Prägraten bei der Isel, gegenüber vom Geschäft Steiner 1270 m, Bobojach bei der Iselbrücke 1225 m. Ströden 1400 m. Gesamter Höhenunterschied von Bobojach bis Ströden 175 m.
Wanderkarten 1:50 000 Kompass-Wanderkarte Nr. 45 oder 46.
Anmerkung In Prägraten gelangt man an zwei Stellen über die Isel. Der Wanderweg befindet sich auf der gegenüberliegenden Seite. Wer nicht den gleichen Weg wieder retour gehen will, kann hierfür die Virgentalstraße zwischen Bobojach und Hinterbichl benutzen. Hier verkehren auch Postomnibusse. Nur der letzte Abschnitt von Hinterbichl bis Ströden hat keine Busverbindung. Als Retourweg kann jedoch die Straße benutzt werden.

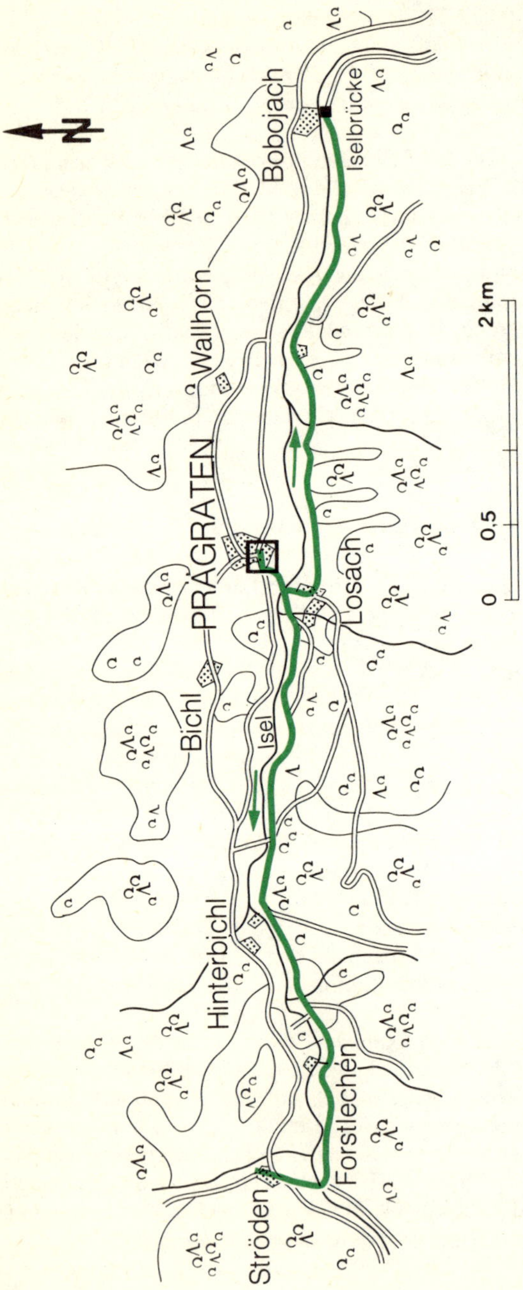
N
PRÄGRATEN
Wallhorn
Bobojach
Iselbrücke
Bichl
Isel
Losach
Hinterbichl
Forstlechen
Ströden
0
0,5
2 km

Wissenswertes Die schöneren Abschnitte sind die Teilstücke von Prägraten nach Hinterbichl und von Hinterbichl nach Ströden. Der Weg verläuft immer in unmittelbarer Nähe der Isel. An warmen Tagen angenehm kühl.

Tourenbeschreibung Beste Ausgangspunkte in Prägraten vom *Geschäft Steiner* (direkt an der Straße gelegen) hinunter zur Isel oder bei der *Talstation der Skilifte* den Weg hinunter zur Isel. Parkmöglichkeiten sind vorhanden. Am gegenüberliegenden schattenseitigen Iselufer nach links und weiter den markierten Weg flußabwärts bis zu einer Brücke, bevor die Isel nach einer jähen Richtungsänderung in der Schlucht gegen Welzelach verschwindet. Etwa 40 Höhenmeter über der Isel befindet sich auf der gegenüberliegenden Seite der *Weiler Bobojach*.

Der Weg von Prägraten in der anderen Richtung, also Isel aufwärts, wird *Auenweg* genannt. Auch dieser Weg befindet sich am gegenüberliegenden Ufer der Isel. Er ist ein schöner Weg, der über Wiesen und durch Wälder führt. Weiter über *Hinterbichl* nach *Ströden*. Besonders der letzte Abschnitt ist interessant und landschaftlich reizvoll.

2.16 Prägraten – Laßnitzenalm – Bergersee – Prägraten

Verkehrsmöglichkeiten Von der Felbertauernstraße in Matrei in Osttirol in westlicher Richtung nach Virgen, Prägraten abzweigen. Von Matrei 14 km nach Prägraten.

Parkmöglichkeiten Parkplätze sind in der Ortschaft Prägraten vorhanden.

Wegmarkierungen Rot-weiße Markierungen und Hinweisschilder.

Tourenlänge Insgesamt 10,5 km.

Wanderzeit 6½ Stunden.

Höhenunterschiede Prägraten 1310 m, Iselbrücke 1288 m, Laßnitzenalm 1887 m, Goldeckscharte 2518 m, Bergersee 2182 m. 1250 m Aufstieg und 1250 m Abstieg.

Wanderkarten 1:50 000 Kompass-Wanderkarte Nr. 45 oder 46.

Anmerkung Dieser Weg ist eine alpine Tour und es ist besonders im Frühjahr bei der Querung von Schneefeldern Vorsicht geboten. Daher nur gutes Schuhwerk verwenden. In den Sommermonaten sind sowohl die Laßnitzenalm als auch die Bergersee Hütte bewirtschaftet.

Wissenswertes Die Ausblicke während dieser Tour, besonders auf die Venedigergruppe, sind bei Schönwetter großartig. Wer gut

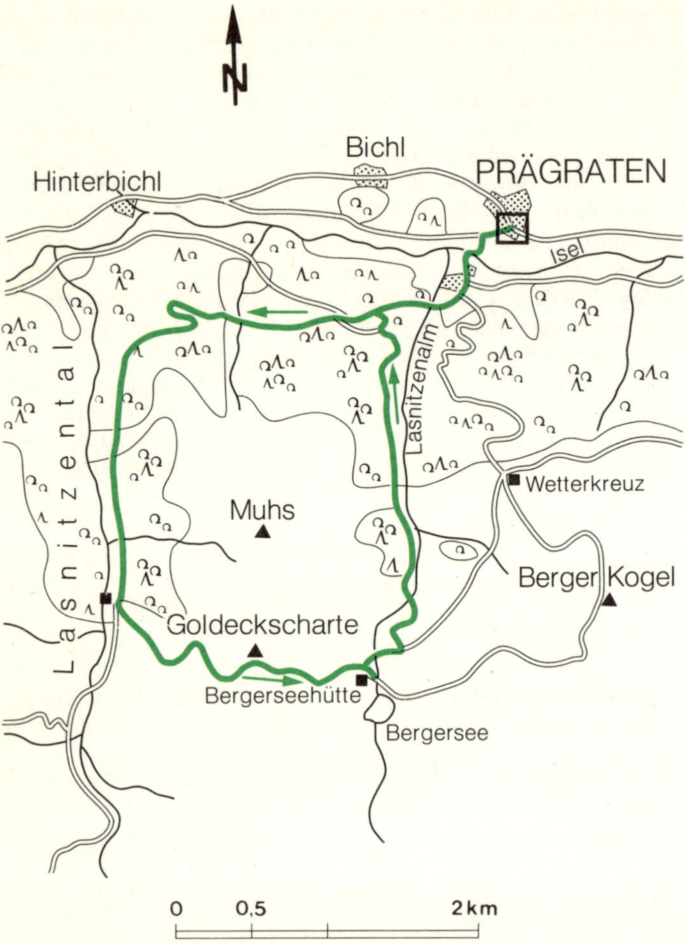

trainiert ist, kann von der Bergersee Hütte aus auch noch den Berger Kogel, 2656 m, 1½ bis 1¾ Stunden ersteigen.

Tourenbeschreibung Von Prägraten gehen wir zu den *Schleppliften* und von dort hinunter zur *Isel*, über eine Brücke auf die gegenüberliegende Seite, den Fahrweg aufwärts und in einem Bogen steigen wir nach rechts taleinwärts auf. Dann queren wir die steile Talflanke in westlicher Richtung, bis es um einen Bergrücken geht und wir in südlicher Richtung aufsteigend die *Laßnitzenalm* erreichen (2 Stunden). Nun weitere 2 Stunden für den Aufstieg zur

Goldeckscharte, der Abstieg aber von dieser zur *Bergersee Hütte* ½ Stunde. Diese liegt unmittelbar am Rande des idyllischen Sees. Der Abstieg führt durch das *Zopanitzental* nach *Prägraten.* Wenn man gemütlich geht, soll man hierfür ebenfalls 2 Stunden ansetzen.

2.17 Ströden – Umbaltal – Clara-Hütte Wasserschaupfad Umbalfälle

Verkehrsmöglichkeiten Von der Felbertauernstraße in Matrei in Osttirol in westlicher Richtung über Virgen – Prägraten – Hinterbichl bis zum letzten Bauernhof Ströden, 18 km.
Parkmöglichkeiten Im Bereich des Hofes Ströden großer Parkplatz.
Wegmarkierungen Rot-weiße Markierungen und Hinweisschilder.
Tourenlänge 6,5 km hin und 6,5 km zurück.
Wanderzeit ½ Stunde zur Pebellalm, weiter 2 Stunden zur Clara-Hütte, Rückweg 2 Stunden, insgesamt 4½ Stunden.
Höhenunterschiede Ströden 1400 m, Pebellalm 1513 m, Clara-Hütte 2038 m. 640 Höhenmeter Aufstieg und ebenso Abstieg.
Wanderkarten 1:50 000 Kompass-Wanderkarte Nr. 45 oder 46.
Anmerkung Für die Wanderung in das Umbaltal soll man sich einen Schönwettertag aussuchen. Das enge Tal und der kühlende Wasserstaub der Gletscherbäche, besonders der Isel selbst, lassen auch an heißen Tagen keine Hitze aufkommen.
Wissenswertes Die junge Isel entspringt in der Dreiherrnspitzgruppe und schwillt bald infolge des großen Gletschergebietes zu einem mächtigen Bach an, der an Warmwettertagen große Wassermengen ins Tal bringt.
Tourenbeschreibung Vom Parkplatz Ströden gehen wir taleinwärts bis zur Brücke, die über den *Maurerbach* führt, hier an der Weggabelung nach links zur *Pebellalm*. Bei der Pebellalm (Jausenstation) queren wir wieder den Bach und halten uns sodann nach rechts. Unser Weg führt einmal steiler, dann wieder flacher taleinwärts. Manchmal direkt entlang des Baches, dann wieder etwas höher oben in den seitlichen Steilhängen. Vor der *Clara-Hütte* zweigt der Weg zur *Reichenberger Hütte* nach links in das *Dabertal* ab. Wir folgen jedoch dem Weg geradeaus bis zur Clara-Hütte. Die Hütte ist in den Sommermonaten bewirtschaftet, es besteht auch Nächtigungsmöglichkeit.

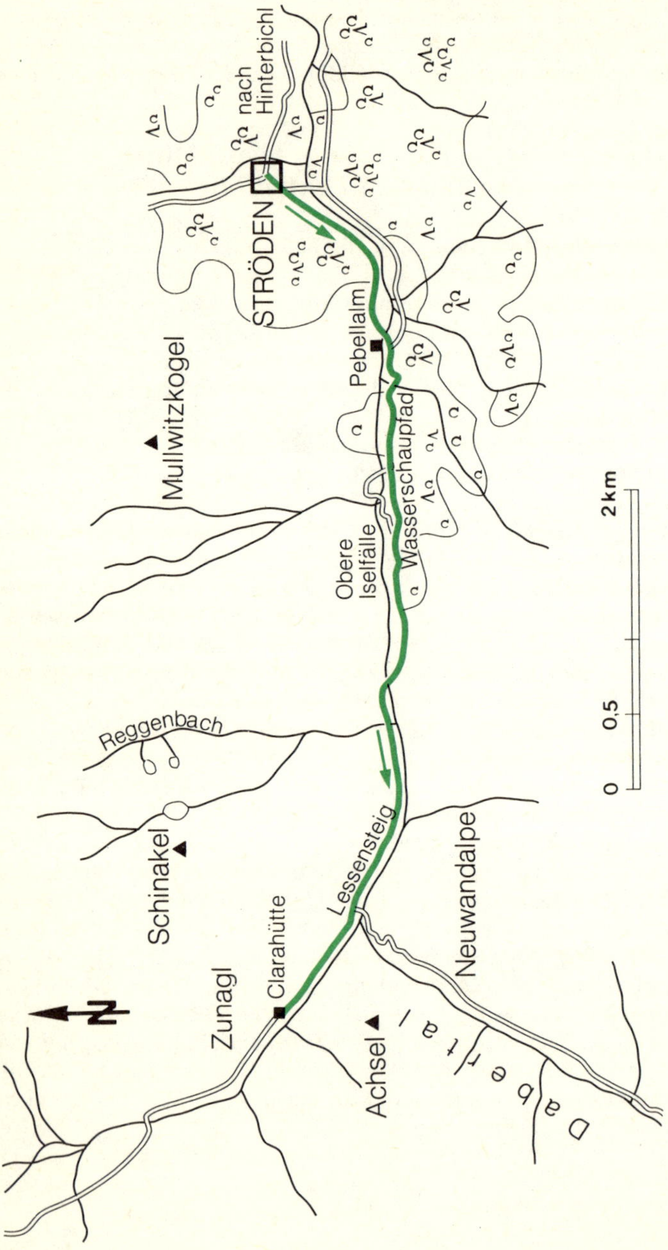
Zunagl
Clarahütte
Schinakel
Reggenbach
Mullwitzkogel
STRÖDEN
nach Hinterbichl
Pebellalm
Wasserschaupfad
Obere Iselfälle
Lessensteig
Achsel
Neuwandalpe
Dabertal
0
0,5
2 km

2.18 Ströden – Essener und Rostocker Hütte

Verkehrsmöglichkeiten Von der Felbertauernstraße in Matrei in Osttirol in westlicher Richtung über Virgen – Prägraten – Hinterbichl bis zum letzten Bauernhof Ströden, 18 km.
Parkmöglichkeiten Im Bereich des Hofes Ströden großer Parkplatz.
Wegmarkierungen Rot-weiße Markierungen und Hinweisschilder.
Tourenlänge 6 km hin und 6 km zurück.
Wanderzeit Aufstieg 2½ bis 2¾ Stunden, Abstieg 2 Stunden, insgesamt 4½ Stunden.
Höhenunterschiede Ströden 1400 m, Essener und Rostocker Hütte 2208 m, Höhendifferenz 808 m.
Wanderkarten 1:50 000 Kompass-Wanderkarte Nr. 45 oder 46.
Anmerkung Etwa 1 Kilometer taleinwärts von Ströden befindet sich die Jausenstation Steineralm. Bis hierher kurze aber sehr schöne und empfehlenswerte Wanderung. Nach der Jausenstation Steineralm kommen wir zur Talstation der Materialseilbahn der Rostocker und Essener Hütte. Es besteht die Möglichkeit für Gepäcktransporte. (Sprechanlage bei der Talstation.)
Wissenswertes Die Rostocker Hütte und später die Essener Hütte wurden vom Deutschen Alpenverein errichtet. Stützpunkt für viele alpine Unternehmungen. Für den Bergwanderer ist die Ersteigung des Rostocker Ecks (2749 Meter) und des Türmljoch (2845 Meter) zu empfehlen. Achtung im Frühjahr auf Schneefelder! Vom Türmljoch Abstieg zur Johannishütte möglich.
Tourenbeschreibung Vom Parkplatz Ströden wandern wir bis zur Brücke, überqueren den *Maurerbach*, bei der Weggabelung gehen wir nach rechts, dann wandern wir über die *Steineralm*, vorbei an der *Talstation der Materialseilbahn*, wo der breite Weg aufhört. Nun folgen wir einem Steig, der bei der Waldgrenze noch etwas steiler wird, aufwärts. Dann gehen wir an der verfallenen *Ochsneralm* vorbei, und am Schluß erwartet uns noch einmal ein steiler Anstieg zur *Schutzhütte*.

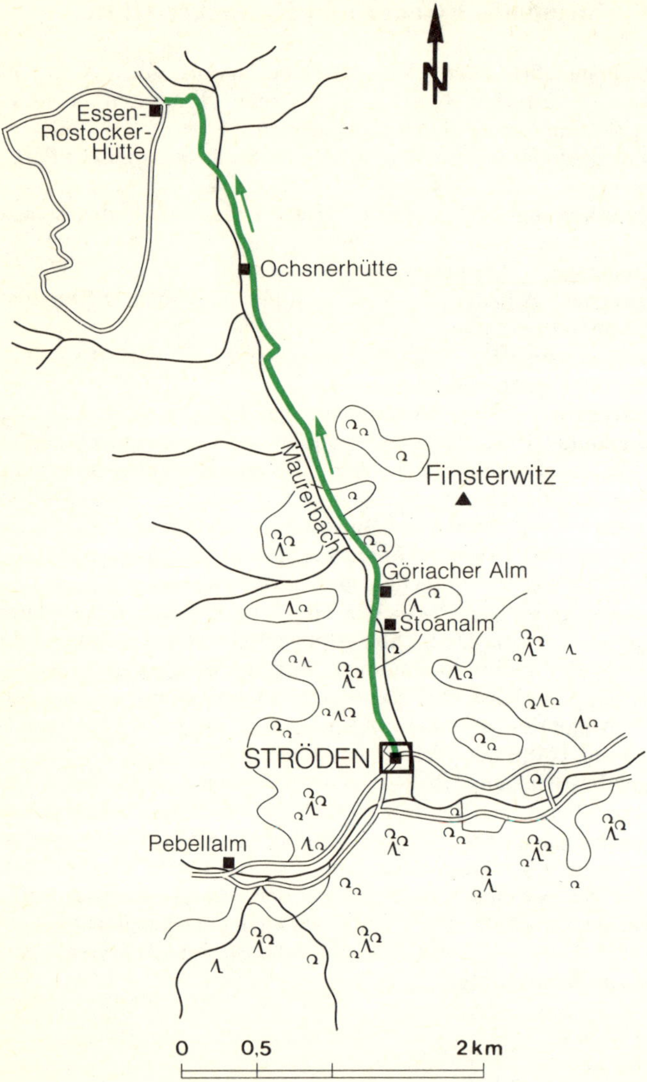
N
Essen-
Rostocker-
Hütte
Ochsnerhütte
Maurerbach
Finsterwitz
Göriacher Alm
Stoanalm
STRÖDEN
Pebellalm
0
0,5
2 km

2.19 Hinterbichl – Johannis-Hütte

Verkehrsmöglichkeiten Von der Felbertauernstraße in Matrei in Osttirol in westlicher Richtung in das Virgental abzweigen. 16 km über Virgen – Prägraten bis nach Hinterbichl.
Parkmöglichkeiten In Hinterbichl nur beschränkte Parkmöglichkeiten entlang der Straße oder beim Wiesenkreuz, 1484 m.
Wegmarkierungen Rot-weiße Markierungen und Hinweisschilder.
Tourenlänge 6 km hin und 6 km zurück.
Wanderzeit 2½ Stunden Aufstieg und 2 Stunden Abstieg, insgesamt 4½ Stunden.
Höhenunterschiede Hinterbichl 1350 m, Johannis-Hütte 2121 m, Höhenunterschied 771 m.
Wanderkarten 1:50 000 Kompass-Wanderkarte Nr. 45 oder 46.
Anmerkung Von Hinterbichl führt ein breiter fahrbarer Alpweg bis zur Johannis Hütte. Ab Wiesenkreuz 1484 Meter Fahrverbot. Der Weg von Hinterbichl bis zum Wiesenkreuz ist jedoch sehr schlecht und kann nur geländegängigen Autotypen empfohlen werden.
Wissenswertes Die Johannis-Hütte, eine sehr alte Schutzhütte, die von der Sektion Prag ausgebaut wurde, ist in den Sommermonaten bewirtschaftet. Sie ist der Ausgangspunkt für Venedigertouren oder Wanderungen zum Türmljoch, etwa 2 Stunden Aufstieg, oder zum Defregger Haus 2½ Stunden Aufstieg. Übergangsmöglichkeit in das Timmltal und zur Sajat-Hütte. Alles markierte Steige.
Tourenbeschreibung Ausgangspunkt *Hinterbichl* beim Gasthof Islitzer, gegenüber der romantischen Mühle. Nach etwa 20 Minuten erreichen wir das Wiesenkreuz, wo nach links der Fahrweg zum *Hof Groder* führt, der Weg zur Johannis-Hütte (rechts) bleibt auf derselben Talseite. Bei etwa 1700 Meter Höhe erreichen wir einen großen Serpentinsteinbruch, hier folgen wir besser dem Fahrweg, der über eine Brücke führt. (Rechts befindet sich der alte Steig, der etwas schwieriger zu begehen ist.) Bei der *Morferalm* auf 1885 Meter Höhe queren wir die Schlucht des *Dorferbaches* und kommen nach einigen Wegserpentinen beim *Gumpachkreuz* vorbei. Nun weniger steil, vorbei an der *Ochsnerhütte* zur *Johannis-Hütte.* Im Talschluß der *Großvenediger* mit seiner Südwestflanke.

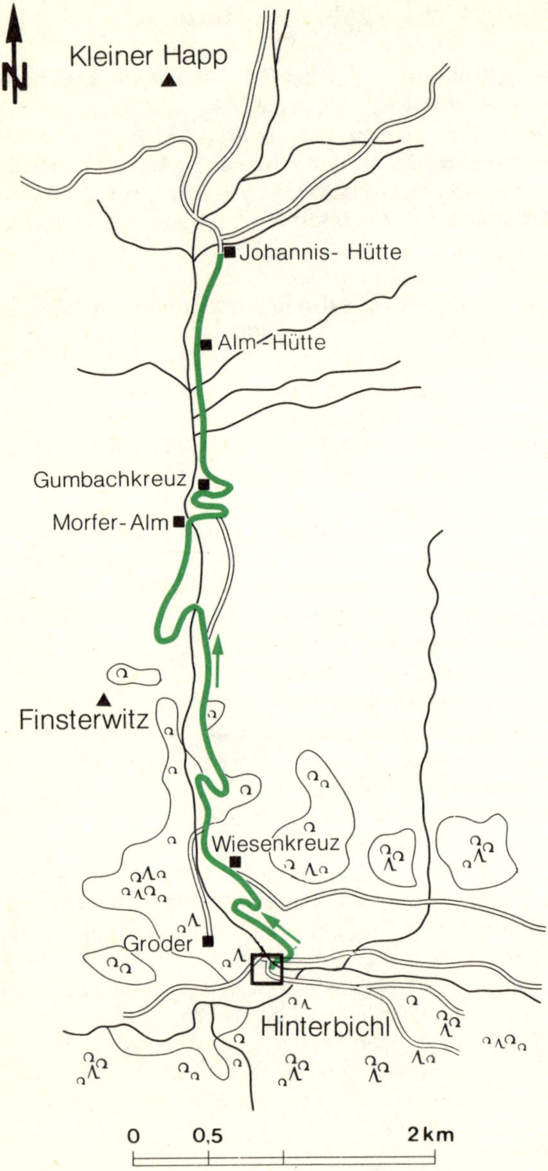
N
Kleiner Happ
Johannis- Hütte
Alm-Hütte
Gumbachkreuz
Morfer-Alm
Finsterwitz
Wiesenkreuz
Groder
Hinterbichl
0
0,5
2 km

2.20 Prägraten – Bichl – Sajat-Hütte – Timmeltal – Bichl

Verkehrsmöglichkeiten Von der Felbertauernstraße in Matrei in Osttirol in westlicher Richtung abzweigend. 14 km bis Prägraten. Im Ort Prägraten zwischen Gemeindeamt und Café Tirol aufwärts noch einen Kilometer bis nach Bichl.
Parkmöglichkeiten In Bichl an der Straße Parkmöglichkeiten.
Wegmarkierungen Rot-weiß und Hinweisschilder.
Tourenlänge 11 km Rundtour.
Wanderzeit 3 bis 3½ Stunden zur Sajat Hütte, 1½ Stunden zur Bodenalm und 1 Stunde Abstieg nach Bichl, insgesamt 6 Stunden.

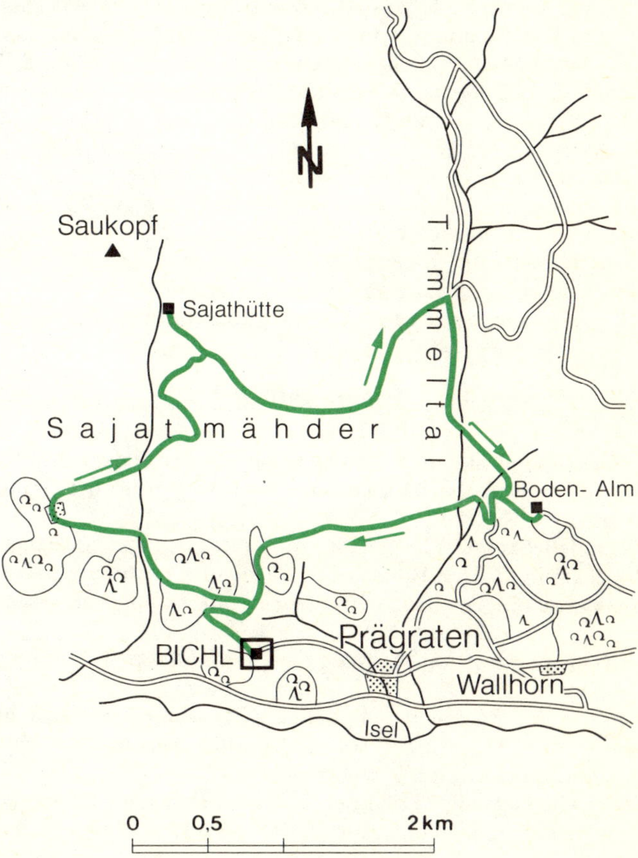

Höhenunterschiede Bichl 1500 m, Sajat-Hütte 2600 m, Bodenalm 2000 m. 1100 m Aufstieg und ebenso Abstieg.
Wanderkarten 1:50 000 Kompass-Wanderkarte Nr. 45 oder 46.
Anmerkung Wer gerne etwas steiler aufsteigt, wählt den Rundweg in der beschriebenen Richtung. Der Rückweg über die Bodenalm ist flacher. Sajat-Hütte und Bodenalm sind im Sommer bewirtschaftet. Auf der Sajat-Hütte Nächtigungsmöglichkeit.
Wissenswertes Die Sajat-Hütte ist eine private Hütte. Sie liegt sehr interessant in einem Hochkar über dem Dorf Prägraten an der Sonnseite. Eindrucksvolles Landschaftsbild, besonders die steilen Bergwiesen, die früher gemäht wurden. Von der Hütte aus lassen sich mehrere, allerdings alpine Unternehmungen durchführen.
Tourenbeschreibung Von *Bichl* gehen wir einen breiten Weg Richtung talein, mäßig ansteigend aufwärts, nach einer Kehre in der anderen Richtung, vorbei am letzten Hof. Hier auf einem schmalen Steig steil aufwärts durch eine Wiese, genau in nördlicher Richtung, am Ende der Wiese nach links, wo wir den Steig im lichten *Lärchenwald* wieder finden. In gleichmäßiger Steigung führt uns der etwa 1 Meter breite Weg aufwärts bis zur *Sajat-Hütte*. Von der Sajat-Hütte wandern wir wieder den Aufstiegsweg ein Stück zurück, bis wir nach links in östlicher Richtung abzweigen. Wir queren steile Bergwiesen und gehen bis in das *Timmeltal*, von dort weiter abwärts zur *Bodenalm*. Von der Bodenalm brauchen wir nicht steil hinunter nach Prägraten absteigen, sondern benützen den neu angelegten Weg zurück nach Bichl zum Ausgangspunkt.

2.21 Prägraten – Eissee-Hütte

Verkehrsmöglichkeiten Von der Felbertauernstraße in Matrei in Osttirol nach Westen abzweigen. Über Virgen nach Prägraten, 14 km.
Parkmöglichkeiten Parkplätze im Bereich des Timmelbaches im Ort, auch im oberen Bereich des Bachlaufes noch Parkplätze.
Wegmarkierungen Rot-weiße Markierungen und Hinweisschilder.
Tourenlänge 6,5 km Aufstieg und 6 km Abstieg. Zusammen 12,5 km.
Wanderzeit Prägraten – Bodenalm 2¼ Stunden, Bodenalm – Eissee-Hütte 1¾ Stunden, somit 4 Stunden Aufstieg. Abstieg 2¼ Stunden. Gesamtzeit 6¼ Stunden.
Höhenunterschiede Prägraten 1310 m, Bodenalm 1970 m. Höhenunterschied 660 m. Eissee-Hütte 2500 m, Gesamtaufstieg 1190 m. Ebenso die Abstiegshöhe.

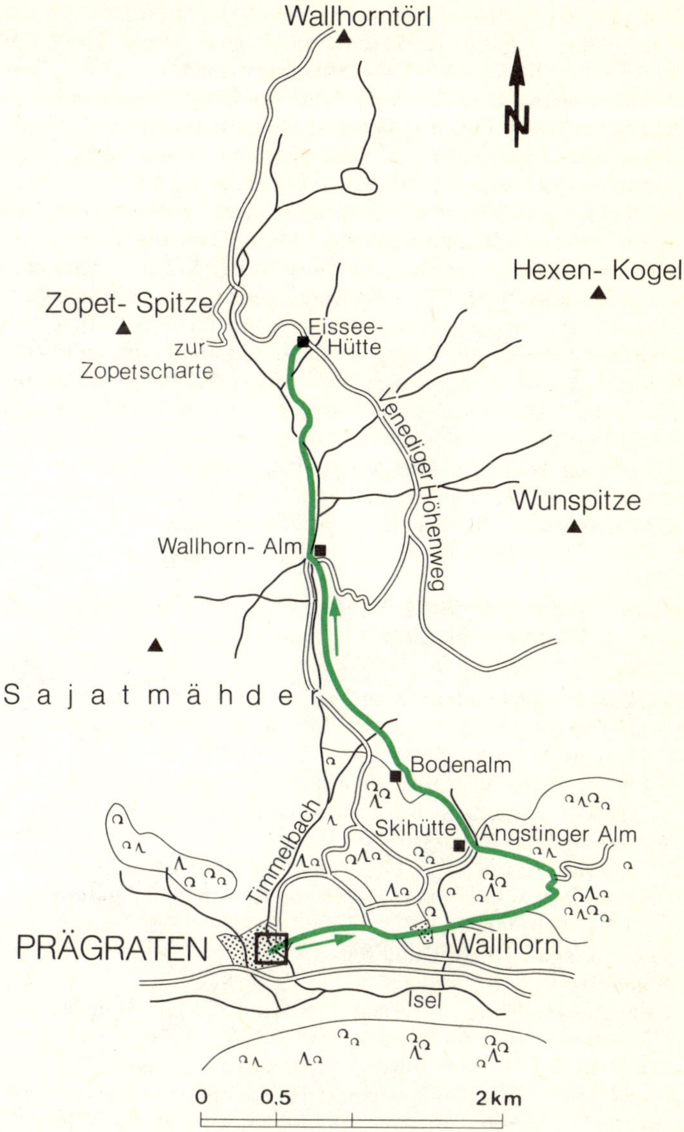
Wallhorntörl
N
Hexen- Kogel
Zopet- Spitze
zur
Zopetscharte
Eissee-
Hütte
Venediger Höhenweg
Wunspitze
Wallhorn- Alm
S a j a t m ä h d e r
Bodenalm
Timmelbach
Skihütte
Angstinger Alm
PRÄGRATEN
Wallhorn
Isel
0
0,5
2 km

Wanderkarte 1:50 000 Kompass-Wanderkarte Nr. 46.
Anmerkung Sowohl die Bodenalm als auch die Eissee-Hütte sind Raststätten, die im Jahr 1980 errichtet wurden.
Wissenswertes Das Timmeltal führt von Prägraten in nördlicher Richtung in die südliche Venedigergruppe. In unmittelbarer Nähe der Eissee-Hütte führt der Venediger Höhenweg vorbei. Man kann von der Eissee-Hütte über die Zopetscharte zur Johannis-Hütte gelangen. Sehr schön ist auch der Ausflug zum Eissee, 2660 Meter, bzw. zum Wallhorntörl 3025 Meter. Von hier hat man eine herrliche Aussicht auf die Gletscherwelt der Venedigergruppe.
Tourenbeschreibung Von Prägraten gehen wir den *Timmelbach* aufwärts, dann zweigen wir nach rechts zum Ortsteil *Wallhorn* ab, und folgen dem breiten Weg in Richtung Grießeralm und Bodenalm. Sehr abwechslungsreich ist es, zwischen Wiesen und Almen und durch lichte Lärchenwälder zu gehen. Nach der *Bodenalm* queren wir wieder hinüber in das Timmeltal, wo uns der Steig meist entlang des Baches, vorbei an der *Wallhornalm*, hinauf zur *Eissee-Hütte* leitet. Beim Abstieg kann der steilere Steig entlang des Timmelbaches nach Prägraten gewählt werden.

2.22 Iselrundwanderweg: Huben – St. Johann im Walde – Huben

Verkehrsmöglichkeiten Von Lienz oder von Matrei in Osttirol die Felbertauernstraße nach St. Johann bzw. Huben.
Parkmöglichkeiten Zwischen Huben und St. Johann im Walde befinden sich mehrere große Parkplätze. Besonders zu empfehlen ist der Parkplatz beim Kalserbach-Kraftwerk, also dort, wo ein Werkskanal die Bundesstraße kreuzt.
Wegmarkierungen Der Uferweg an der Isel ist nicht markiert. Beim oben erwähnten Parkplatz befindet sich eine Panorama-Tafel mit Erläuterungen.
Tourenlänge 10 km Rundweg.
Wanderzeit 2½ Stunden.
Höhenunterschiede St. Johann im Walde 750 m, Huben 810 m. Höhenunterschied 60 m.
Wanderkarte 1:50 000 Kompass-Wanderkarte Nr. 47.
Anmerkung Man kann, wie bereits erwähnt, von vielen Punkten aus die Wanderung antreten. Empfohlen wird, zuerst Iselabwärts in Richtung St. Johann im Walde zu gehen, bei St. Johann im Walde über die Brücke auf das gegenüberliegende Ufer, dort flußaufwärts bis nach Huben und dann zurück zum Ausgangspunkt.

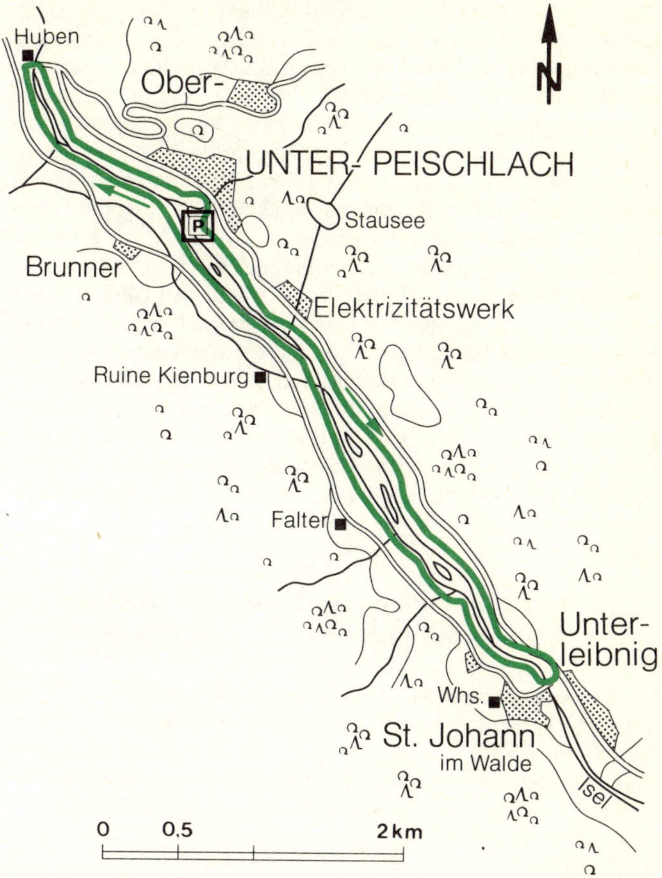

Der Weg ist breit und eingeschottert. Man sollte daher etwas festeres Schuhwerk verwenden.

Wissenswertes Die Isel wurde nach den Hochwasserkatastrophen 1965 und 1966 reguliert. Inzwischen sind die Ufer wieder verwachsen, und überall finden wir die Erle; ein Strauch, der hier seinen Standort hat. Die Verbreiterungen im Flußbett dienen dem Schotterrückhalt bei neuerlichen Katastrophen. Man wandert immer in unmittelbarer Nähe des Flusses.

Tourenbeschreibung Vom *Parkplatz beim Kalserbachkraftwerk* betreten wir den unmittelbar dahinterliegenden Uferdamm, auf dessen Krone der breite Weg verläuft. Wir wandern flußabwärts in Richtung St. Johann im Walde. Einige 100 Meter vor St. Johann müssen wir ein Stück am Rand der Bundesstraße gehen, bis die *Iselbrücke* in St. Johann im Walde erreicht wird. Auf der gegenüberliegenden Seite, bei der Talstation der Seilbahn nach Oberleibnig gehen wir wieder am Ufer entlang, diesmal flußaufwärts, weiter. Bei der *Michlbachmündung* gehen wir um einen Teich links herum. Dann wieder am Ufer entlang, vorbei am schön gelegenen *Bauernhof Falter*, in späterer Folge vorbei an der *Ruine Kienburg*. Nun ein Stück durch Buschwerk, links befindet sich die Pumpstation der Transalpinen Ölleitung, und gegenüber der Kalserbachmündung gehen wir wieder freier bis zur Einmündung des *Defereggenbaches*. Dann über die Brücke auf die andere Seite und wieder entlang des *Iselufers* zur Bundesstraße nach Huben. Wir überqueren die Bundesstraßenbrücke, und gleich nach den Häusern zweigen wir nach rechts in den Wald und zum *Iseluferweg* ab. Der folgende Abschnitt ist landschaftlich sehr schön und führt bis zur *Kalserbachmündung*. Der Bach wird wieder über die Bundesstraßenbrücke überschritten. An dieser Stelle befindet sich ein Spielplatz. Nun gehen wir das letzte Stück am linken Iselufer zurück zum Ausgangspunkt.

2.23 Iselweg: Unterpeischlach – Oberleibnig – Unterpeischlach

Verkehrsmöglichkeiten Von Lienz oder von Matrei in Osttirol über die Felbertauernstraße nach Unterpeischlach zwischen St. Johann im Walde und Huben an der Mündung des Kalserbaches. Auf der einen Seite der Straße ein Spielplatz mit Fußballtoren, auf der anderen Seite ein Kiosk.
Parkmöglichkeiten Zu beiden Seiten der Bundesstraße Parkmöglichkeiten.
Wegmarkierungen Der Abschnitt bis St. Johann im Walde ist nicht markiert, dann rot-weiße Markierungen, überall Hinweisschilder.
Tourenlänge 4 km nach St. Johann im Walde und 4 km von Oberleibnig nach Unterpeischlach. Insgesamt 8 km.
Wanderzeit Bis nach St. Johann im Walde 1 Stunde, dann Auffahrt mit der Seilbahn nach Oberleibnig. Abstieg bis Unterpeischlach 1 Stunde. Insgesamt 2 Stunden plus Seilbahnfahrt.
Höhenunterschiede Unterpeischlach 790 m, St. Johann im Walde 750 m. 40 m Abstieg. Oberleibnig 1250 m, 500 Höhenmeter Auffahrt mit der Seilbahn. Abstieg nach Unterpeischlach 460 m. Ingesamt 500 m Abstieg und 500 m Auffahrt mit der Seilbahn.

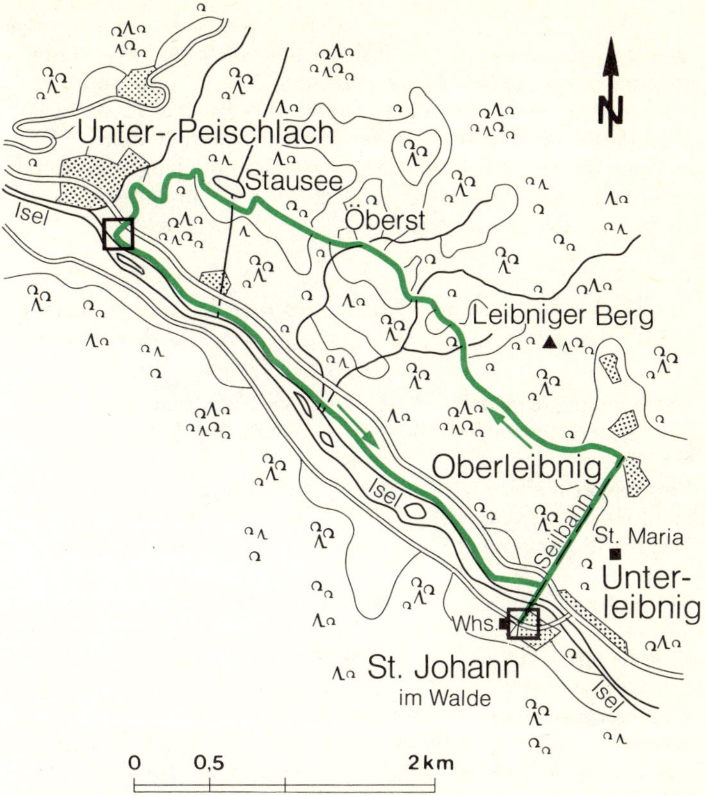

Wanderkarte 1:50 000 Kompass-Wanderkarte Nr. 47.
Anmerkung Die Seilbahn-Talstation liegt am rechten Ufer der Isel, direkt in St. Johann im Walde. Telefonverbindung mit der Bergstation, Kleinkabine für 6 Personen, Fahrten nach Bedarf.
Wissenswertes Wer nach St. Johann im Walde kommt, vermutet nicht, daß 500 Meter höher oben eine Ortschaft liegt. Von unten sieht man nur die kleine Kapelle, die man der Überlieferung zufolge beim Einmarsch der Franzosen 1809 tarnte und diese von der Existenz der Ortschaft Oberleibnig nichts wußten.
Tourenbeschreibung Vom *Parkplatz zum Iselufer* folgen wir flußabwärts einem breiten Weg, der streckenweise von Erlensträuchern umsäumt ist. Vor der Ortschaft *St. Johann im Walde* müssen wir am Rande der Bundesstraße gehen, da hier der Fluß und die Straße unmittelbar aneinander grenzen. Dann überqueren wir die Brücke. Auf der anderen Seite der Isel befindet sich bereits die *Talstation der Kleinseilbahn* nach Oberleibnig. Nach einer kurzen,

aber sehr interessanten Auffahrt, die uns über eine Steilstufe hinaufbringt, gelangen wir nach *Oberleibnig*. Von der Bergstation der Seilbahn folgen wir in westlicher und nordwestlicher Richtung der Markierung Oblas – TIWAG-Stausee-Unterpeischlach. Sehr schöner Weg mit Blick auf die Lienzer Dolomiten und am Schluß steiler Abstieg nach Unterpeischlach zurück zum Ausgangspunkt an der *Kalserbachmündung*.

2.24 St. Johann im Walde – Oberleibnig – Schoberhütte

Verkehrsmöglichkeiten Von Lienz, bzw. von Matrei in Osttirol über die Felbertauernstraße nach St. Johann im Walde, von Lienz aus 14 km.
Parkmöglichkeiten Parkplatz bei der Talstation der Kleinseilbahn nach Oberleibnig.
Wegmarkierungen Rot-weiße Markierungen und Hinweisschilder.
Tourenlänge 5,5 km Aufstieg und 5,5 km Abstieg, insgesamt 11 km.
Wanderzeit Aufstieg 3½ Stunden, Abstieg 2 Stunden, insgesamt 5½ Stunden.
Höhenunterschiede St. Johann im Walde 750 m, Oberleibnig 1250 m, (Auffahrt mit Seilbahn 500 m) Hochschoberhütte 2322 m. Aufstiegshöhe 1072 m. Ebenso die Abstiegshöhe.
Wanderkarte 1:50 000 Kompass-Wanderkarte Nr. 47.
Anmerkung Man kann anstelle der Auffahrt mit der Seilbahn auch mit dem Auto in Richtung Schoberhütte fahren. Von Lienz her kommend, fährt man über die Felbertauernstraße bis nach Ainet. Unmittelbar nach der Ortschaft Ainet befindet sich bei einem Sägewerk eine Straßenkreuzung. Links geht es nach Schlaiten, rechts nach Gwabl und Alkus. Wir zweigen nach rechts ab und fahren aufwärts bis nach Gwabl (nicht nach Oberleibnig). Unmittelbar nach Gwabl (abwärts der schmalen Fahrstraße befindet sich eine kleine Kirche) zweigen wir bei einem einzeln stehenden Haus (altes Schulhaus) nach links ab. Hier treffen wir einen Schotterweg. Wir folgen den Hinweisen zur Schoberhütte bzw. Fercher, bis wir auf 1800 Meter Höhe den Leibnitzbach erreichen. Dort haben wir eine Parkmöglichkeit. Der Weiterweg ist durch eine Schranke versperrt. Hier kommen wir mit dem Weg, der von Oberleibnig heraufführt, zusammen. Dann geht es bachaufwärts entlang des breiten Weges, und zuletzt folgen wir einem schmalem Steig, der zur Schoberhütte führt.

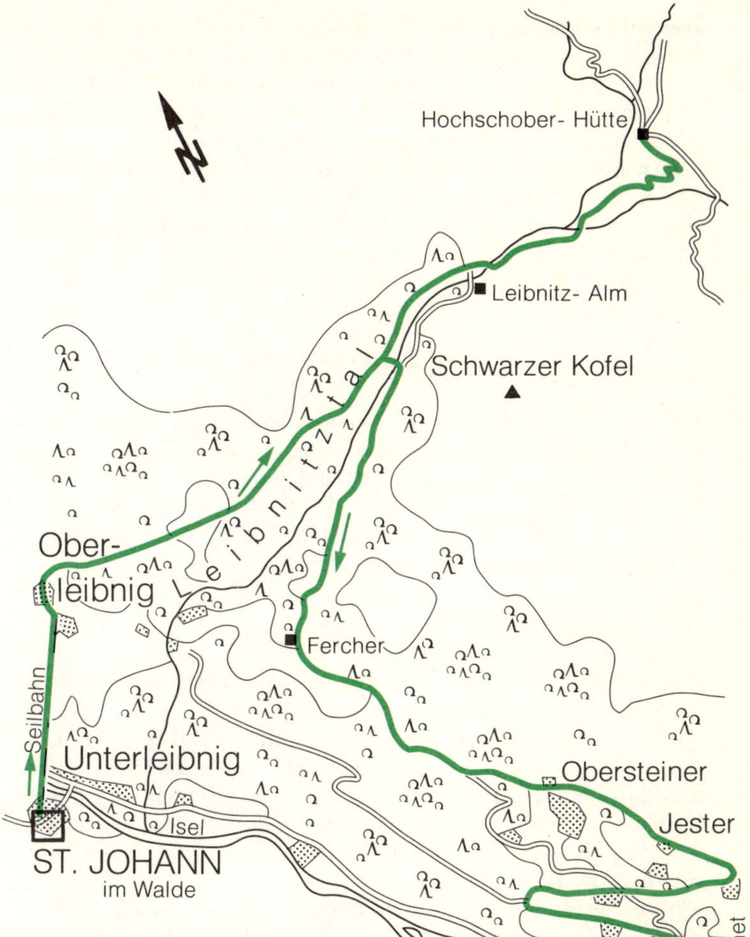

Wissenswertes Die Hochschoberhütte liegt in der Schobergruppe. Ein Gebirgszug, der zwischen Großglockner und Lienzer Dolomiten liegt. Mit seinen 52 Dreitausendern bietet diese Berggruppe viele schöne, meist ungefährliche Wanderungen. In unmittelbarer Nähe der Hütte liegt der allerdings nicht ganz leichte Hochschober und die dunklen, steil aufragenden Prijakte.

Tourenbeschreibung Von *St. Johann im Walde* fahren wir mit der Seilbahn nach *Oberleibnig*. Nun folgen wir dem breiten Fahrweg aufwärts. Bei den letzten Häusern biegen wir rechts ab, und mäßig steigend gehen wir in das *Leibnitztal*. Wir kommen an einer Brücke vorbei, über die der Fahrweg von Ainet, Gwabl führt. Wir bleiben jedoch auf der gleichen Bachseite und verlassen bald den Wald, der nun lichter und dessen Bäume kleiner werden. Der Weg wird schmäler und führt als Steig hinauf zur *Hochschoberhütte*. Diese liegt landschaftlich sehr schön in einem Kessel.

Das Defereggental

Das Defereggental, eines der bekanntesten und schönsten Täler Osttirols, zweigt bei Huben an der Felbertauernstraße in westlicher Richtung ab. Die Straße führt durch die Gemeindegebiete Hopfgarten, St. Veit/Defr., St. Jakob/Defr., bis zum Staller Sattel, 2052 m, einem Grenzübergang in das Südtiroler Antholzertal. Bei Olang wird die Pustertalerstraße erreicht.

3.1 Das Grünalmtal

Verkehrsmöglichkeiten Bei Huben an der Felbertauernstraße in westlicher Richtung abzweigen. Etwa 3 Kilometer nach Huben erreichen wir die erste Ortstaft Dölach. Unmittelbar nach der Ortschaft Dölach fahren wir noch um eine unübersichtliche Kurve nach links herum, dann sehen wir ein einzeln stehendes größeres Gebäude, daneben die Straßenbrücke über den Defereggenbach. Vor dieser Brücke fahren wir nach links. Dort beginnt der Güterweg in das Grünalmtal.
Parkmöglichkeiten Unmittelbar am Beginn des Weges am Ufer des Defereggenbaches.
Wegmarkierungen Rot-weiße Markierungen und Hinweisschilder.
Tourenlänge 5 km breiter Fahrweg, dann 1,5 km schmaler Fußsteig. Insgesamt 6,5 km. Abstieg auf der gleichen Route.
Wanderzeit 3¼ Stunden Aufstieg, 2 Stunden Abstieg, insgesamt 5¼ Stunden.
Höhenunterschiede Waldhof etwa 1000 m, Innerbachalm 1591 m, Grünalm 2014 m. Aufstieg 1014 m Höhenunterschied, ebenso Abstieg.
Wanderkarte 1:50 000 Kompass-Wanderkarte Nr. 45.
Anmerkung Der breite Weg, ein schlechter Fahrweg, führt bis

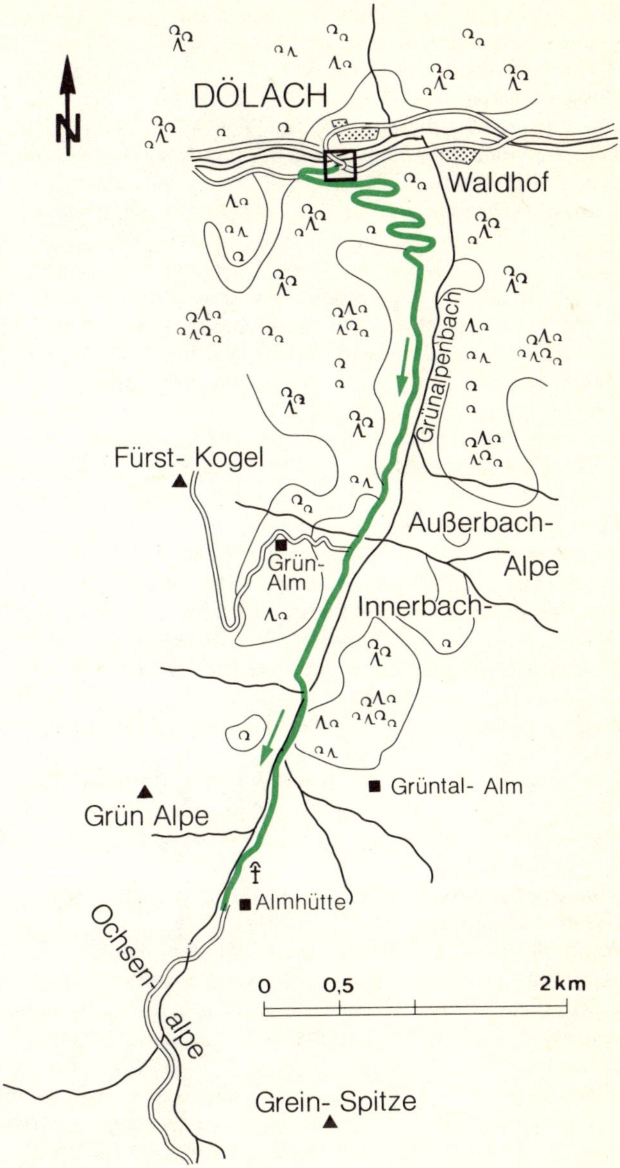
N
DÖLACH
Waldhof
Grünalpenbach
Fürst- Kogel
Außerbach-
Alpe
Grün-
Alm
Innerbach-
Grüntal- Alm
Grün Alpe
Almhütte
Ochsen-
alpe
0
0,5
2 km
Grein- Spitze

auf 1600 Meter Höhe. Dann schmaler Steig – landschaftlicher sehr schön – bis zu den breiten Almböden. Für ausdauernde Touristen ist die Ersteigung des Bocksteins, 2805 Meter, möglich.
Wissenswertes Das Grünalmtal ist ein ursprüngliches, im Winter von Lawinen heimgesuchtes Tal. Von Menschenhand ist dieses Tal, wenn man vom Alpweg und der Landwirtschaft absieht, kaum beeinflußt worden.
Tourenbeschreibung Von der *Defereggental-Landesstraße* vor der *Nigglerbrücke* biegen wir links ab. Hier beginnt ein breiter Fahrweg, etwa 5 Kilometer lang. Dann gehen wir einen schmalen Steig (sehr schön), eine Steilstufe und am Schluß über die Felsen aufwärts. Darüber flaches Gelände, breiter grüner Almboden und die Grünalm (in der Karte Ochsenalm) mit einer kleinen Hütte. Herrlicher Blick auf den Grockglockner im Norden.

3.2 Zwenewaldtal

Verkehrsmöglichkeiten In Huben, an der Felbertauernstraße nach Westen in das Defereggental abzweigen. Über die Ortschaften Dölach und Hopfgarten, nach 6 Kilometern am Ende der Ortschaft Hopfgarten, bei der Pension Elisabeth über eine überdachte Holzbrücke auf die andere Seite des Defereggenbaches.
Parkmöglichkeiten Zu beiden Seiten der überdachten Holzbrücke Parkmöglichkeiten.
Wegmarkierungen Rot-weiße Markierungen und Hinweisschilder.
Tourenlänge 6,5 km zur Bloshütte. Mit Retourweg insgesamt 13 km.
Wanderzeit Aufstieg 2½ Stunden, Abstieg 1¾ Stunden. Insgesamt 4¼ Stunden.
Höhenunterschiede Hopfgarten 1100 m, Bloshütte 1800 m, 700 m Aufstieg und ebenso Abstieg.
Wanderkarte 1:50 000 Kompass-Wanderkarte Nr. 45.
Anmerkung Man kann als zweite Möglichkeit statt zur Bloshütte auf die Gagenalm 1992 Meter, etwas näher, allerdings höher gelegen, wandern. Die Bloshütte ist in den Sommermonaten bewirtschaftet.
Wissenswertes Das Zwenewaldtal führt von Hopfgarten in südlicher Richtung in den großen, meist von nur wenigen Touristen besuchten, Gebirgsstock der Deferegger Alpen hinein. Von der Bloshütte aus kann man sehr lohnende Unternehmungen, so zum Geigensee, 2409 Meter, oder auf den Regenstein, 2891 Meter, unternehmen.

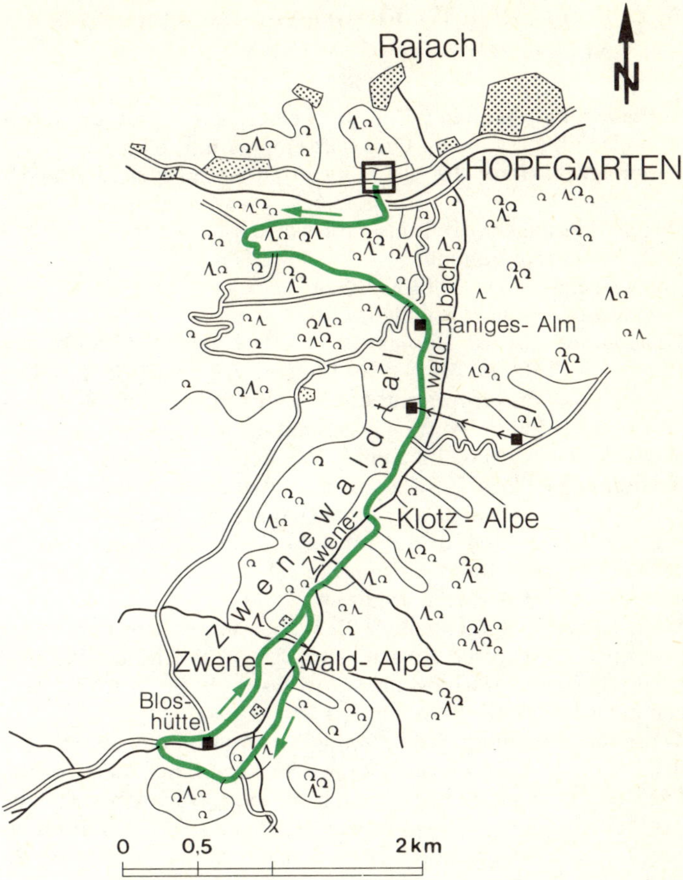

Tourenbeschreibung Unser Weg beginnt bei der überdachten *Holzbrücke*. Vorerst 2½ Kilometer durch einen dichten Wald aufwärts, hier zweigt der Weg nach rechts zur Gagenalm ab. Wir bleiben am gerade weiterführenden Weg, der sich nun in einem Bogen um einen Gratrücken herum zieht, bis wir in das eigentliche *Zwenewaldtal* gelangen. Wir gehen immer weiter taleinwärts, bis im Talschluß der Weg in einem weiten Bogen nun etwas steiler zur *Bloshütte* führt. Die Hütte ist in den Sommermonaten bewirtschaftet.

3.3 Sonnseitige Wanderung von Hopfgarten nach St. Veit/Defereggen

Verkehrsmöglichkeiten Von der Felbertauernstraße in Huben abzweigen bis zur ersten Ortschaft Hopfgarten, 6 km.
Parkmöglichkeiten Im Ort Hopfgarten gibt es meist Parkmöglichkeiten.
Wegmarkierungen Teilweise rot-weiße Markierungen, oft jedoch nur Hinweisschilder.
Tourenlänge 9 km einfacher Weg.
Wanderzeit Etwa 3 Stunden.
Höhenunterschiede Hopfgarten 1100 m, höchster Punkt des Weges etwa 1500 m, Abstieg auf 1400 m, weiter nach St. Veit/Defereggen 1495 m. Insgesamt Aufstieg 495 m. Abstieg zur Stanzbrücke auf 1200 m. Abstieg insgesamt etwa 400 m.
Wandekarte 1:50 000 Kompass-Wanderkarte Nr. 45.
Anmerkung Für den Rückweg kann man den Omnibus wählen. Entweder von St. Veit/Defereggen (jedoch nur beschränkter Busverkehr) oder besser von der Talstraße an der Stanzbrücke zurück nach Hopfgarten. Beim Aufstieg die Fahrzeiten bei der Omnibushaltestelle in Hopfgarten ermitteln.
Wissenswertes Interessant ist die Wanderung entlang der extrem gelegenen Bergdörfer Rajach, Hof, Lerch und Moos, bis zum höchstgelegenen geschlossenen Dorf Osttirols, St. Veit/Defereggen auf 1500 Meter Seehöhe.
Tourenbeschreibung Von *Hopfgarten* direkt hinter der Kirche den Weg zur Straße, die nach Rajach, Hof und Lerch führt, hinauf. Die steile, schmale Bergstraße ist asphaltiert. Nach Überwindung des Steilaufstieges führt ein flacher Weg taleinwärts über *Moos* bis zur *St. Veiter Straße*. Von hier muß man nicht weiter bis nach St. Veit gehen, sondern kann über die Straße oder über eine Abkürzung direkt hinunter zur *Defereggen Landesstraße* gelangen. Omnibushaltestelle *Innere Stanzbrücke*. Von hier Rückfahrt nach Hopfgarten.

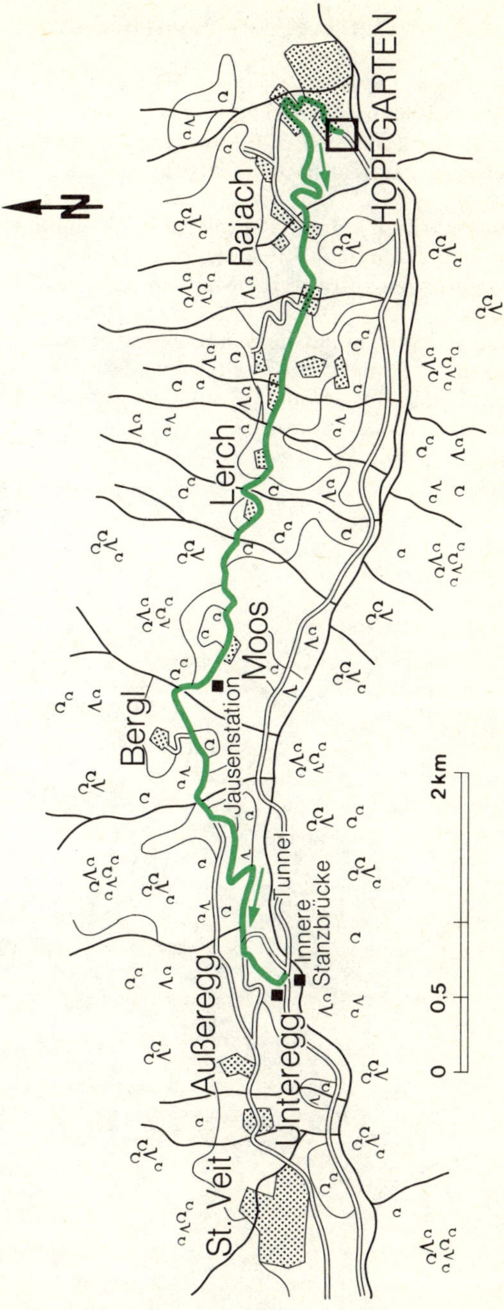
N
HOPFGARTEN
Rajach
Lerch
Moos
Bergl
Jausenstation
Tunnel
Innere Stanzbrücke
Außeregg
Unteregg
St. Veit
0
0.5
2 km

3.4 St. Veit/Defereggen – Speikboden

Verkehrsmöglichkeiten Von der Felbertauernstraße in Huben abzweigen in Richtung Defereggental – Hopfgarten, St. Veit/Defereggen. Bald nach einem 300 Meter langen Tunnel geht es von der Defereggenstraße nach rechts hinauf zur Ortschaft St. Veit/Defereggen.
Parkmöglichkeiten Einige Parkplätze in Ortsmitte in der Nähe von der Schule und dem Friedhof.
Wegmarkierungen Rot-weiße Markierungen und Hinweisschilder.
Tourenlänge 6,5 km aufwärts und ebenso zurück.
Wanderzeit 2 Stunden zur Zischgealm und weitere 1¾ Stunden zum Speikboden. Insgesamt 3¾ Stunden Aufstieg. Abstieg etwa 2½ Stunden.

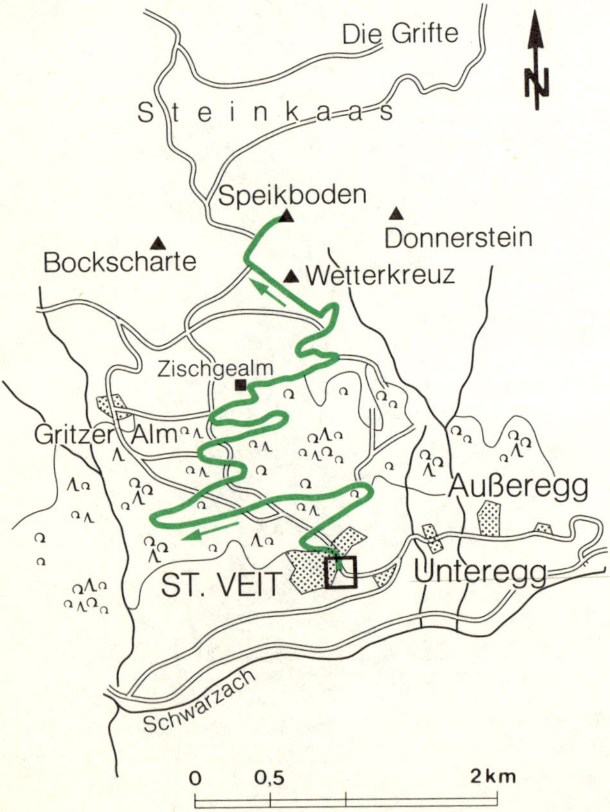

Höhenunterschiede St. Veit/Defereggen liegt auf 1495 m, die Zischgealm auf 2080 m, das sind 585 m Höhenunterschied. Der Speikboden liegt auf 2660 m. Somit die zweite Etappe 580 m Aufstieg, insgesamt 1165 m Aufstieg. Ebenso Abstieg.

Wanderkarte 1:50 000 Kompass-Wanderkarte Nr. 45.

Anmerkung Von St. Veit/Defereggen wurde ein Forstweg zur Gritzeralm und zur Zischgealm angelegt. Dadurch ist der alte Steig nicht mehr so frequentiert. Er ist wesentlich kürzer, aber steiler. Bequemer ist der breite neue Weg. Eher lohnen sich die Abkürzungen im Abstieg.

Wissenswertes Die Gemeinde St. Veit/Defereggen ist die höchstgelegene Gemeinde von Osttirol. Durch die sonnige Lage und die vielen Wiesen und Felder ist die Landschaft trotz der steilen Hänge freundlich. Die Aussicht wird immer schöner, je höher man kommt. Der Speikboden ist ein Gipfel im Kamm zwischen Defereggen und Virgental. Oben sehr schöne Aussicht auf die gesamten Hohen Tauern.

Tourenbeschreibung Vom *Dorfplatz* unmittelbar neben der Kirche gehen wir in nördlicher Richtung aufwärts, wo die Wegweiser zur Gritzeralm und Zischgealm weisen. Etwa 3 Kilometer verfolgen wir den breiten Forstweg, dann bei der Abzweigung gehen wir nach rechts zur Zischgealm, nach links führt der Weg zur Gritzeralm, die 2001 Meter hoch liegt. Man kann auch über die Gritzeralm aufsteigen, muß dann allerdings entlang des Waldes fast eben zur Zischgealm gehen. Von der Alm wandern wir weiter den breiten Weg in Richtung *Wetterkreuz*. Am Ende des breiten Weges schmaler Steig, der beim Wetterkreuz, 2446 Meter, vorbeiführt. Nochmals ein steiler Weg aufwärts bis auf den Hauptkamm, dann ein flacher Steig, der in östlicher Richtung zum *Gipfelkreuz* des *Speikbodens* führt.

3.5 Talwanderweg Stanzbrücke – Bruggerbrücke

Verkehrsmöglichkeiten Von der Felbertauernstraße in Huben in westlicher Richtung abzweigen, über Hopfgarten bis zur Melitzklamm, dort durch einen 300 Meter langen Tunnel, und einige 100 Meter danach erreichen wir die Stanzbrücke. Nach rechts zweigt die Straße in Richtung St. Veit ab. Hier beginnt unser Wanderweg.
Parkmöglichkeiten Unmittelbar neben der Stanzbrücke beginnt ein Güterweg mit Schotterfahrbahn. Am Beginn des Weges sind Parkmöglichkeiten.
Wegmarkierungen Den Talwanderweg entlang des Defereggenbaches ist im Winter die Langlaufloipe. Daher keine besondere Markierung, sondern nur jeweils Hinweisschilder.
Tourenlänge 6 km einfache Länge, ebenso 6 km retour.
Wanderzeit 2 Stunden von der Stanzbrücke bis nach Bruggen, Retourweg 1¾ Stunden. Insgesamt 3¾ Stunden.
Höhenunterschiede Ausgangspunkt bei der Inneren Stanzbrükke, etwa 1220 m bei der Brücke in Bruggen 1305 m. Somit Höhenunterschied 85 m.
Wanderkarte 1:50 000 Kompass-Wanderkarte Nr. 45.
Anmerkung Man kann an jeder beliebigen Stelle zwischen der Stanzbrücke und Bruggen mit der Wanderung beginnen. Allerdings am zweckmäßigsten ist es dort, wo sich eine Brücke über den Defereggenbach befindet. Es sind dies in Richtung taleinwärts die Orte Zotten, Osing, vor Feld die Schnallbrücke. Man kann somit die Wanderung in 3 kürzere Abschnitte unterteilen. Wer sich den Rückweg ersparen will, kann den Postomnibus benützen. Vor Antritt der Tour Fahrplan beachten.
Wissenswertes Die abwechslungsreiche Wanderung führt uns entlang des Defereggenbaches, der auch Schwarzache genannt wird. Das reine, klare Wasser kommt aus dem hintersten Tal, aus der Rieserfernergruppe. Dazu noch im Norden der Lasörling und der Panargenkamm, im Süden die Deferegger Alpen.
Tourenbeschreibung Bei der *Inneren Stanzbrücke*, die über den *Defereggenbach* führt, zweigen wir nach links (Blickrichtung taleinwärts) in einen breiten Güterweg ab. Nun entlang des Weges, immer auf derselben Seite des Baches. Die Ortschaften *Zotten, Osing, Feld* und Bruggen liegen alle auf der gegenüberliegenden Seite des Defereggenbaches. Bei *Bruggen* erreichen wir eine asphaltierte Straße, die geradeaus, in Richtung Feistritz, den großen besiedelten Hang erschließt. Wir wenden uns nach rechts und kommen über eine Brücke direkt nach Bruggen auf die *Defereggenstraße*. Der Rückweg über die Straße ist möglich, wird aber nicht empfohlen.

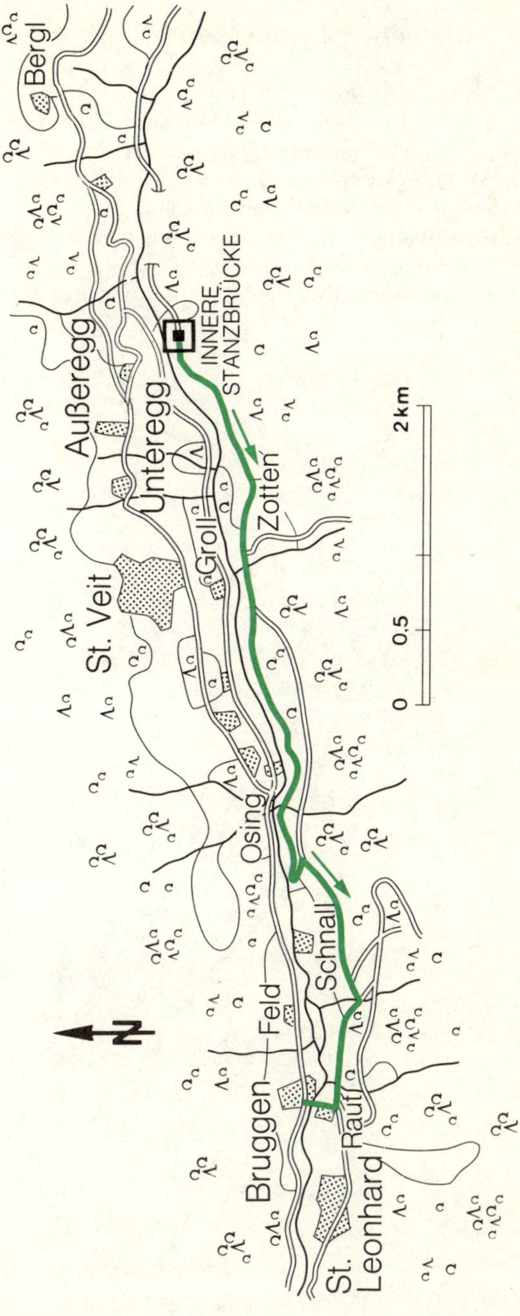

Bergl
Außeregg
Unteregg
St. Veit
Groll
Zotten
INNERE
STANZBRÜCKE
Osing
Schnall
Feld
Bruggen
Rauf
St. Leonhard
0
0.5
2km

3.6 Brunnalm – Leppleskofel

Verkehrsmöglichkeiten Bei Huben, an der Felbertauernstraße, nach Westen abzweigen. Über Hopfgarten weiter, nach der Ortschaft Feld und Bruggen noch 2 km weiter, dann vor der Ortschaft St. Jakob/Defr. nach links (Wegweiser Skigebiet Brunnalm) über eine Brücke zur Talstation der Sessellifte.
Parkmöglichkeiten Bei der Talstation der Sesselliftanlage zur Brunnalm genügender Parkraum.
Wegmarkierungen Rot-weiße Markierungen und Hinweisschilder.

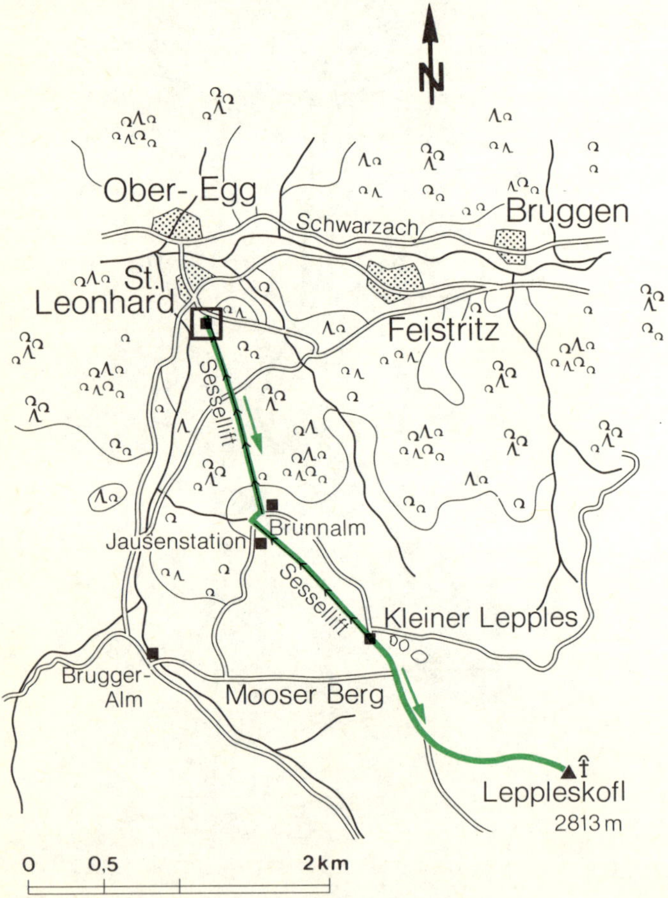

Tourenlänge 2 km Aufstieg und 2 km Abstieg, insgesamt 4 km.
Wanderzeit 2 Stunden Aufstieg, 1 Stunde Abstieg, insgesamt 3 Stunden.
Höhenunterschiede Bergstation der oberen Liftanlage 2350 m, Leppleskofel 2813 m, Aufstiegshöhe 563 m. Ebenso der Abstieg.
Wanderkarte 1:50 000 Kompass-Wanderkarte Nr. 45.
Anmerkung Der Parkplatz bei der Talstation befindet sich auf 1400 Meter Höhe. Mit den Liftanlagen kann man fast 1000 Meter hoch bis auf 2350 Meter auffahren. Für den Aufstieg wird man auf jeden Fall die Sessellifte in Anspruch nehmen. Wer gerne wandert, wird anstelle der Talfahrt mit dem oberen Lift den Abstieg zur Brunnalm (Mittelstation der Sessellifte) wählen. Auch der gesamte Abstieg in das Tal, am besten und schönsten über die Bruggeralm, ist möglich.
Wissenswertes Die Brunnalm ist ein beliebtes Wintersportgebiet. Bekannt und berühmt wegen der guten und sicheren Schneelage. Von den leichten Skiabfahrten im oberen Bereich bis zu den rasanten Talabfahrten wird hier alles geboten.
Tourenbeschreibung Auffahrt mit den beiden Sesselliftanlagen bis zur sogenannten *Ochsenlacke*. (Es sind kleine Seen.) Nun folgen wir der Steiganlage und Markierung zum *Leppleskofel*. Zuerst über flache Böden und nur einzelne Steinblöcke, später steiler aufwärts und stellenweise durch Geröll und über felsiges Gelände zum Gipfelkreuz des *Leppleskofels*. Schöner Rundblick auf die Defereggger Alpen und die Hohen Tauern.

3.7 Trojeralmtal – Reichenberger Hütte

Verkehrsmöglichkeiten Von der Felbertauernstraße in Huben abzweigen, über Hopfgarten nach St. Jakob/Defr. In St. Jakob/Defr. bis zur Kirche, dort um die Kirche rechts herum und weiter, bis nach einigen 100 Metern die Straße über den Trojeralmbach führt. Dort beginnt der Trojeralmweg, der Ausgangspunkt für unsere Wanderung.
Parkmöglichkeiten Zu Beginn des Weges am Eingang des Trojeralmtales bei den letzten Häusern der Ortschaft St. Jakob/Defereggen gibt es genügend Parkmöglichkeiten.
Tourenlänge 9 km hin und 9 km zurück, das sind 18 km.
Wanderzeit 4 Stunden Aufstieg, 2½ bis 3 Stunden Abstieg.
Höhenunterschiede Ausgangspunkt bei St. Jakob/Defereggen 1400 m, Neue Reichenberger Hütte 2586 m. 1190 m Aufstieg und ebenso Abstieg.
Wanderkarte 1:50 000 Kompass-Wanderkarte Nr. 45.

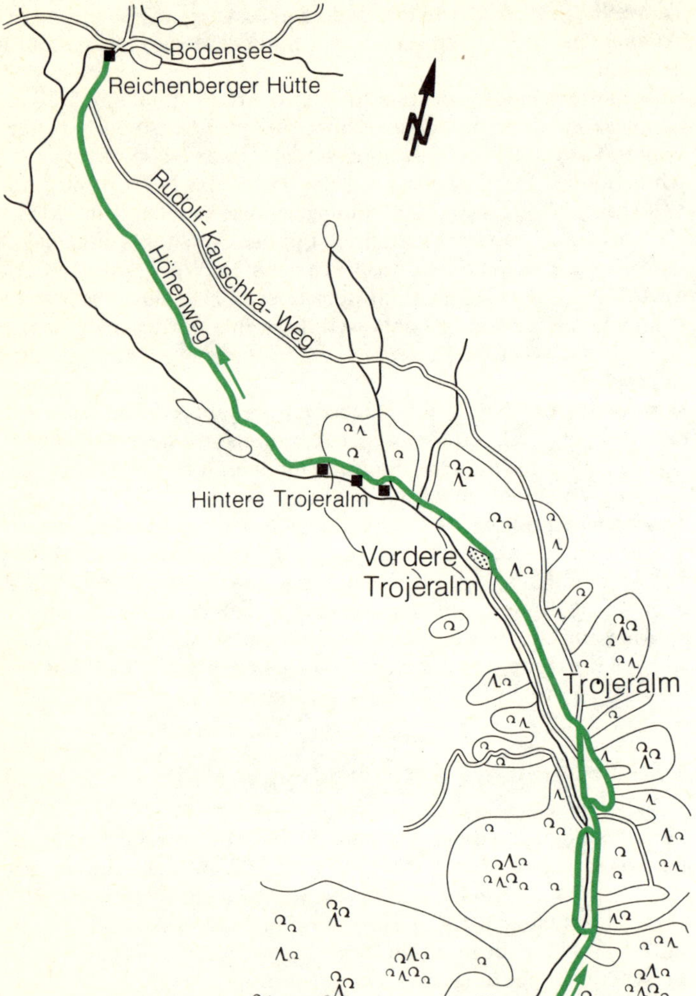
Bödensee
Reichenberger Hütte
Rudolf-Kauschka-Weg
Höhenweg
Hintere Trojeralm
Vordere Trojeralm
Trojeralm
ST. JAKOB
Ober-Egg
0
0,5
2 km

Anmerkung Das Trojeralmtal ist landschaftlich sehr schön. Für den neuen breiten Almweg besteht Fahrverbot. Wer den breiten Weg nicht gehen will, kann etwa ½ bis eine ¾ Stunde, vom Ausgangspunkt an gerechnet, nach rechts den alten Fußweg wählen.
Wissenswertes Die Neue Reichenberger Hütte ist in den Sommermonaten bewirtschaftet. Im Trojeralmtal wurde im Mittelalter Bergbau betrieben. Eine Abzweigung zu den Knappengruben, die markiert ist, führt uns zu einer dieser alten Arbeitsstätten. Das Trojeralmtal trennt den Panargenkamm im Westen vom Lasörlingkamm im Osten.
Tourenbeschreibung Vom Ende der Ortschaft St. Jakob/Defereggen und zwar dort, wo der *Trojeralmbach* aus einer Schlucht herauskommt, wenden wir uns in nördlicher Richtung (Wegweiser *Trojeralm* und *Reichenberger Hütte*) taleinwärts. Der nach rechts abzweigende Weg führt nach Tögisch, der nach links (Brücke) auf den Außerberg. Wir bleiben in der Mitte. Der Weg taleinwärts ist nicht zu verfehlen, bequemer ist der breite Weg. Dann haben wir allerdings am Ende des Fahrweges einen etwas steileren Aufstieg. Über den oberen Fußweg erreichen wir die *Reichenberger Hütte*. Bei der Hütte befindet sich ein See.

3.8 Maria Hilf – Stalle – Jesacher Alm

Verkehrsmöglichkeiten Von der Felbertauernstraße bei Huben in westlicher Richtung abzweigen, über Hopfgarten, St. Jakob/Defr. bis nach Maria Hilf. 2½ km nach St. Jakob/Defr.
Parkmöglichkeiten Von Maria Hilf, Ortsmitte, fährt man nicht nach rechts in Richtung Staller Sattel, sondern geradeaus weiter, erreicht nach kurzer Zeit eine Brücke, die über den Defereggenbach führt, dahinter gleich die kleine Kapelle Maria Hilf. Sowohl vor der Brücke als auch nach der Brücke genügend Parkplätze.
Wegmarkierungen Rot-weiße Markierungen und Hinweisschilder.
Tourenlänge 5 km Aufstieg und 5 km Abstieg, insgesamt 10 km.
Wanderzeit ¾ Stunde zur Vorderen Stalle, eine weitere Stunde zur Jesacher Alm. Aufstiegszeit 1¾ Stunden. Abstiegszeit 1¼ Stunden.
Höhenunterschiede Maria Hilf 1480 m, Stalle 1714 m, Jesacher Alm 2000 m. Aufstiegshöhe 520 m, ebenso Abstieg 520 m.
Wanderkarte 1:50 000 Kompass-Wanderkarte Nr. 45.
Anmerkung Von der Jesacher Alm kann man noch weiter auf die Ragötzllenke, 2500 m, 1¾ Stunden, bzw. auf die Langschneid, 2689 m, 2¼ Stunden aufsteigen. Dies ist in östlicher Richtung von

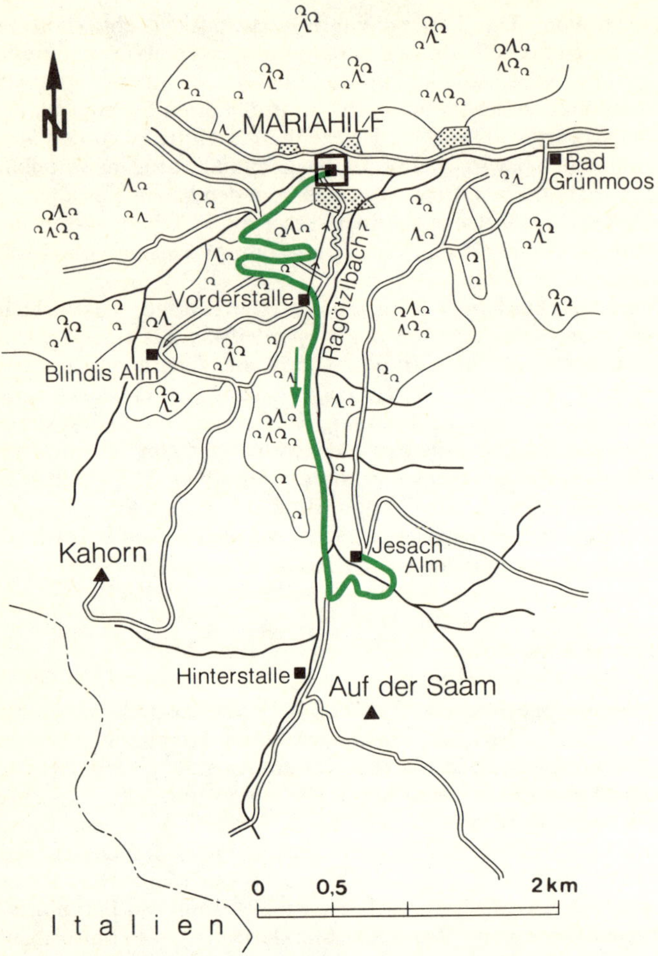

der Jesacher Alm. Eine weitere Möglichkeit bietet sich, wenn man nicht ganz zur Jesacher Alm aufsteigt, sondern knapp davor den breiten Alpweg weiter taleinwärts bis zur Hinterstalle geht. Von dort nach links auf das Villgrater Törl, 2500 Meter oder nach rechts auf den Pfoisattel, 2617 Meter und weiter über den Grat auf die Hochkreuzspitze, 2740 Meter. Von der Hinteren Stalle etwa 2½ Stunden.

Wissenswertes Wir befinden uns hier in den *Deferegger Alpen,* einer großen Berggruppe zwischen Drautal im Süden, Iseltal im Osten und Defereggertal im Norden. In den Lagen um 2000 Meter und darüber gibt es meist weitläufige und teilweise flache Almen. Die Deferegger Alpen sind gerade für Bergwanderungen besonders geeignet.

Tourenbeschreibung Von *Maria Hilf* (Ausgangspunkt Kapelle) der rechten Markierung folgend, kommen wir bald (400 m) zu einer Gabelung des Weges, hier halten wir uns geradeaus, also nicht nach rechts, eher nach links. Wir folgen der breiten Fahrstraße. Wegweiser zur Stalle. Schon nach der dritten Wegkehre erreichen wir die *Alpe Stalle* (Jausenstation). Weiter gehen wir entlang des breiten Weges taleinwärts, wo wir 2 Kilometer nach der Alm zu einer neuerlichen Weggabelung gelangen. Hier wandern wir nicht mehr geradeaus zur Hinterstalle, sondern nach links, aufwärts zur *Jesacher Alm*.

3.9 Erlsbach – Staller Sattel

Verkehrsmöglichkeiten Von der Felbertauernstraße in Huben nach Hopfgarten, St. Jakob/Defr., abzweigen, wo wir 5 Kilometer nach St. Jakob zur letzten, ganzjährig bewohnten Siedlung des Defereggentales nach Erlsbach kommen. (Hierher auch Postomnibuslinie). Wir fahren jedoch noch etwa 1 Kilometer weiter taleinwärts, nicht nach links in Richtung Staller Sattel, sondern geradeaus. Nach 500 Metern, wo rechts eine kleine Hütte steht, links eine Brücke über den Defereggenbach führt, beginnt unsere Wanderung. Da die Straße ab der Abzweigung zum Staller Sattel taleinwärts mautpflichtig ist, läßt man, sofern man die geringe Mautgebühr scheut, das Auto noch vor der Maut stehen.

Parkmöglichkeiten Entweder vor der Mautstelle, wo sich ein großer Parkplatz befindet, oder 0,5 Kilometer weiter taleinwärts bei der sogenannten Katzleiterbrücke, wo am Wegrand Parkraum vorhanden ist.

Wegmarkierungen Rot-weiße Markierung, Hinweisschilder.

Tourenlänge 5 km Aufstieg und 5 km Abstieg, insgesamt 10 km.

Wanderzeit 2 Stunden Aufstieg und 1½ Stunden Abstieg. Zusammen 3½ Stunden.

Höhenunterschiede Katzleiterbrücke 1566 m, Staller Sattel 2052 m. Aufstieg 486 m, ebenso Abstieg.

Wanderkarte 1:50 000 Kompass-Wanderkarte Nr. 45.

Anmerkung Wenn wir beim ersten Parkplatz in Erlsbach unsere Tour antreten, dauern der Aufstieg ¼ Stunde und der Abstieg ebenso ¼ Stunde länger. Gesamtdauer der Tour 4 Stunden. Der untere Teil unserer Wanderung führt sehr angenehm durch ein Waldgebiet. Dann erreichen wir die asphaltierte Staller Sattelstra-

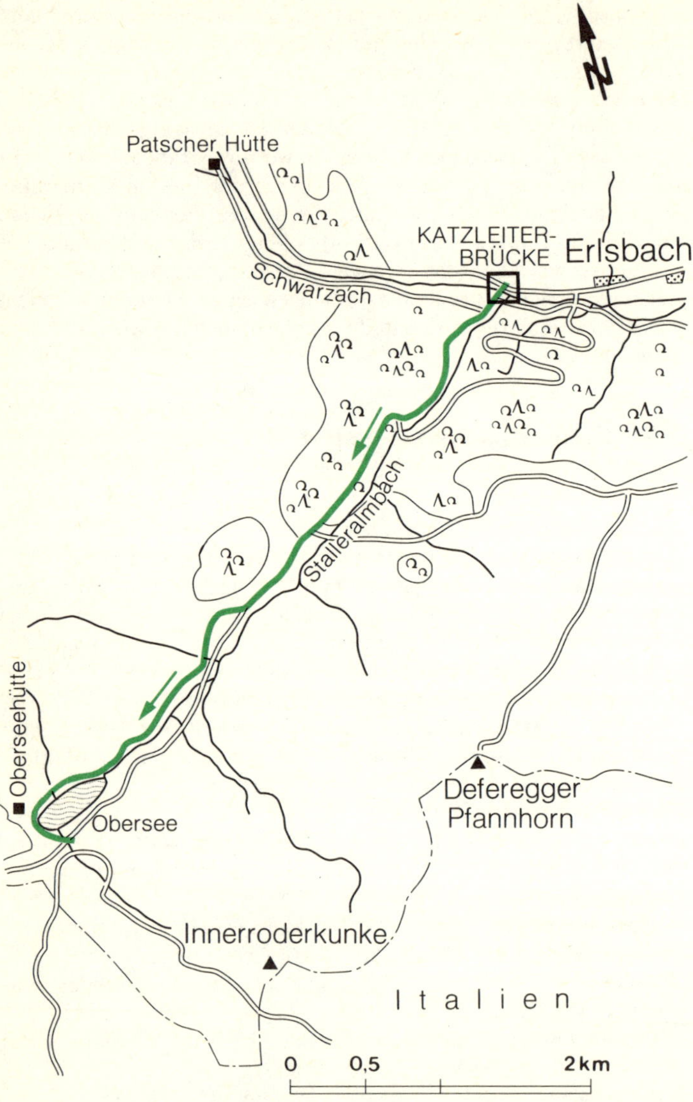

N
Patscher Hütte
KATZLEITER-
BRÜCKE
Erlsbach
Schwarzach
Stalleralmbach
Oberseehütte
Obersee
Deferegger
Pfannhorn
Innerroderkunke
Italien
0
0,5
2 km

ße, der wir etwa 2 Kilometer folgen, um dann nach der Staller Alm wieder abseits der Straße zum Obersee zu gelangen.

Wissenswertes Der auf einer über 2000 Meter Höhe gelegene Obersee ist landschaftlich sehr schön, am westlichen Seerand befindet sich die bewirtschaftete Obersee-Hütte. Vor uns, das heißt in nördlicher und nordwestlicher Richtung, liegt die Rieserfernergruppe, wo wir den Wildgall und den Hochgall, 3435 Meter, sehen.

Tourenbeschreibung Über die *Katzleiterbrücke* gelangen wir auf das gegenüberliegende Ufer und steigen den Weg aufwärts. Von links mündet der Wanderweg von Erlsbach her ein, weiter oben rechts zweigt der taleinwärts führende Wanderweg zur Patscheralm ab. Wir bleiben jedoch in der Mitte und gelangen durch den ruhigen Wald stetig aufwärts. Der Fichtenwald wird weiter oben durch die Zirbe abgelöst. Dort erreichen wir die *Staller Sattelstraße*, der wir nun eine gute ½ Stunde folgen. Bei einem breiten Parkplatz, es handelt sich um den Winterparkplatz für die Liftanlagen am *Staller Sattel*, verlassen wir die Straße nach rechts und wandern am nördlichen, also rechten Seeufer, zur *Obersee-Hütte*. Von der Obersee-Hütte kommen wir bequem in 10 Minuten zum Grenzübergang Staller Sattel.

3.10 Patscher Alm – Barmer Hütte

Verkehrsmöglichkeiten Von der Felbertauernstraße in Huben nach Westen abzweigen. Über Hopfgarten, St. Jakob/Defr., bis Erlsbach auch mit Postomnibus (nach Erlsbach zweigt die Straße in Richtung Staller Sattel nach links ab), geradeaus taleinwärts zur Patscher Alm, mautpflichtige Straße (geringe Mautgebühr). Nun noch weitere 3 Kilometer taleinwärts bis zur Patscher Alm.

Parkmöglichkeiten Vor der Patscher Alm befindet sich ein genügend großer Parkplatz. Die Patscher Alm ist das nächste Almgebiet nach Erlsbach.

Wegmarkierungen Rot-weiße Markierungen und Hinweisschilder.

Tourenlänge 6 km Aufstieg und 6 km Abstieg.

Wanderzeit 3¼ Stunden Aufstieg und 2 Stunden Abstieg. Insgesamt 5¼ Stunden.

Höhenunterschiede Patscheralm 1675 m, Barmer Hütte 2610 m. Höhenunterschied 935 m für den Aufstieg, ebenso für den Abstieg.

Wanderkarte 1:50 000 Kompass-Wanderkarte Nr. 45.

Anmerkung Die hochgelegene, am Rande der ewigen Firnfelder, gelegene Barmer Hütte ist in den Sommermonaten bewirtschaftet.

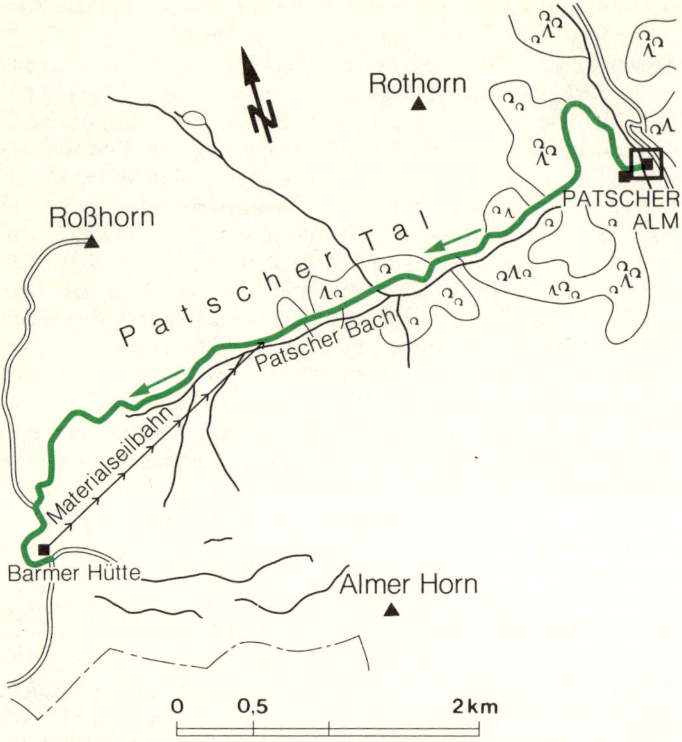

Wissenswertes Wir befinden uns in der Rieserfernergruppe. Die Barmer Hütte ist der Ausgangspunkt für die Ersteigung des Hochgalls. Das Gestein ist hier ganz anders als im übrigen Bezirk Lienz/Osttirol. Es handelt sich um ein granitähnliches Gestein, das Thonalit genannt wird. Gerade diese Konstrastlandschaften zwischen Kalk, Schiefer und Tiefengestein gestalten die Wanderungen in Osttirol so abwechslungsreich.

Tourenbeschreibung Vom Parkplatz bei der *Patscheralm* überqueren wir die Brücke über den *Defereggenbach*, folgen einem breiten, sehr steinigen Alpweg aufwärts. Zuerst in Richtung taleinwärts, dann kommt eine Kurve und schließlich wieder zurück und aufwärts, hinein in das *Patschertal*. Landschaftlich sehr schöne Wanderung, fast immer entlang des rauschenden Gletscherbaches, der vom Hochgall herunterkommt. Im Talschluß bei den letzten Bäumen, bei der *Talstation der Materialseilbahn*, die zur Schutzhütte führt, wird der Weg schmäler und führt als Steig zuerst durch

Blockwerk, später durch steileres felsiges Gelände aufwärts. Meistens muß noch knapp vor der Hütte ein Schneefeld überschritten werden. Es empfiehlt sich daher gutes Schuhwerk.

3.11 Oberhauser Alm – Arvental

Verkehrsmöglichkeiten In Huben verlassen wir die Felbertauernstraße und fahren in westlicher Richtung über Hopfgarten, St. Jakob/Defr., Erlsbach, dort nicht nach links zum Staller Sattel abzweigen, sondern geradeaus taleinwärts (Mautschranken und geringe Mautgebühr) weiter über die Patscher Alm zur Oberhauser Alm. Dort Fahrverbot.
Parkmöglichkeiten 2 Parkplätze im Bereich der Raststätte Oberhauser Alm.
Wegmarkierungen Rot-weiße Markierungen und Hinweisschilder.
Tourenlänge 9 km taleinwärts und ebenso zurück. Insgesamt 18 km.
Wanderzeit ¾ Stunde zur Seebachalm, 1 Stunde zur Jagdhausalm, 1 Stunde zur Arvental Alm. Insgesamt 2¾ Stunden. Wenn wir vor der Jagdhausalm nach links zum Klammljoch abzweigen, benötigen wir von der Jagdhaus Alm 1¼ Stunden. Insgesamt somit 3 Stunden. Rückweg von der Arventalalm zur Oberhauser Alm 2¼ Stunden, vom Klammljoch zur Oberhauser Alm 2½ Stunden. Gesamtzeit somit 5 Stunden bzw. 5½ Stunden.
Höhenunterschiede Oberhauser Alm 1786 m. Seebachalm 1930 m, Jagdhausalm 2009 m, Arventalalm 2156 m. Höhenunterschied 360 m. Klammljoch 2298 m, Höhenunterschied 512 m. Im Abstieg sind die gleichen Höhenunterschiede zu überwinden.
Wanderkarte 1:50 000 Kompass-Wanderkarte Nr. 45.
Anmerkung Die Almen Seebachalm, Jagdhausalm, Arventalalm sowie auch der Grenzübergang am Klammljoch sind alle nicht bewirtschaftet. Es empfiehlt sich daher, Essen und Getränke mitzunehmen.
Wissenswertes Unser Wanderweg in das hinterste Defereggental führt uns in eines der ruhigsten und auch von Bergsteigern kaum besuchten Gebiete der Alpen. Von der Jagdhausalm zweigt nach rechts in nördlicher Richtung das Schwarzachtal ab, wo wir die Rötspitze und die Daberspitze, die in der südwestlichen Venedigergruppe liegen, sehen. Links unseres Wanderweges, also südlich, liegt die Rieserfernergruppe, und zwar die Fleischbachspitze, und dahinter ein sehr langer, allerdings versteckter Gletscher, von dem wir nur einen kleinen Teil hoch links oben sehen können. (Nach der

Jagdhausalm). Das übrige Gebiet vor uns und rechts des Wanderweges ist der sogenannte Prettaukamm. Viele eigenwillige Gipfel, wie vor allem die Gabelspitze und rechts davon die Arventalspitze, bilden ein herrliches Panorama. Dazu noch die von Südtiroler Bauern bis hoch hinauf bewirtschafteten Almen, die viel Leben in diese alte Kulturlandschaft bringen.

Tourenbeschreibung Vom Parkplatz bei der Raststätte gehen wir taleinwärts, wo wir nach kurzer Zeit bei der eigentlichen *Oberhauser Alm* vorbeikommen. Bei der Alm verfolgen wir den breiten Weg weiter, gehen dann aber nicht nach links den Steig hinunter, der ebenfalls zur *Seebachalm* führt, der aber etwas beschwerlicher zu gehen ist. Man kann diesen Weg als Rückweg benutzen. Rechts oberhalb unseres Weges befinden sich ausgedehnte *Zirbenwaldungen*, die größten der südlichen Ostalpen. Nach 2 Kilometern wechseln wir auf die andere Bachseite, und nach einer *Felsenge* erblicken wir die Seebachalm. Der von links herabkommende *Seebach* wird überschritten, und nach weiteren 2 Kilometern führt erneut eine scharfe Wegbiegung um einen felsigen Rücken herum, wo der Fußsteig zur Jagdhausalm nach rechts abwärts führt. Es ist jedenfalls empfehlenswert, diesen Steig zu verfolgen, da er durch die sehenswerte *Jagdhausalm* führt. Auf dem Rückweg können wir den weiter oben verlaufenden breiten Fahrweg benutzen. Durch die meist sehr schmutzige Jagdhausalm hindurch, wandern wir immer taleinwärts, und leicht ansteigend gelangen wir wieder auf einen breiten Fahrweg. Bald kommen wir mit dem oberen Weg zusammen. Wir gehen immer weiter taleinwärts, vorbei an einer kleinen *Jagdhütte*, die in einer Wiese rechts liegt, bis zu einer scharfen Wegkurve. Hier müssen wir uns entscheiden, ob wir ohne weiteren Höhenverlust zur *Arventalalm* geradeaus weitergehen, oder, nach links aufwärts noch ansteigend, eine gute ¼ Stunde zum Klammljoch gehen wollen. Das Klammljoch ist nur in den Sommermonaten als Grenzübergang für Fußgänger geöffnet. Wer eine schöne Aussicht genießen will, steigt zum Klammljoch auf und von dort wieder etwas zurück, immer noch weiter ansteigend, in Richtung Arvental auf einen Rücken, wo sich ein besonders schöner Blick zum hintersten Arvental bietet (Bichler 2377 m).

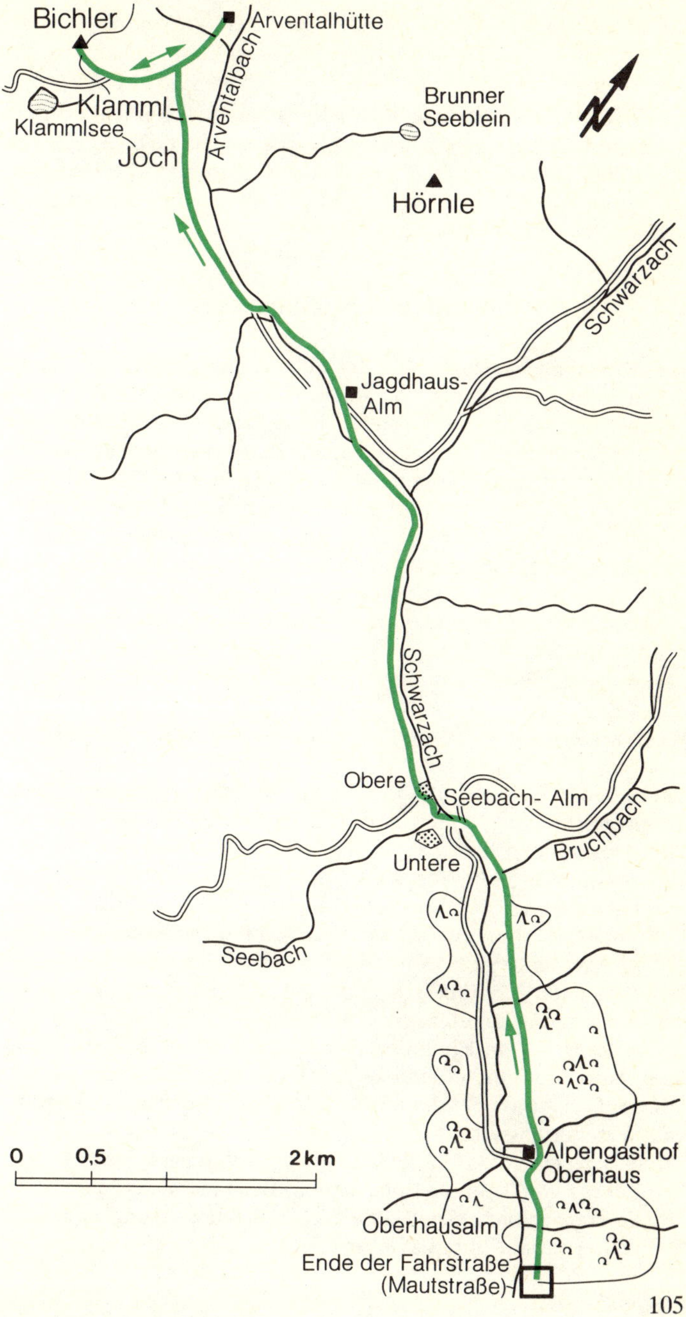
Bichler
Arventalhütte
Arventalbach
Klamml-
Klammlsee
Joch
Brunner
Seeblein
Hörnle
Schwarzach
Jagdhaus-
Alm
Schwarzach
Obere
Seebach- Alm
Untere
Bruchbach
Seebach
0
0,5
2 km
Alpengasthof
Oberhaus
Oberhausalm
Ende der Fahrstraße
(Mautstraße)

Lienz und Umgebung: von Ainet bis Nikolsdorf; von Aßling bis Iselsberg

In der Region Lienzer Talboden gibt es neben vielen fast ebenen Wanderungen auch genügend Bergwanderungen, da diese Region neben den Lienzer Dolomiten die Schobergruppe, die Defereggger Alpen und die Kreuzeckgruppe enthält. Somit sehr abwechslungsreiche Unternehmungen.

4.1 Ainet – Schlaiten – Michlbachtal

Verkehrsmöglichkeiten Von der Felbertauernstraße, von Lienz her kommend nach Ainet, von Matrei her kommend, vor Ainet abzweigen (Kreuzung mit Verkehrsampel,) nach Norden führt die Straße über Gwabl nach Alkus, nach Süden zweigt sie nach Schlaiten ab. Von Lienz her kommend nach links, Wegweiser Schlaiten, abzweigen und der asphaltierten Landesstraße bis in die Ortschaft Schlaiten folgen. In der Ortschaft, unmittelbar vor einer Brücke, nach links steil hinauf, geradeaus und dann wieder nach rechts über eine Brücke weiter bis nach Göriach. Am Ende der asphaltierten Straße befindet sich eine Verbreiterung, die als Abstellplatz für Autos dient.
Parkmöglichkeiten Am Ende der asphaltierten Straße Parkmöglichkeiten.
Wegmarkierunen Rot-weiße Markierungen und Hinweisschilder.
Tourenlänge 7,5 km hin und 7,5 km zurück, insgesamt 15 km.
Wanderzeit 2½ Stunden Aufstieg, 2 Stunden Abstieg. Zusammen 4½ Stunden.
Höhenunterschiede Ausgangspunkt beim Parkplatz, 1215 m, Klosterfrauenalm 1654 m (1½ Stunden) Michlbachtal 1930 m (1 Stunde). Höhenunterschied insgesamt 715 m Aufstieg und 715 m Abstieg.
Wanderkarten 1:50 000 Kompass-Wanderkarte Lienz, Nr. 47 und Sextener Dolomiten, Nr. 58.
Anmerkung Vom Ende der asphaltierten Straße kann man mit dem Auto über einen Güterweg noch etwa 2,5 Kilometer weiterfahren. Das Auto aber dann bei der Abzweigung zur Klosterfrauenalm stehen lassen.
Wissenswertes Das Gebiet liegt in den Defereggger Alpen und ist keineswegs von Touristen überlaufen. Besonders das Michlbachtal, das von St. Johann im Walde über steile, nahezu unzugängliche Schluchten heraufführt, ist im Abschnitt von der Klosterfrauenalm

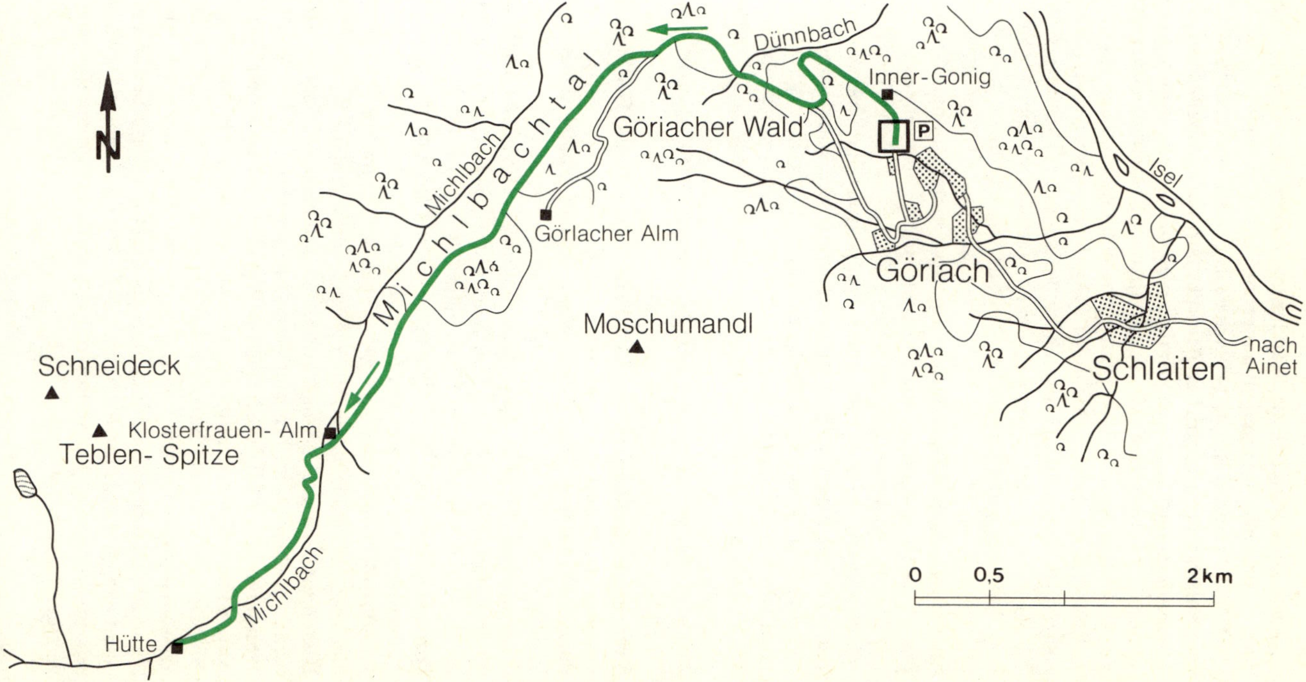
Dünnbach
Inner-Gonig
P
Göriacher Wald
Isel
Michlbachtal
Michlbach
Görlacher Alm
Göriach
Moschumandl
Schneideck
Schlaiten
nach Ainet
Klosterfrauen- Alm
Teblen- Spitze
Michlbach
Hütte
N
0
0,5
2 km

einwärts ein stilles Tal für Wanderungen. Wer den breiten Weg vom Endpunkt unserer Wanderung bei der kleinen Hütte (1930 m) weiter verfolgt, gelangt nach etwa 1 Stunde auf einen Wiesenrücken mit herrlicher Aussicht auf den Großglockner.
Tourenbeschreibung Vom Ende der asphaltierten Straße bei den letzten Häusern gehen wir weiter über einen breiten *Güterweg*. Rechts unten liegt der letzte Bauernhof Innergomig, den wir aber nicht berühren. Noch führt unser Weg durch einen Wald, immer aufwärts und um einen Rücken herum in südlicher Richtung. Nach 2,5 Kilometern vom Ausgangspunkt erreichen wir eine Weggabelung. Leicht abwärts führt unser Weg zur *Klosterfrauenalm*. Wir erreichen hier das *Michlbachtal*. Vorbei an den *Almhütten* überqueren wir den Bach, knapp danach sehen wir einen schönen Wasserfall. Nach Überwindung einer kleinen Höhenstufe geht es wieder taleinwärts, nochmals auf die andere Seite, so daß nun der Bach rechts von uns verläuft. Bei einem Weggekreuz und einer kleinen Hütte auf 1930 Meter Höhe beenden wir unsere Wanderung. Vor uns rechts im Talschluß der Bockstein, links die Paterspitze und noch weiter links die Zarspitzen.

4.2 Ainet – Iselweg nach St. Johann im Walde

Verkehrsmöglichkeiten Auf der Felbertauernstraße B 108 nach Ainet. (Zwischen Lienz und Matrei in Osttirol).
Parkmöglichkeiten Bei einem kleinen Kiosk südlich der Straße mit der Aufschrift »Zimmervermittlung« verlassen wir die Bundesstraße und fahren einen Fahrweg hinunter; nun nicht nach links durch einen Durchlaß, sondern nach rechts, wo wir beim Sportzentrum in Ainet genügend Parkplatz vorfinden.
Wegmarkierungen Markierungen sind nur spärlich vorhanden.
Tourenlänge 6 km hin und 6 km zurück.
Wanderzeit 2 Stunden von Ainet nach St. Johann und 1¾ Stunden von St. Johann nach Ainet zurück. Zusammen 3¾ Stunden.
Höhenunterschiede Ainet 710 m, St. Johann i. W. 750 m, Höhenunterschied 40 m hin und 40 m Abstieg retour.
Wanderkarte 1:50 000 Kompass-Wanderkarte Lienz Nr. 47.
Anmerkung Der Wanderweg verläuft am orographisch rechten Ufer der Isel. Nur ein kurzes Teilstück bei Ainet am linken Ufer.
Wissenswertes Die Isel wurde nach den Hochwasserkatastrophen 1965/66 reguliert. Im Zuge der Regulierungsarbeiten entstand der Uferweg. Inzwischen sind die Ufer alle längst verwachsen, und man sieht die Spuren der technischen Verbauung nur an wenigen Stellen.

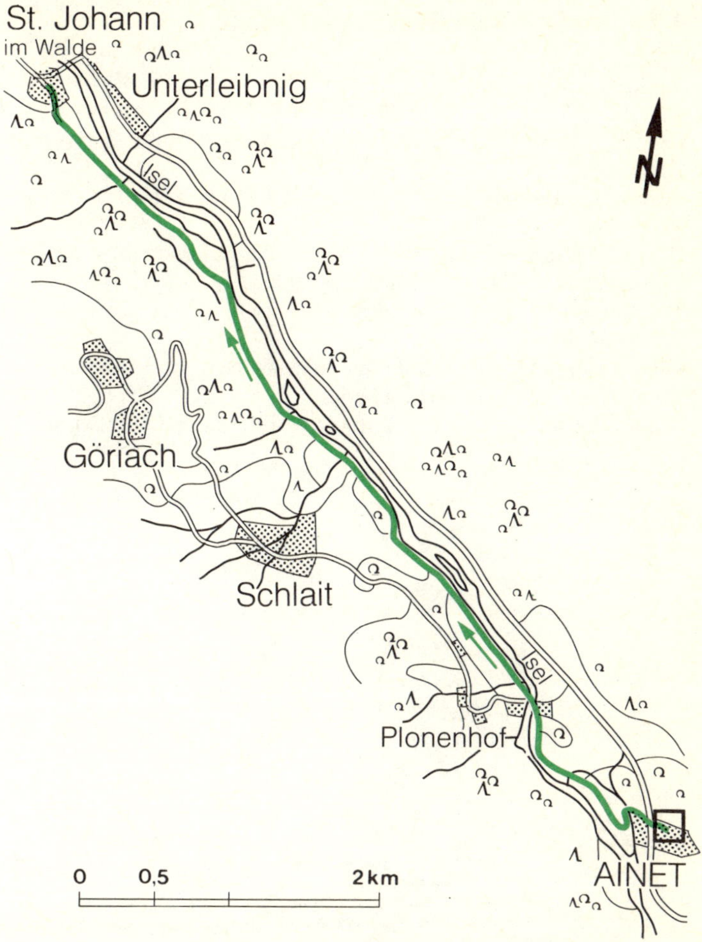

Tourenbeschreibung In Ainet von den *Sportanlagen* gehen wir zuerst ein kurzes Stück in Richtung Lienz bis zum *Daberbach*, dort scharf nach rechts, wo wir auf den *Iseluferweg* stoßen. Nun flußaufwärts, etwa 1 Kilometer bis zur großen *Brücke,* über die wir die Isel queren. Gleich nach der Brücke bei einem Bildstock biegen wir nach rechts ein und wieder entlang des Ufers dem breiten Weg folgend bis nach St. Johann im Walde. Neben der Kirche befindet sich ein Gasthaus. Denselben Weg gehen wir wieder zurück, da am anderen Ufer der Weg mehrmals Unterbrechungen aufweist.

4.3 Ainet – Schlaiten – Pedarnigalm

Verkehrsmöglichkeiten Von der Felbertauernstraße nach der Ortschaft Ainet von Lienz her kommend, bei einer Ampel nach links in Richtung Schlaiten abzweigen. 3 km Auffahrt in das Dorf Schlaiten.
Parkmöglichkeiten Am Eingang des Ortes Schlaiten gibt es Parkmöglichkeiten.
Wegmarkierungen Rot-weiße Markierungen und Hinweistafeln.
Tourenlänge Hin- und Rückweg 10 km.
Wanderzeit 2¾ Stunden Aufstieg, 1¾ Stunden Abstieg, gesamt 4½ Stunden.
Höhenunterschiede Schlaiten 876 m, Pedarnigalm 1668 m, Aufstiegshöhe 792 m. Ebenso Abstieg.
Wanderkarte 1:50 000 Kompass-Wanderkarte Lienz Nr. 47.

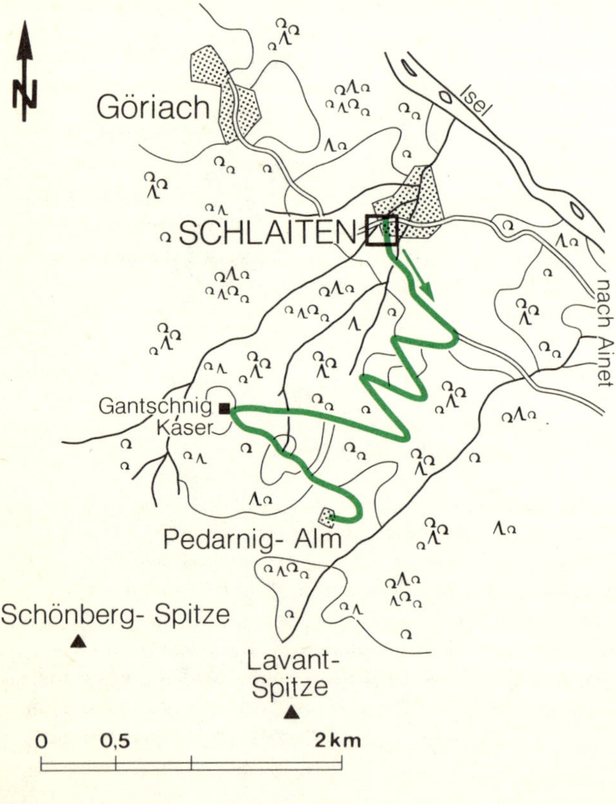

Anmerkung Bis zur Pedarnigalm führt ein breiter, nicht zu steiler Forst- und Güterweg.
Wissenswertes Die Pedarnigalm befindet sich in den Deferegger Alpen, in der Untergruppe der Schlaitner Berge. Gegenüber, auf der anderen Seite der Isel liegt die Schobergruppe. Der Weiterweg von der Pedarnigalm aufwärts zum Hauptkamm ist beschwerlich.
Tourenbeschreibung Am Eingang des Dorfes führt die Straße beim *Gasthaus* nach rechts, dann vor einer Brücke steil nach links hinauf und gleich danach wieder nach links. Diesen breiten Fahrweg, anfangs durch Wiesen, später durch Wald und weiter oben durch Almen, verfolgt man bis zum Ende, wo sich die *Pedarnigalm* befindet.

4.4 Ainet – Alkus – Alkuser See

Verkehrsmöglichkeiten Von der Felbertauernstraße nach der Ortschaft Ainet von Lienz her kommend, nach rechts (bei einer Straßenampel) in Richtung Gwabl-Alkus abzweigen. Die schmale asphaltierte Bergstraße über Gwabl (nicht nach Oberleibnig) und weiter nach Unteralkus und von dort bis zum Ende der asphaltierten Straße nach Oberalkus.
Parkmöglichkeiten Am Ende der Fahrstraße gibt es Parkmöglichkeiten. In unmittelbarer Nähe befindet sich eine kleine Kapelle.
Wegmarkierungen Rot-weiße Markierungen und Hinweisschilder.
Tourenlänge Von Oberalkus bis zur Alkuseralm 5 km, von der Alkuseralm zum Alkuser See 3 km. Insgesamt 8 km. Hin- und zurück 16 km.
Wanderzeit Von Oberalkus zur Unteralkuseralm 2¾ Stunden, von der Alkuseralm zum Alkuser See 1¼ Stunden, zusammen 4 Stunden Aufstiegszeit. Abstieg 2½ Stunden, Gesamtzeit 6½ Stunden.
Höhenunterschiede Oberalkus 1284 m, Untere Alkuseralm 2066 m. Aufstiegshöhe 782 m. Alkuser See 2432 m. Von der Unteren Alkuseralm 366 m. Gesamte Aufstiegshöhe 1148 m, ebenso der Abstieg.
Wanderkarte 1:50 000 Kompass-Wanderkarte Lienz Nr. 47.
Anmerkung Wer ein geländetüchtiges Fahrzeug besitzt, kann auch über den schlechten Forst- und Alpweg bis zur Unteren Alkuseralm fahren. Allerdings nur wenig Parkmöglichkeiten.

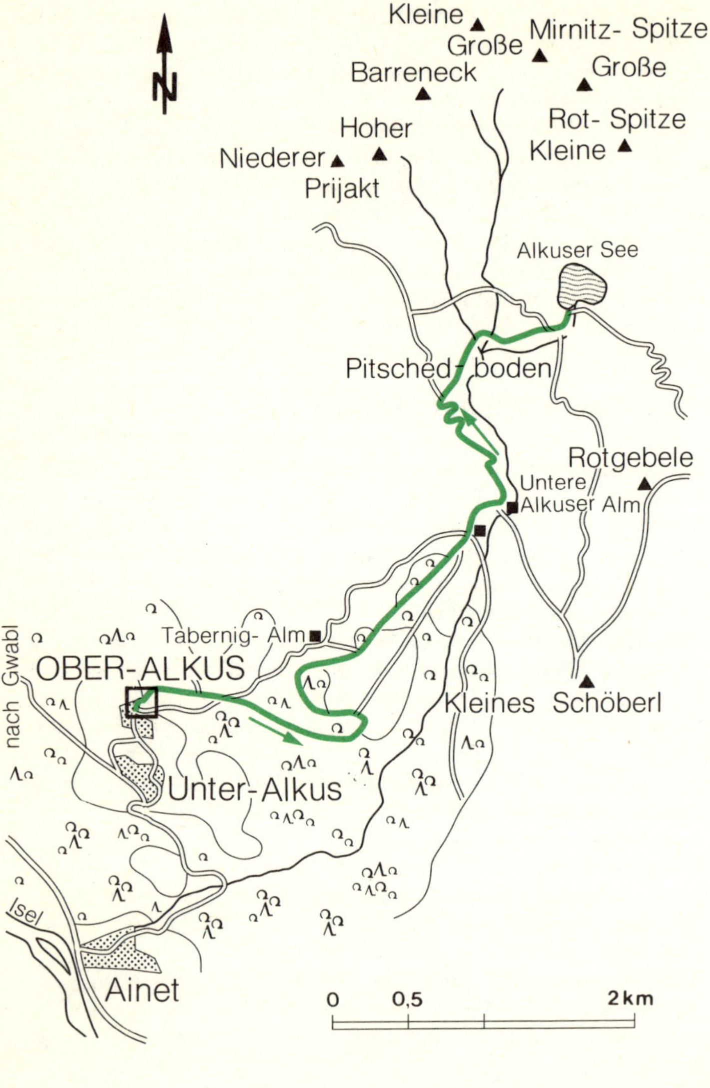
N
Kleine
Große
Mirnitz- Spitze
Barreneck
Große
Rot- Spitze
Kleine
Hoher
Niederer
Prijakt
Alkuser See
Pitsched- boden
Rotgebele
Untere
Alkuser Alm
Tabernig- Alm
OBER-ALKUS
nach Gwabl
Kleines
Schöberl
Unter-Alkus
Isel
Ainet
0
0,5
2 km

Wissenswertes Der Alkuser See gehört zur Schobergruppe. Diese Berggruppe erstreckt sich zwischen dem Mölltal im Osten, dem Iseltal im Süden und dem Kalsertal im Westen. In der Schobergruppe findet man Ruhe und Erholung, nur wenige Schutzhütten werden an Schönwettertagen von größeren Touristengruppen aufgesucht. Der hochgelegene Alkuser See befindet sich südlich des Kammes Schleinitz – Rotspitze – Prijakte. Nach Süden ist der Kessel offen.

Tourenbeschreibung Vom Ende der asphaltierten Straße gehen wir den breiten Fahrweg aufwärts, gleich danach kommt eine *Abzweigung*, wo wir den rechten Weg wählen. Dann führt nochmals ein Stichweg nach links, dem wir jedoch nicht folgen. Weiter oben leiten uns dann jeweils Hinweise mit der Aufschrift »*Alkuser See*«, oder »*Alkuseralm*«. Bei der *Unteren Alkuseralm* auf 2066 Meter endet der Fahrweg, ein schmaler, aber gut markierter Steig leitet uns aufwärts. Nach einer Steilstufe erreichen wir einen großen flachen Boden, den sogenannten *Pitschedboden*. Danach noch eine kurze Steilstufe, oberhalb der der *Alkuser See* liegt. Für den Abstieg wählen wir den gleichen Weg.

4.5 Der Katzensteig von Schloß Bruck in Lienz nach Oberlienz

Verkehrsmöglichkeiten Auf der Felbertauernstraße von Norden her nach Lienz oder durch das Drautal bzw. Pustertal per Auto oder Bahn. Am Ausgang der Ortschaft Lienz, in Fahrtrichtung Felbertauern, befindet sich das Schloß Bruck. An dieser Abzweigung fahren wir vorbei, halten uns aber dann etwa nach 200 Metern noch vor der Schloßbrücke, die über die Isel führt, nach links. Wir kommen vorbei an den Sportstätten der Eisschützen und bleiben gleich danach stehen. Weiter einwärts befindet sich ein Steinbruch, und es ist nicht zweckmäßig, bis dorthin mit dem Auto zu fahren.

Parkmöglichkeiten Nach den Sportstätten der Eisschützen, vor dem Skiclubheim gibt es genügend Abstellplätze.

Wegmarkierungen Der Weg ist kaum markiert, es gibt nur einige Hinweisschilder.

Tourenlänge 1,5 km hin, 1,5 km retour, zusammen 3 km.

Wanderzeit Hin und retour 1½ Stunden.

Höhenunterschiede Ausgangspunkt 685 m, Umkehrpunkt 695 m. Höhenunterschied 10 m.

Wanderkarten 1:50 000 Kompass-Wanderkarte Lienz Nr. 47 und 1:25 000 Lienzer Talboden Nr. 047.

Anmerkung Der Katzensteig ist ein schmaler Steig entlang des

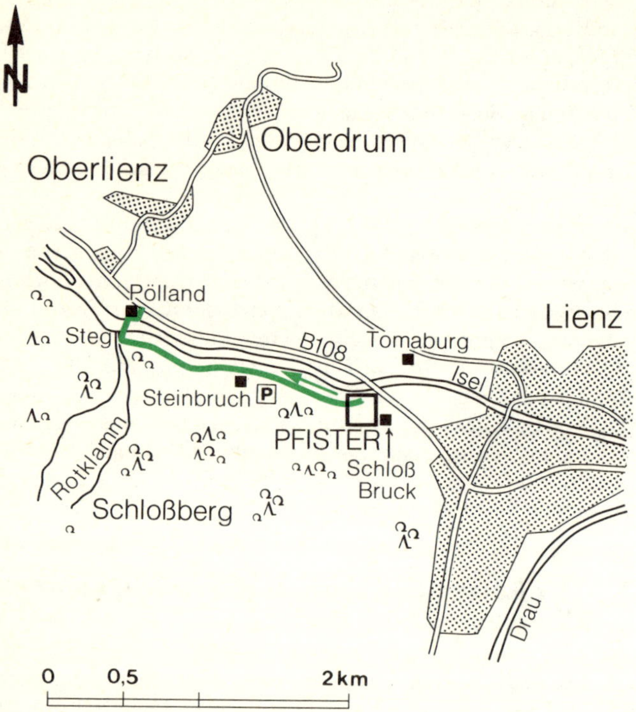

Iselflusses. Während und nach Regenfällen ist er nicht zu empfehlen.

Wissenswertes An heißen Sommertagen, wenn die Isel einen hohen Wasserstand hat, verursacht durch die Gletscherschmelze, ist diese Wanderung besonders angenehm. Wenn man von der Stadt Lienz her kommt, verlängert sich die Wanderung um eine ¼ Stunde. Man kann die Wanderung auch von Oberlienz aus antreten, wo man beim Hof Pöllanter, der einzige Hof zwischen Felbertauernstraße und Isel, über einen Hängesteig das gegenüberliegende Ufer erreicht.

Tourenbeschreibung Wir beginnen unsere Wanderung im Ort *Pfister*, wo sich die Eisschützenanlagen befinden. Wir wandern den breiten Weg in Richtung *Isel* aufwärts (nicht nach links hinauf zum Steinbruch, sondern geradeaus), wo der eigentliche schmale Steig beginnt. Knapp oberhalb der Isel leitet uns der Steig leicht ansteigend und fallend durch hochstämmigen Wald, vorbei an *Felswänden*, bis zu einem *Hängesteg* über die Isel. Auf dem gegenüberliegenden Ufer des Flusses befindet sich der *Pöllanter Hof*. Der Rückweg entlang der *Felbertauernstraße* nach Lienz ist möglich, wird jedoch nicht empfohlen. Vom Pöllanter Hof kann man entlang des Iselufers flußaufwärts wandern.

4.6 Lienz – Oberdrum – Helenenkirche

Verkehrsmöglichkeiten Vom Norden her über die Felbertauernstraße nach Lienz. Vom Süden und Osten durch das Drautal bzw. das Pustertal per Auto oder Bahn. Wir fahren oder gehen zur nördlichen, also am oberen Stadtrand von Lienz gelegenen Kirche, der Patriasdorfer Pfarrkirche.
Parkmöglichkeiten Vor der Pfarrkirche ist genügend Parkraum vorhanden.
Wegmarkierungen Markierungen und Hinweise.
Tourenlänge 6 km Aufstieg und 6 km Abstieg.
Wanderzeit 2 bis 2¼ Stunden Aufstieg, 1½ Stunden Abstieg. Zusammen 3½ bis 3¾ Stunden.
Höhenunterschiede Pfarrkirche 688 m, Helenenkirchlein 1279 m. Höhenunterschied 591 m.
Wanderkarten 1:50 000 Kompass-Wanderkarte Lienz Nr. 47 bzw. 1:25 000 Lienzer Talboden Nr. 047.
Anmerkung Um den Fahrstraßen einigermaßen auszuweichen, wurde der Weg über die Zauche gewählt. Es ist auch möglich, mit dem Auto nach Oberdrum oder über Thurn noch etwas höher hinaufzufahren. Man verliert damit aber einen schönen Teil der Wanderung.
Wissenswertes Die Wanderung verläuft über den großen Schuttkegel, der sich unterhalb der Schleinitz gebildet hat. Die Schleinitz mit 2906 Meter Höhe ist hier der beherrschende Berg. Wir befinden uns in der Schobergruppe.
Tourenbeschreibung Von der *Patriasdorfer Pfarrkirche*, der Stadtpfarre, gehen wir die Straße ein kurzes Stück aufwärts bis zur Abzweigung zwischen *Thurn* geradeaus und *Oberdrum* nach links. Wir halten uns entlang der linken Straße, wo wir nach etwa 200 Metern einen kleinen Bachlauf, den sogenannten *Zauchenbach*, erreichen. Links unterhalb liegt der Friedhof der Stadt Lienz. Wir verlassen hier die asphaltierte Straße und halten uns nach rechts aufwärts, kommen auf einen Weg, der entlang des Baches verläuft. Nach etwa 1200 Metern erreichen wir wieder eine asphaltierte Fahrstraße bei der sogenannten *Zauche*. Hier gehen wir scharf nach links den Weg nach Oberdrum. In der Ortschaft *Oberdrum* wandern wir wieder nach rechts aufwärts, einem Fahrweg folgend.

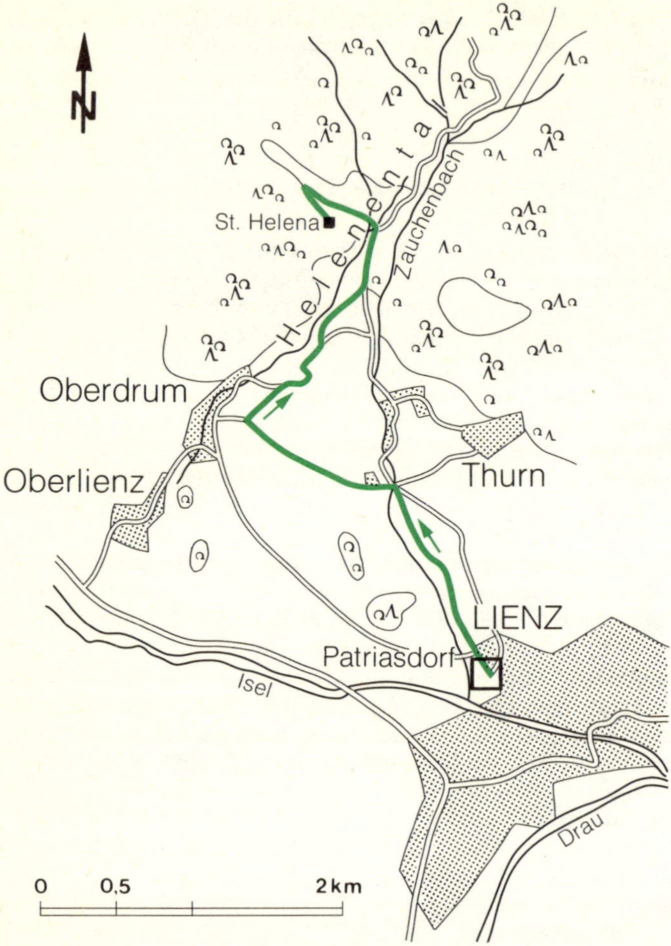

Wir stoßen schließlich auf eine asphaltierte Straße. Es ist die *Zufahrtstraße* von Thurn auf das Zettersfeld. Nach etwa 400 Metern verlassen wir diese Straße nach links (es steht dort ein Haus), vor uns liegt die sogenannte Helenenwiese. Wir verlassen den hochstämmigen Wald und wandern über einen breiten Weg das letzte Stück hinauf zur *Helenenkirche*. Oben haben wir einen schönen Blick auf Lienz und eine sehr schöne Aussicht auf den Lienzer Talboden und die Lienzer Dolomiten.

4.7 Schloß Bruck – Heinrichwarte – Venedigerwarte

Verkehrsmöglichkeiten Von Norden über die Felbertauernstraße nach Lienz, von Osten und Süden durch das Drautal bzw. das Pustertal per Bahn oder Auto. Am nordwestlichen Ausgang der Stadt Lienz in Richtung Felbertauern befindet sich die Talstation der Hochsteinbahnen. Unmittelbar dahinter zweigt nach links die Auffahrt zum Schloß Bruck ab.
Parkmöglichkeiten Parkmöglichkeiten findet man entweder bei der Talstation der Hochsteinbahnen oder direkt beim Schloß Bruck.
Wegmarkierungen Rot-weiße Markierungen und Hinweisschilder.
Tourenlänge 3,5 km.
Wanderzeit 1¾ Stunden.
Höhenunterschiede Parkplatz Hochsteinbahn 680 m, Schloß Bruck 724 m, Heinrichswarte 962 m, höchster Punkt beim Taxer Moos 1080 m, Venedigerwarte 1018 m. 400 m Aufstieg und 60 m Abstieg.
Wanderkarten 1:50 000 Kompass-Wanderkarte Lienz Nr. 47 und 1:25 000 Lienzer Talboden Nr. 047.
Anmerkung Angenehme Wanderung durch den schattigen Wald von Schloß Bruck über die Heinrichswarte zum Taxer Moos.
Wissenswertes Am Taxer Moos bzw. bei der Venedigerwarte befinden sich Gaststätten. Aussichtsturm Venedigerwarte bietet schönen Rundblick besonders auf die Stadt Lienz sowie auf das Iseltal mit der Venedigergruppe.
Tourenbeschreibung Vom *Parkplatz des Sesselliftes* der Hoch-

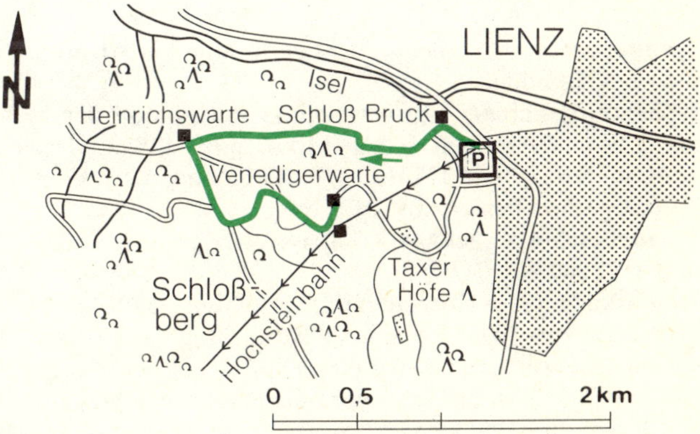

steinbahnen gehen wir in Richtung Iseltal, wo der asphaltierte Fahrweg zum *Schloß Bruck* erreicht wird. Über diesen Weg steil empor, bald danach erreichen wir den oberen *Parkplatz*, der unmittelbar an das *Schloß* und an den *Schloßteich* grenzt. Nun um eine Kurve herum, wo wir gleich danach den asphaltierten Fahrweg nach rechts verlassen. Nun über den breiten *Schotterweg* zur *Heinrichswarte* und von dieser weiter, bei der nächsten Weggabelung links halten, ebenso bei der folgenden Wegabzweigung. Hier führen drei Wege weiter, wir wählen den linken, der flach durch waldiges Gebiet verläuft, um dann absteigend das Taxer Moos und die Venedigerwarte zu erreichen.

Als Abstieg wählen wir die Sesselbahn, die uns bequem zum Ausgangspunkt zurückbringt. Wer zu Fuß gehen will, benützt als Abstieg den Fahrweg über die *Taxer Höfe*.

4.8 Venedigerwarte – Russenweg – Hochstein-Hütte

Verkehrsmöglichkeiten Ausgangsort Lienz. Zu erreichen von Nordwesten her über die Felbertauernstraße, von Osten durch das Möll- oder das Drautal, auch per Bahn; von Südwesten her durch das Pustertal, ebenfalls per Bahnlinie. Am Westrand der Stadt Lienz, direkt an der Felbertauernstraße gelegen, befindet sich die Talstation der Hochsteinsessellifte.

Parkmöglichkeiten Parkplatz bei der Talstation der Hochsteinbahnen.

Wegmarkierungen Rot-weiße Markierungen und Hinweisschilder.

Tourenlänge 5 km Aufstieg und 5 km Abstieg, zusammen 10 km.

Wanderzeit 3¼ Stunden Aufstieg, 2 Stunden Abstieg. Zusammen 5¼ Stunden.

Höhenunterschiede Ausgangspunkt Bergstation der 1. Sektion der Liftanlagen beim Taxer Moos auf 1005 m, Taxer Gassl 1540 m, Hochstein Hütte 2023 m. Höhenunterschied 1018 m Aufstieg und ebenso Abstieg.

Wanderkarten 1:50000 Kompass-Wanderkarte Lienz Nr. 47 und 1:25000 Nr. 047.

Anmerkung Die Hochsteinlifte verkehren von 9 bis 17 Uhr.

Wissenswertes Der sogenannte Russenweg von Lienz zur Hochstein-Hütte wurde im 1. Weltkrieg von russischen Kriegsgefangenen gebaut. Es ist ein schmaler, nicht zu breiter Weg, der immer durch schattige Wälder führt. Sowohl vom Ausgangspunkt bei der

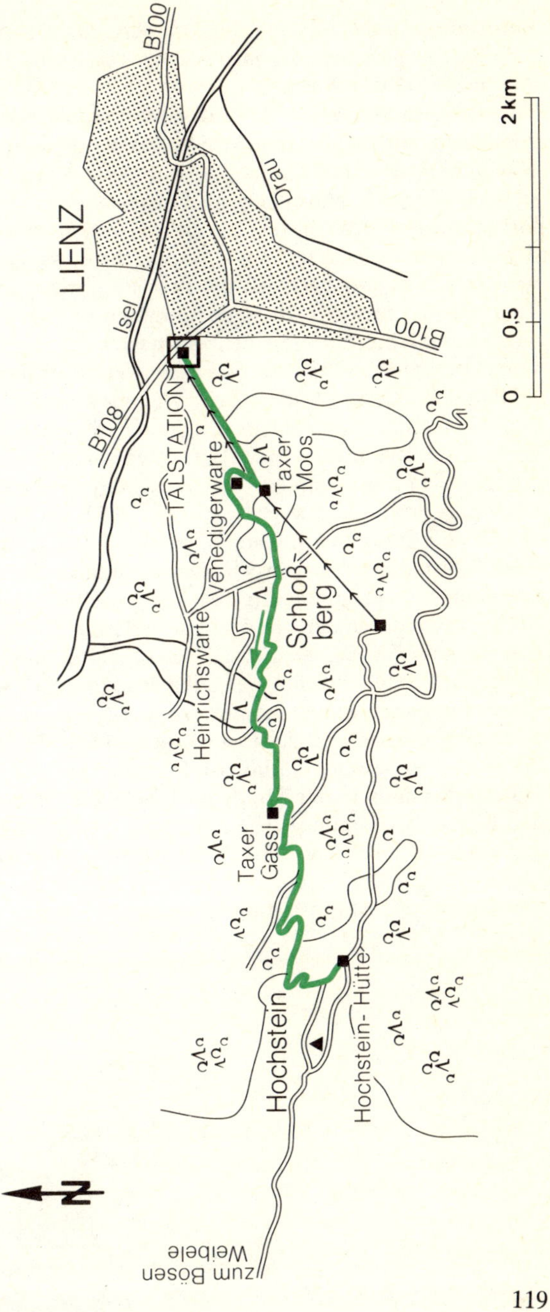
LIENZ
B100
B100
Isel
Drau
B108
TALSTATION
Venedigerwarte
Taxer Moos
Schloß-berg
Heinrichswarte
Taxer Gassl
Hochstein
Hochstein-Hütte
zum Bösen Weibele
N
0
0,5
2 km

Bergstation der 1. Sektion der Doppelsessellifte vom Aussichtsturm Venedigerwarte, als auch von der Hochstein-Hütte herrliche Aussicht und Rundblick.

Tourenbeschreibung Mit der *Doppelsesselbahn* fahren wir bis zur vom Wald eingeschlossenen Wiese, dem sogenannten *Taxer Moos*. Nun gehen wir entweder quer aufwärts durch diese Wiese (sofern sie nicht wegen Viehweide gesperrt ist) oder zweigen beim *Moosstüberl* nach rechts ab, den Hinweisen zur Hochstein-Hütte foldend. Schon nach kurzer Zeit bei der nächsten Weggabelung gehen wir nach links (wir befinden uns hier am nordöstlichen Rand des Taxer Moos) aufwärts durch ein bewaldetes Gebiet. Wir erreichen wieder einen breiten Weg, dem wir nach links folgen (nach rechts führt ebenfalls ein Weg zur *Hochstein-Hütte*, es handelt sich aber hierbei um die Forststraße mit der Wegmarkierung Nr. 3). Wir stoßen nun auf den eigentlichen schmalen *Russenweg*, der am oberen Ende der Wiese (Taxer Moos) bei einer *Holzhütte* anzutreffen ist. Über diesen Steig wandern wir nun weiter aufwärts, wobei wir mehrmals breite Forstwege queren. In der Fortsetzung finden wir aber immer unseren schmalen Steig, der gut ausgetreten ist. Nach etwa 2 Stunden erreichen wir das sogenannte *Taxer Gassl*, eine ehemalige Unterkunftshütte für Forstarbeiter. Auch hier lassen wir uns nicht durch den breiten Weg verleiten, sondern bleiben auf dem schmalen Steig. Beim Taxer Gassl gibt es gutes Quellwasser. Auch das obere Teilstück des alten Russenweges wird mehrfach von Forststraßen gequert. Knapp vor der *Hochsteinhütte* verlassen wir die Waldzone und gewinnen einen freien Überblick, der von der Hütte aus besonders schön ist. Im Süden sehen wir die Sextener Dolomiten, dann in der Runde nach links die Gailtaler Alpen mit den Lienzer Dolomiten, die Kreuzeckgruppe, die Schobergruppe, die Hohen Tauern mit der Glockner- und der Venedigergruppe und schließlich die Deferegger Alpen. Auch der Blick hinunter auf die Stadt Lienz ist großartig.

4.9 Sternalm – Rundweg Stelze

Verkehrsmöglichkeiten Ausgangspunkt Lienz bei der Talstation der Hochsteinbahnen. Lienz erreicht man von Nordwesten her über die Felbertauernstraße B 108, von Osten und Südwesten über das Drau- und Pulstertal per Bahn oder Auto. Am Westrand der Stadt Lienz, unmittelbar neben der Felbertauernstraße, liegt die Talstation der Hochsteinbahnen.
Parkmöglichkeiten Direkt bei der Talstation.
Wegmarkierungen Blau-weiße Markierungen und Wegweiser.
Tourenlänge 2,2 km.
Wanderzeit ¾ Stunde.
Höhenunterschiede Tiefster Punkt der Runde auf 1495 m, höchster Punkt auf 1555 m, Höhenunterschied 60 m.
Wanderkarten 1:50 000 Kompass-Wanderkarte Lienz Nr. 47 und 1:25 000 Lienzer Talboden Nr. 047.
Anmerkung Die Leisacher Alm oder auch Sternalm, nach dem Restaurationsgebäude benannt, liegt auf 1500 Meter Höhe. Das Gebiet ist mit der Doppelsesselbahn zu erreichen. Die Stelze ist eine Hütte, die im westlichen Teil des Almgebietes liegt. Ein schmaler Wanderweg führt in einer Runde um die Sternalm.
Wissenswertes Die Sternalm ist im Winter Zentrum des Skigebietes Hochstein. Die vom Hochstein auf 2000 Meter Höhe beginnenden Pisten führen hinunter bis zur Talstation auf 680 Meter. Von der Sternalm hat man einen herrlichen Blick auf die Lienzer Dolomiten.
Tourenbeschreibung Wir fahren mit den beiden Sesselliftanlagen bis zur *Sternalm*. Dann in südlicher Richtung hinunter zur *Talstation des Schleppliftes*. Dort folgen wir einem breiten Weg, der leicht ansteigend bis zu einem markanten Wegweiser führt. Nun gehen wir entlang des Waldes, immer noch in südlicher Richtung leicht ansteigend aufwärts bis zum nächsten *Wegweiser*. Dort biegen wir nach rechts in das Weidegebiet ein, welches zugleich Skipiste ist, dann hinüber zum gegenüberliegenden Waldrand, vorbei an einer kleinen Hütte (*Stelze*) und entlang des Waldrandes bzw. im Wald leicht ansteigend bis zu einer kleinen *Aussichtswarte* aus Holz. Unterwegs befinden sich einige Bänke. Nun gehen wir absteigend durch den Wald bis auf einen breiten Weg, diesem wir in nördlicher Richtung folgen, wo wir wieder eine Skiabfahrt queren. Auf der anderen Seite der Skiabfahrt treffen wir auf den markierten *Märchensteig*. Wir bleiben auf dem breiten Weg, der uns noch ein kurzes Stück, leicht fallend abwärts leitet. Dann wieder bei einem markanten Wegweiser scharf nach rechts zurück, wo wir unterhalb der Doppelsesselbahn zum Ausgangspunkt zurückkommen.

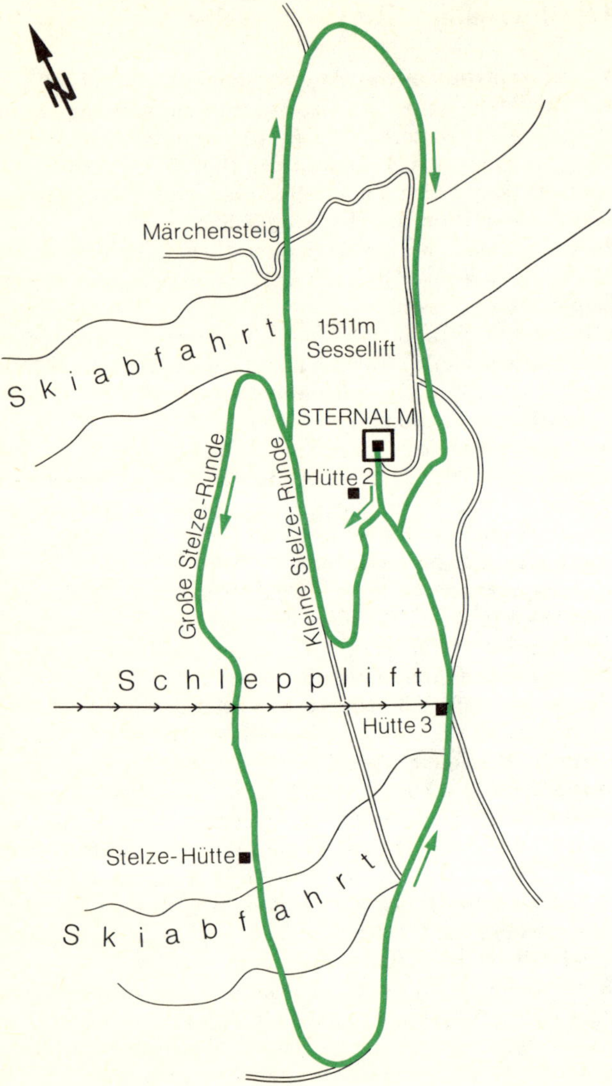
N
Märchensteig
1511m
Sessellift
Skiabfahrt
STERNALM
Hütte 2
Große Stelze-Runde
Kleine Stelze-Runde
Schlepplift
Hütte 3
Stelze-Hütte
Skiabfahrt

4.10 Sternalm – Märchensteig – Hochstein-Hütte

Verkehrsmöglichkeiten Ausgangspunkt Lienz bei der Talstation der Hohsteinbahnen. Lienz erreicht man von Nordwesten her über die Felbertauernstraße, von Osten und Südwesten über das Drau- und Pustertal per Bahn oder Auto. Am Westrand der Stadt Lienz, unmittelbar neben der Felbertauernstraße, liegt die Talstation der Hochsteinbahnen.
Parkmöglichkeiten Direkt bei der Talstation befindet sich ein Parkplatz.
Wegmarkierungen Rot-weiße Markierungen und gelbe Markierung.. Wegweiser und Hinweisschilder.
Tourenlänge 3 km Aufstieg und 3 km Abstieg, zusammen 6 km.
Wanderzeit 1 Stunde 40 Minuten Aufstieg und 1 Stunde Abstieg. Insgesamt 2 Stunden 40 Minuten.
Höhenunterschiede Ausgangspunkt 1510 m bei der Sternalm, Hochsteinhütte 2023 m. Aufstiegshöhe 513 m. Ebenso die Abstiegshöhe.
Wanderkarten 1:50000 Kompass-Wanderkarte Lienz Nr. 47 und 1:25000 Nr. 047.
Anmerkung Der Märchensteig verläuft nördlich der großen und breiten Skiabfahrt. Es ist ein schmaler Steig, der gutes Schuhwerk erfordert.
Wissenswertes Im Jahre 1972 wurden die Skipisten am Hochstein ausgebaut. Bei dieser Gelegenheit entstand ein schmaler Pfad am Rande der Skipiste. Er ist landschaftlich sehr reizvoll, da er im

Wald verläuft, man hat jedoch wegen der in unmittelbarer Nähe gelegenen Skiabfahrt immer eine gute Aussicht, vor allem auf die Lienzer Dolomiten.

Tourenbeschreibung Auffahrt mit den beiden Sektionen der Doppelsesselbahnen bis zur *Sternalm*. Von dort aus geht es in nördlicher Richtung unterhalb der *Doppelsesselbahn* ein kurzes Stück zurück, leicht ansteigend bis zu einem markanten Wegweiser. Dort verlassen wir den breiten Weg nach links. Nun über den schmalen Steig aufwärts, nach kurzer Zeit queren wir eine breite *Forststraße*, bleiben jedoch immer am Waldrand, auch weiter oben, wo wir noch zweimal breite Forstwege queren. Etwa am halben Weg finden wir eine kleine Raststätte, das sogenannte *Berger Stöckl*. Hier finden wir auch Unterstandsmöglichkeit bei Schlechtwetter. Erst im oberen Teil verlassen wir den Wald, es gibt hier nur mehr einzeln stehende Lärchen und Almrosengestrüpp. Das letzte Stück wandern wir ohne nennenswerte Steigung auf einem breiten Weg, der zu *Hochstein-Hütte* führt. Bei der Hochstein-Hütte haben wir eine herrliche Aussicht.

4.11 Bannberger Alm – Böses Weibele

Verkehrsmöglichkeiten Über die Felbertauernstraße B 108 oder über die Drautal Bundesstraße B 100 nach Lienz. Von Lienz in südwestlicher Richtung bis nach Leisach, wo knapp vor dem Eisenbahndurchlaß die Pustertaler Höhenstraße nach rechts abzeigt. Diese asphaltierte Bergstraße fahren wir bis nach Bannberg (6 km), wo wir uns dann bei der nächsten Abzweigung nach rechts aufwärts (Hochstein Hütte) halten. Beim letzten Haus (Mautschranken) wird eine Wegbenützungsgebühr eingehoben. Weitere 6 km über eine asphaltierte Straße bis zur Bannberger Alm auf 1975 Meter Höhe.

Parkmöglichkeiten Bei der Bannberger Alm befindet sich ein genügend großer Parkplatz.

Wegmarkierungen Rot-weiße Markierungen bei den Ausgangspunkten auch Hinweisschilder.

Tourenlänge 4,5 km Aufstieg und ebenso Abstieg, insgesamt 9 km.

Wanderzeit 2 Stunden Aufstieg und 1¼ Abstieg, zusammen 3¼ Stunden.

Höhenunterschiede Bannberger Alm 1975 m, Böses Weibele 2521 m, Höhenunterschied 546 m.

Wanderkarten 1:50 000 Kompass-Wanderkarte Lienz Nr. 47 und 1:25 000 Lienzer Talboden Nr. 047.

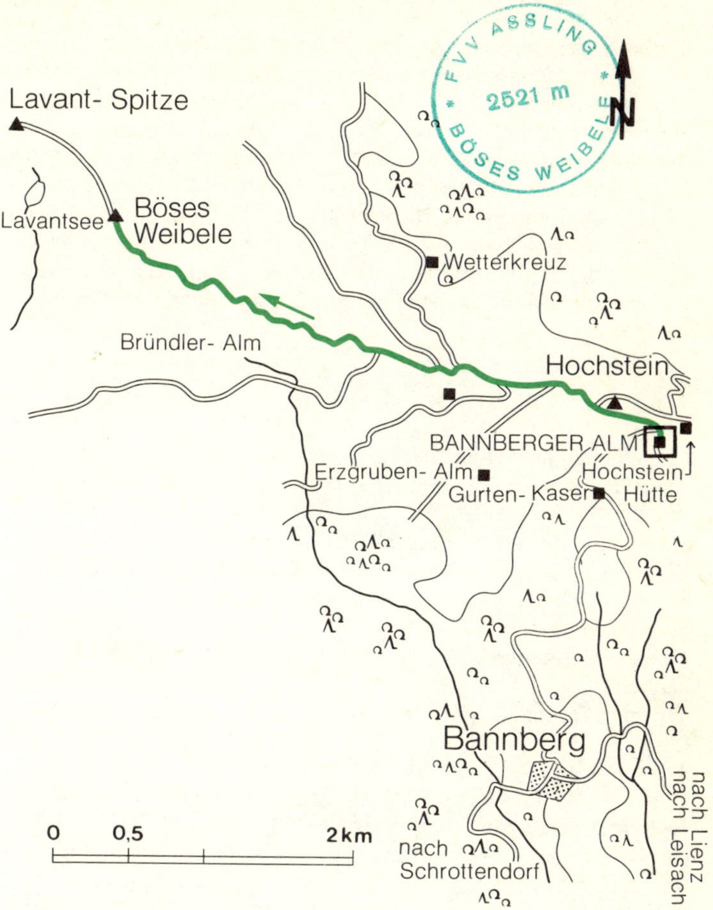

Anmerkung Wer nur einen kleinen Spaziergang unternehmen will, der steigt von der Bannberger Alm zur Hochstein-Hütte auf (etwa 10 Minuten). Dort haben wir einen herrlichen Rundblick. Von der Hochstein-Hütte geht es in östlicher Richtung über einen breiten Weg, der in einer Runde zurück zum Parkplatz führt. Länge der Runde insgesamt etwa 2 Kilometer.

Wissenswertes Die Pustertaler Höhenstraße, die in Leisach ihren Ausgang nimmt, führt über Bannberg weiter nach Schrottendorf-Assling und weitere Ortschaften bis nach Abfaltersbach. In Bannberg zweigt die Hochsteinstraße ab. Sowohl die Hochstein-Hütte als auch die Bannbergeralm sind bewirtschaftet.

Tourenbeschreibung Wer die Wanderung richtig genießen will und sich Zeit läßt, der steigt zuerst zur *Hochstein-Hütte* hinauf. Von dieser dann in westlicher Richtung, immer am Kamm entlang zum *Hochsteinkreuz*, 2057 Meter. Dann der Markierung folgend, mit schöner Aussicht sowohl in das Iseltal nach rechts als auch in das Pustertal nach links. Auf dem felsigen Gipfel des *Bösen Weibele*, der leicht zu ersteigen ist, befindet sich ein großes eisernes Kreuz und ein Gipfelbuch. Herrlicher Blick auf die Gailtaler Alpen, anschließend nach links auf die Lienzer Dolomiten, die Kreuzeckgruppe, die Schobergruppe, die Glocknergruppe, die Venedigergruppe und schließlich die Deferegger Alpen und die Sextener Dolomiten.

4.12 Schloß Bruck – Leisach – Lienzer Klause

Verkehrsmöglichkeiten Nach Lienz über die Felbertauern-Bundesstraße von Nordwesten her oder über die Drautal-Bundesstraße von Osten (Kärnten), auch Bahnlinie, bzw. von Südwesten durch das Pustertal, ebenfalls über die Drautal-Bundesstraße B 100 mit Auto oder mit der Bahn. Am nordwestlichen Ende der Stadt Lienz befindet sich das markante Schloß Bruck. Auffahrt mit dem Auto möglich.
Parkmöglichkeiten Vor dem Schloß, beim Schloßteich Parkmöglichkeiten.
Wegmarkierungen Hinweisschilder und rot-weiße Markierungen.
Tourenlänge Einfache Strecke 5 km, hin und zurück 10 km.
Wanderzeit Einfacher Weg 1½ Stunden. Insgesamt 3 Stunden.
Höhenunterschiede Schloß Bruck 724 m, Leisach 720 m, höchster Punkt oberhalb Burgfrieden 900 m, Lienzer Klause (Burgfrieden) 813 m. Somit insgesamt etwa 110 m Abstieg und 200 m Aufstieg (für den einfachen Weg).
Wanderkarten 1:50 000 Kompass-Wanderkarte Lienz Nr. 47 und 1:25 000 Lienzer Talboden Nr. 047.
Anmerkung Das erste Teilstück des Weges von Schloß Bruck bis Leisach ist identisch mit dem Waldlehrpfad.
Wissenswertes Die Lienzer Klause ist eine alte Festung, die besonders in den Kriegen mit Frankreich eine Rolle spielte. Außer den sehenswerten Wehrmauern gibt es eine Kapelle und eine gute Gaststätte, die sogenannte »Rachkuchl«. Als Rückweg kann man die Straße hinunter zum Eisenbahndurchlaß wählen. Dort ist eine Omnibushaltestelle, oder man kann zu Fuß entlang der Drau nach Leisach oder über Almach nach Lienz zurückgehen.
Tourenbeschreibung Vom Parkplatz beim *Schloß Bruck* gehen wir zuerst ein kurzes Stück auf dem breiten Fahrweg aufwärts, bald

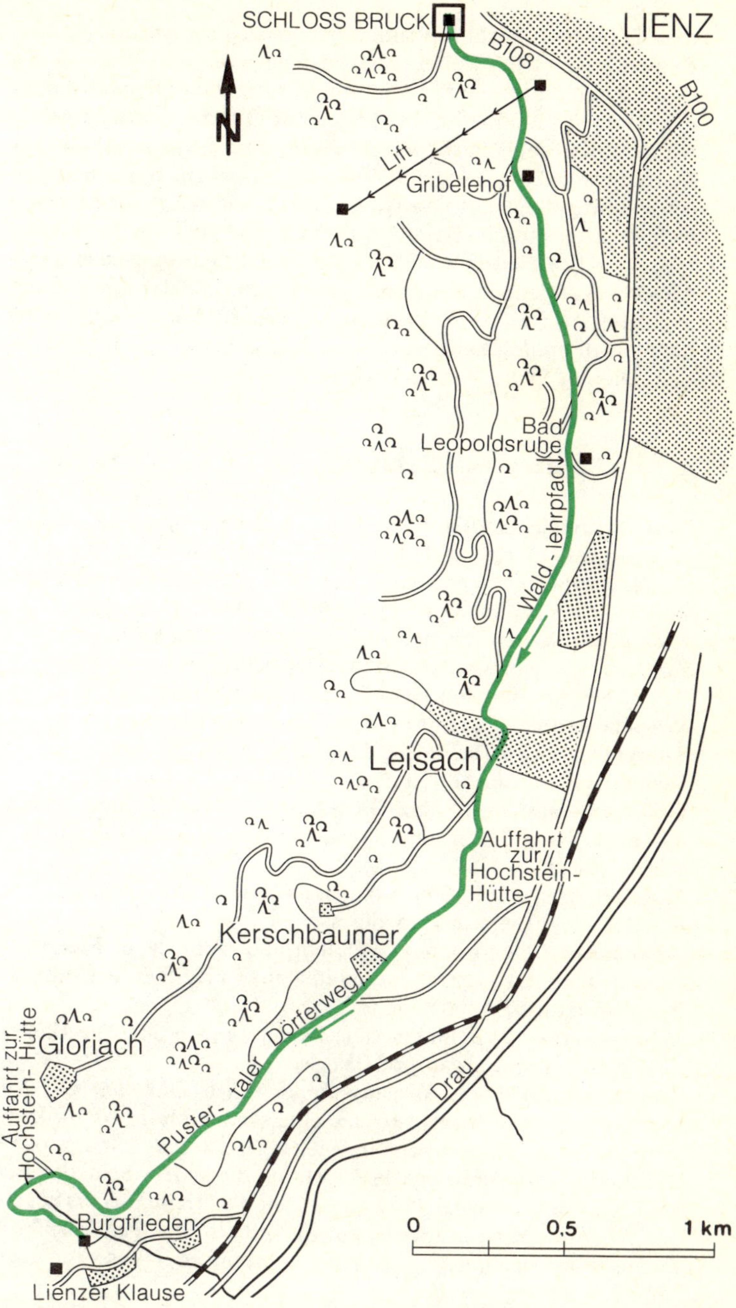

SCHLOSS BRUCK
LIENZ
B108
B100
N
Lift
Gribelehof
Bad Leopoldsruhe
Wald-lehrpfad
Leisach
Auffahrt zur Hochstein-Hütte
Kerschbaumer
Pustertaler Dörferweg
Gloriach
Auffahrt zur Hochstein-Hütte
Drau
Burgfrieden
Lienzer Klause
0
0,5
1 km

danach biegt ein nicht asphaltierter Forstweg nach rechts ab, hier gehen wir geradeaus weiter, um bald danach bei einer Wegbiegung die asphaltierte Straße zu verlassen. Ein schmaler Steig führt über die *Skiabfahrt* hinüber in den Wald. Zur Ortschaft *Leisach* gehen wir abwärts, dann leicht steigend, um den etwas oberhalb der Durchzugsstraße liegenden Feldweg zu erreichen. Wir gehen diesen Feldweg, begleitet von Wiesen und Feldern, bis zur nächsten asphaltierten Straße (Bannbergerstraße und zugleich Pustertaler Höhenstraße). Bei einer scharfen Kurve führt ein Steig nach *Burgfrieden*. Wer jedoch bequemer gehen will, bleibt noch auf der asphaltierten Straße. Sie führt um 2 scharfe Kurven herum, wo wir dann einen breiten Fahrweg, der nach links hinunterleitet, vorfinden. Diesem folgen wir bis nach Burgfrieden.

4.13 Lienzer Waldlehrpfad

Verkehrsmöglichkeiten Von Nordwesten her über die Felbertauernstraße B 108 nach Lienz, von Osten über die Drautal-Bundesstraße B 100 (oder mit der Bahn), von Südwesten ebenfalls über die Drautal-Bundesstraße B 100 (oder per Bahn).
Parkmöglichkeiten In der Stadt Lienz gibt es mehrere Parkplätze. Unser Ausgangspunkt befindet sich beim Gasthof Glöcklturm, das ist bei der obersten Iselbrücke im Stadtgebiet.
Wegmarkierungen Hinweisschilder und Erklärungen.
Tourenlänge 8 km einfache Länge.
Wanderzeit Einfache Länge 2½ Stunden.
Höhenunterschiede Lienz-Glöcklturm 670 m, Schloß Bruck 724 m, Leisach 720 m und Tristacher See 826 m. Höhenunterschied 160 m.
Wanderkarten 1:50 000 Kompass-Wanderkarte Lienz Nr. 47 und 1:25 000 Lienzer Talboden Nr. 047.
Anmerkung Der Lienzer Waldlehrpfad wurde vom Fremdenverkehrsverband Lienzer Dolomiten im Einvernehmen mit der Bezirksforstinspektion errichtet.
Wissenswertes Wir finden viele Erläuterungen über die Baum- und Pflanzenwelt entlang des Weges.
Tourenbeschreibung Ausgangspunkt *Lienz-Glöcklturm*. Wir wenden uns iselaufwärts, wo uns eine schöne breite *Uferpromenade* das erste Teilstück sehr angenehm gestaltet. Bei einer großen Brücke (*Schloßbrücke)* wechseln wir auf die andere Seite der Isel über. Gleich nach der Brücke queren wir die Straße, wo wir bei einer Weg- und Straßenabzweigung die Aufschrift »*Waldlehrpfad*« finden. Hier beginnt der schmale Lehrpfad, der uns nun über

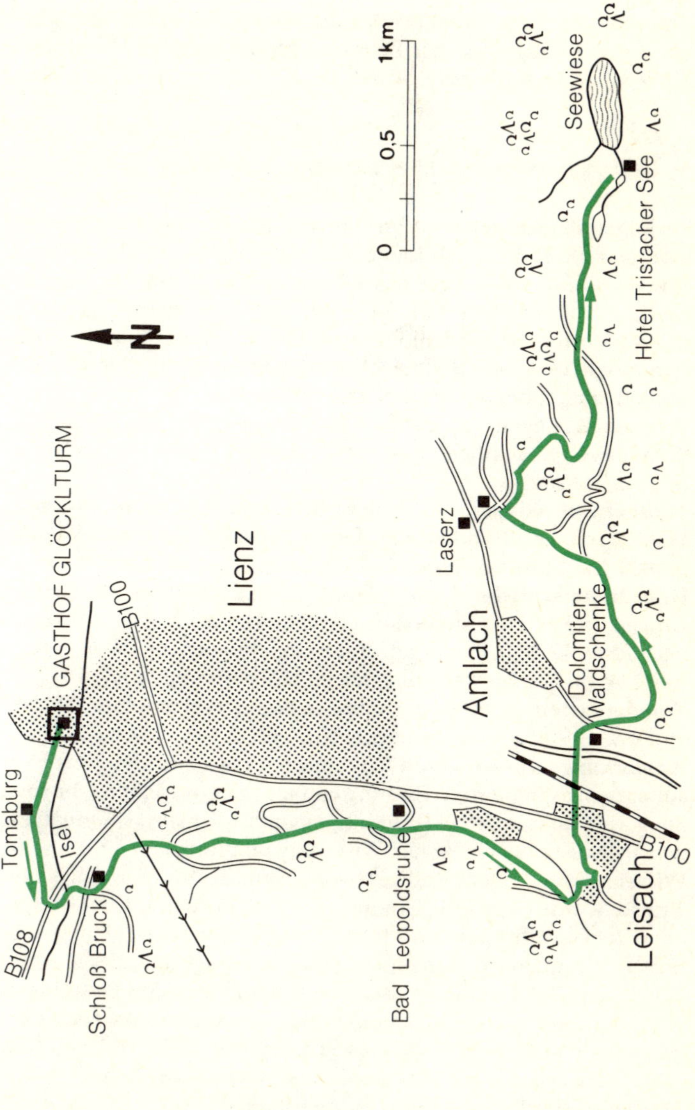
GASTHOF GLÖCKLTURM
Tomaburg
B108
Isel
Schloß Bruck
B100
Lienz
Bad Leopoldsruhe
Amlach
Laserz
Dolomiten-
Waldschenke
Leisach
B100
Hotel Tristacher See
Seewiese
0
0,5
1km
N

Schloß Bruck – Leisach – *Amlach* – die *Pension Laserz* – zum *Tristacher See* führt. Vorbei beim alten See kommen wir zum Tristacher See. Dort befindet sich das Seehotel und ein Restaurationsbetrieb. – Für den Rückweg wählen wir entweder den Omnibus oder den Wanderweg, der vom See hinunter zur Pension Laserz führt. Von der Pension Laserz quer über den Talboden zurück nach Lienz (1 Stunde).

4.14 Radweg Lienz – Luggauer Brücke

Verkehrsmöglichkeiten Von Nordwesten her über die Felbertauernstraße B 108 nach Lienz oder von Osten über das Drautal bzw. von Südwesten über das Pustertal, jeweils auf der Bundesstraße B 100 mit dem Auto oder per Bahn. Ausganspunkt unserer Wanderung ist das Dolomitenbad im Süden der Stadt Lienz.
Parkmöglichkeiten Beim Dolomitenbad und beim Dolomitenstadion sind genügend Parkplätze vorhanden.
Wegmarkierungen Spezielle Markierungen für den Rad- und Wanderweg gibt es nicht. Erst auf der Strecke finden wir das Kennzeichen Radweg.
Tourenbeschreibung 7 km einfache Länge, insgesamt 14 km.
Wanderzeit 2 Stunden die Drau aufwärts bis zum Wendepunkt, 1¾ Stunden retour.
Höhenunterschiede Lienz Dolomitenbad 670 m, Luggauer Brücke 755 m, Höhenunterschied 85 m. Bei der Variante erreicht man die Höhe 830, dies ergibt einen Höhenunterschied von 160 m. Beim Abstieg ist jeweils die gleiche Höhe zu überwinden.
Wanderkarten 1:50 000 Kompass-Wanderkarte Lienz Nr. 47 und 1:25 000 Lienzer Talboden Nr. 047.
Anmerkung Im Abschnitt Rötenbach – Luggauer Brücke gibt es außer dem asphaltierten Radweg entlang der Drau einen schmalen Steig, der landschaftlich recht interessant ist. Er wird eventuell für den Rückweg bei trockener Witterung empfohlen.
Wissenswertes Der Radweg von Amlach bis zur Luggauer Brücke wurde eigens für Erholungszwecke errichtet. Ein Großteil der Strecke ist für den Kraftfahrzeugverkehr gesperrt. Unterwegs finden wir mehrere Rastplätze und Erholungsmöglichkeiten an den Ufern der Gewässer. Bei der Regulierung des Drauflusses wurde auf die natürlichen Funktionen des Gewässers Rücksicht genommen. Die noch etwas kahlen Ufer werden im Laufe der Jahre verwachsen, ein Teil wurde mit Bäumen bepflanzt.
Tourenbeschreibung Vom *Dolomitenbad* in Lienz gehen wir entlang der *Drau* auf einem breiten Weg aufwärts. Wir erreichen bald

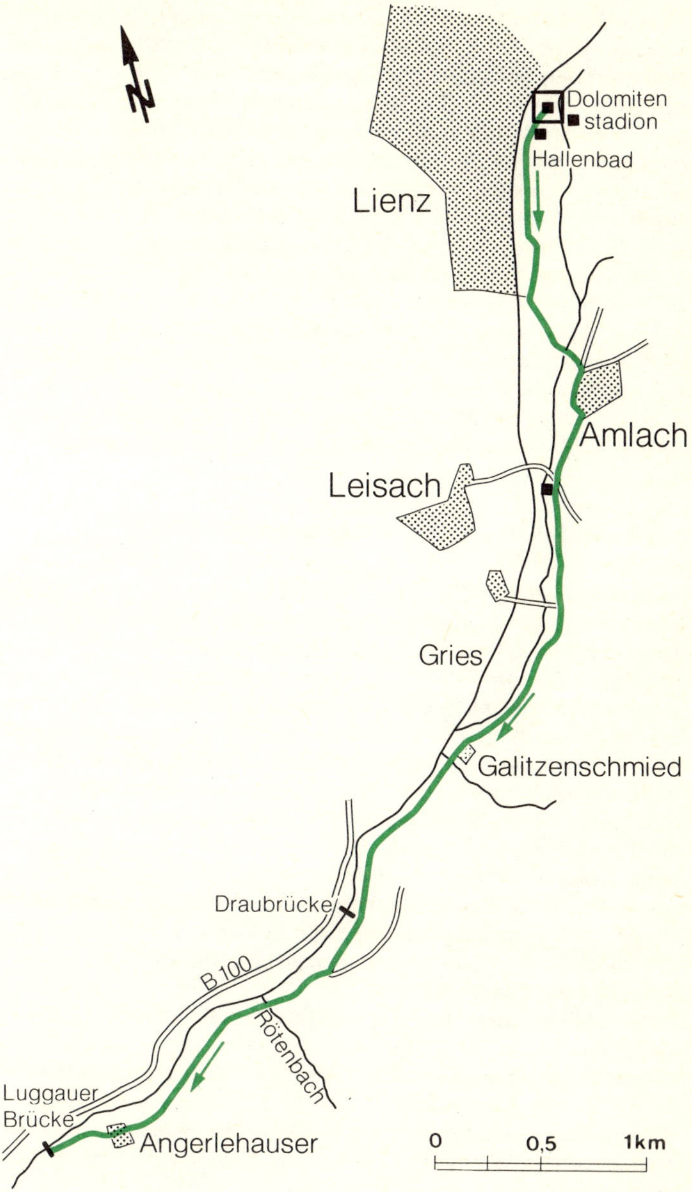
N
Dolomiten
stadion
Hallenbad
Lienz
Amlach
Leisach
Gries
Galitzenschmied
Draubrücke
B 100
Rötenbach
Luggauer
Brücke
Angerlehauser
0
0,5
1km

den *Amlacher Wald*, wo wir uns immer etwas mehr nach rechts halten, bis wir die *Waldschenke*, eine Gaststätte, erreichen. Von dort gehen wir den asphaltierten Weg geradeaus (das Zeichen Radweg beachten) sehr angenehm und schattig zur *Galitzenklamm*. Hier mündet von links her kommend der Galitzenbach in die Drau ein. Nun gehen wir wieder unmittelbar entlang der Drau, vorbei am *Rötenbach*, wo sich ein kleines Ausschotterungsbecken befindet, zum sogenannten Betonwehr. Es sind 2 Abfälle, die zur Ermäßigung des großen Gefälles der Drau errichtet wurden. Von hier flußabwärts befindet sich eine Übungsstrecke für Faltbootslalom. Beim Betonwehr sehen wir ein kleines Nebengerinne, welches den Fischen dient, damit diese die Steilstufen im Fluß umgehen können. Bald erreichen wir die *Luggauer Brücke*, den Endpunkt unseres Spazierweges.

Die Strecke kann man auch mit dem Fahrrad befahren. Der Weiterweg in Richtung Thal wurde im Jahre 1982 freigegeben.

4.15 Stadtweg – Kerschbaumer Alm

Verkehrsmöglichkeiten Von Nordwesten her über die Felbertauernstraße B 108 nach Lienz oder von Osten über das Drautal, bzw. von Südwesten durch das Pustertal auf der Bundesstraße B 100 mit dem Auto oder per Bahn nach Lienz. Ausgangspunkt unserer Tour ist nicht der Ort Lienz, sondern der sogenannte Stadtweg. Wir fahren von Lienz ein Stück in Richtung Sillian, und zwar von Lienz nach Leisach, dort führt die Straße unter der Eisenbahn hindurch, nun noch 1 Kilometer weiter, dann Abzweigung nach links (Tafel Kerschbaumer Alm und Radweg), über eine Brücke auf die andere Seite, nach der Brücke links abbiegen und beim Parkplatz wieder nach rechts, einen breiten Fahrweg aufwärts. Wir verfolgen diesen Weg, es handelt sich um eine Forststraße, wobei wir bei Abzweigungen immer links bleiben, bis wir das sogenannte »Klammbrückl« erreichen. Die Brücke überquert die sehr tiefe Galitzenklamm.
Parkmöglichkeiten Jenseits der Brücke befindet sich ein kleiner Parkplatz.
Wegmarkierungen Rot-weiße Markierungen und Hinweisschilder.
Tourenlänge 4 km Aufstieg und 4 km Abstieg, zusammen 8 km.
Wanderzeit 2½ Stunden Aufstieg, 2 Stunden Abstieg, zusammen 4½ Stunden.
Höhenunterschiede Klammbrückl 1096 m, Kerschbaumer Alm Schutzhaus 1902 m, das sind 806 m Aufstieg und ebenso Abstieg.

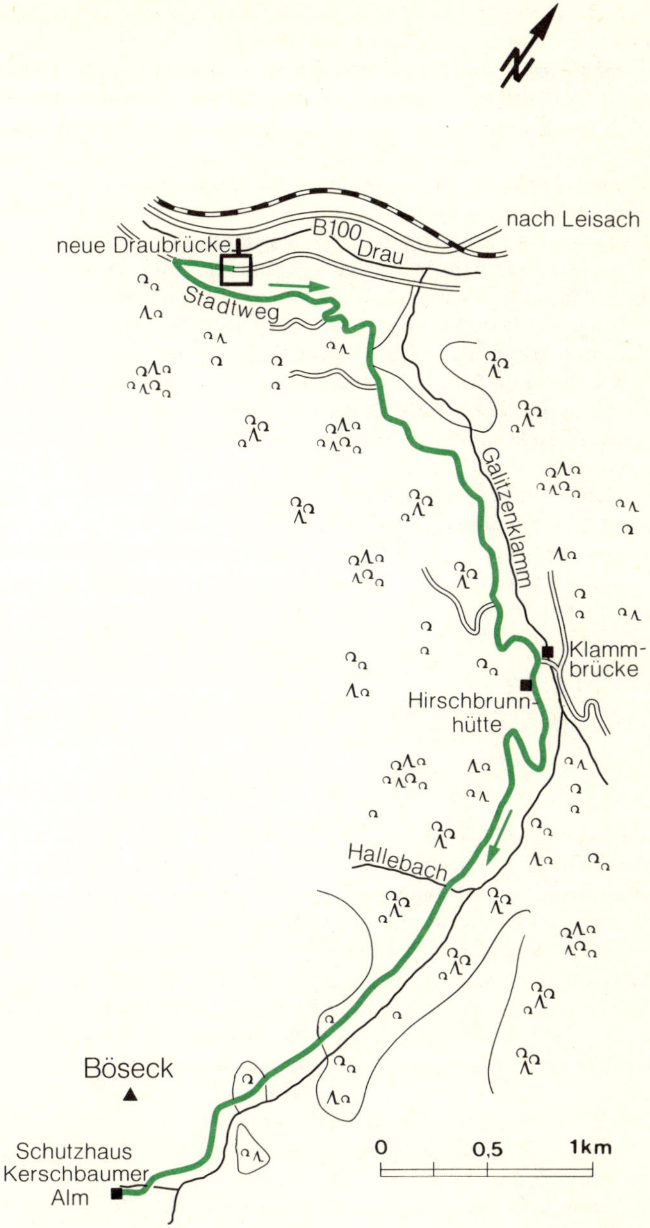

nach Leisach
B100
Drau
neue Draubrücke
Stadtweg
Galitzenklamm
Klamm-
brücke
Hirschbrunn-
hütte
Hallebach
Böseck
Schutzhaus
Kerschbaumer
Alm
0
0,5
1km

Wanderkarten 1:50 000 Kompass-Wanderkarte Lienz Nr. 47 und 1:25 000 Lienzer Talboden Nr. 047.
Anmerkung Der Zufahrtsweg von der Bundesstraße herauf ist nicht asphaltiert, es bestehen nur in gewissen Abständen Ausweichmöglichkeiten. Den Weg sollten nur berggewohnte Fahrer benutzen.
Wissenswertes Wer die Lienzer Dolomiten kennenlernen will, muß die beiden gegensätzlichen Täler, jenes von der Dolomitenhütte zur Karlsbader Hütte und das von der Galitzenklamm zum Kerschbaumer-Alm-Schutzhaus kennenlernen. Im Kerschbaumer Almtal herrscht der Wald vor, es ist auch an heißen Sommertagen angenehm kühl. Erst oberhalb der Kerschbaumer Alm kommen wir in das freie Gelände der Lienzer Dolomiten. Das Kerschbaumer-Alm-Schutzhaus ist der Ausgangspunkt für die Ersteigung des 2718 Meter hohen Spitzkofels.
Tourenbeschreibung Vor dem *Klammbrückl* wenden wir uns nach rechts (hier Schranken, Beginn der Forststraße mit Fahrverbot) und wandern den breiten Weg aufwärts. Einige Abkürzungen über schmale Steige (alter Weg) sind möglich, werden aber nicht empfohlen. Am Ende der *Forststraße* benützen wir den schmalen Steig, der etwas steiler wird, kommen zum sogenannten *Gatterle*, einem Weidezaun, da sich weiter oben Weidevieh befindet. Das Gelände wird freier, wir kommen an der *Kerschbaumer Alm* vorbei und gelangen nach weiteren 5 Minuten zum *Kerschbaumer-Alm-Schutzhaus*, welches in der Sommersaison bewirtschaftet ist.

4.16 Dolomitenhütte – Karlsbader Hütte

Verkehrsmöglichkeiten Von Nordwesten über die Felbertauernstraße B 108 nach Lienz oder von Osten bzw. Südwesten die Bundesstraße B 100 mit dem Auto (auch Bahn) nach Lienz. Von Lienz in südlicher Richtung die Bahn und die Drau überqueren nach Tristach, durch die Ortschaft Tristach hindurch, am Ende der Ortschaft rechts ist ein Sportplatz und bald danach bei der nächsten Kurve abzweigen nach rechts in Richtung Tristacher See – Kreithof – Dolomitenhütte. Wir fahren die asphaltierte Bergstraße aufwärts, bei der nächsten Abzweigung nicht nach rechts zum Tristacher See, sondern links bis zum Kreithof. Dort wieder Weggabelung, links zum Kreithof, wir halten uns aber rechts (Mautschranken) und fahren bis zum Parkplatz vor der 1620 Meter hoch gelegenen Dolomitenhütte.
Parkmöglichkeiten Am Ende der Bergstraße.
Wegmarkierungen Rot-weiß und Hinweisschilder.

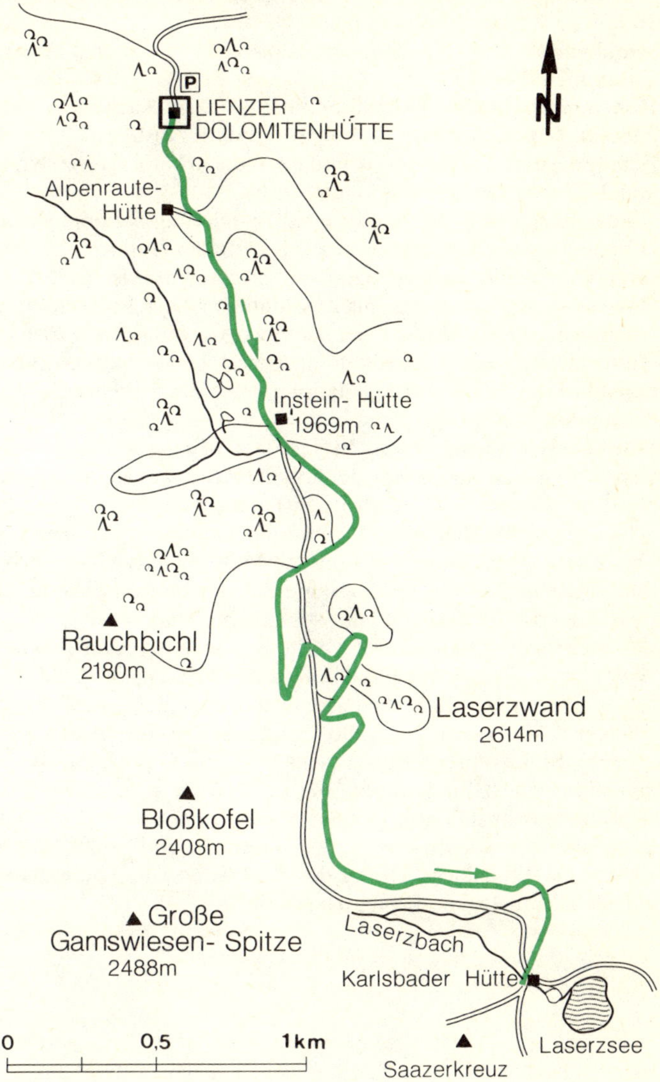

P
LIENZER
DOLOMITENHÜTTE
N
Alpenraute-
Hütte
Instein- Hütte
1969m
Rauchbichl
2180m
Laserzwand
2614m
Bloßkofel
2408m
Große
Gamswiesen- Spitze
2488m
Laserzbach
Karlsbader Hütte
Laserzsee
Saazerkreuz
0
0,5
1km

Tourenlänge Aufstieg 5 km, Abstieg ebenfalls 5 km, zusammen 10 km.
Wanderzeit 2 bis 2¼ Stunden Aufstieg, 1½ Stunden Abstieg. Zusammen 3¾ Stunden.
Höhenunterschiede Dolomitenhütte 1620 m, Karlsbader Hütte 2260 m. 640 m Aufstieg und ebenso 640 m Abstieg.
Wanderkarten 1:50 000 Kompass-Wanderkarte Lienz Nr. 47 und 1:25 000 Lienzer Talboden Nr. 047.
Anmerkung Beim Beginn unserer Wanderung befindet sich die Dolomitenhütte, die ebenso wie die Karlsbader Hütte am Ende unserer Wanderung die ganze Saison bewirtschaftet ist.
Wissenswertes In den Lienzer Dolomiten gibt es zwei sehr unterschiedliche Täler. Einmal der Laserzkessel mit der Karlsbader Hütte, zweitens das Kerschbaumer Almtal. Landschaftlich hervorragend ist das Gebiet im sogenannten Laserz, wohin unsere Wanderung führt.
Tourenbeschreibung Vom Parkplatz 1 Minute zur *Dolomitenhütte*, hier gehen wir entlang der hohen *Felswände* taleinwärts, vorbei an der *Insteinalm* (Kapelle), gleich danach haben wir zwei Möglichkeiten, entweder links den breiten Fahrweg oder geradeaus über einen schmalen, etwas steileren Fußsteig aufwärts zu gehen. Bequemer und nicht viel langsamer ist der breite Fahrweg. Der Fahrweg und der Fußsteig, der sogenannte *Sommerweg*, kreuzen sich mehrmals. Etwa auf der Hälfte des Weges verlassen wir die Waldzone und sehen vor uns den Kranz der Berge, die den Talkessel umrahmen. Von links die Laserzwand, dann der Rote Turm, der Ellerturm, der Laserzkopf, die Galitzenspitze, die beiden Sandspitzen, die Lavanter Gamswiesenspitze, der Gamskopf, die beiden Wildsender, der Seekofel, die Leitmaritzenspitze, die Teplitzerspitze, etwas dahinter der Simonskopf, dann weiter der Törlkopf, die Gamswiesenspitzen, der Bloßkofel und ganz rechts bewaldet der Rauchbichl. Hinter der *Karlsbader Hütte* befindet sich der idyllisch gelegene *Laserzsee*.

4.17 Lienz – Tristacher See

Verkehrsmöglichkeiten Von Nordwesten her über die Felbertauernstraße B 108 nach Lienz. Oder von Osten bzw. Südwesten über die Bundesstraße B 100 mit dem Auto nach Lienz. Lienz liegt auch an der Bahnlinie, die von Spittal/Drau über Lienz nach Innichen und Franzensfeste fährt. Ausgangspunkt unserer Wanderung ist das Dolomitenstadion im Süden der Stadt.
Parkmöglichkeiten Parkplatz beim Dolomitenstadion und beim Dolomitenbad.
Wegmarkierungen Gleich am Beginn keine Markierungen, später rot-weiße Markierungen und Hinweisschilder.
Tourenlänge 4 km zum Tristacher See. Einschließlich Seerunde insgesamt für Hin- und Rückweg 9 km.
Wanderzeit 1½ Stunden Aufstieg, 1¼ Stunden Abstieg, ½ Stunde Seerunde, insgesamt 3¼ Stunden.
Höhenunterschiede Lienz 670 m, Tristacher See 826 m. Höhenunterschied 156 m.
Wanderkarten 1:50 000 Kompass-Wanderkarte Lienz Nr. 47, 1:25 000 Lienzer Talboden Nr. 047.
Anmerkung Der Weg führt fast immer abseits der Autostraßen. Anfangs über den ebenen Talboden durch Felder und Wiesen, später durch den Wald und am Schluß eine Seerunde am Ufer des Bergsees.
Wissenswertes Der Tristacher See ist der einzige Badesee Osttirols. An Sommertagen reger Badebetrieb. Am See Badeanstalt und 2 Restaurationsbetriebe. Zufahrtsmöglichkeiten zum Tristacher See über asphaltierte Straßen sowohl von Osten als auch von Westen.
Tourenbeschreibung Ausgangspunkt ist das *Dolomitenstadion* in Lienz, das ist unmittelbar neben der Draubrücke, auf der Straße, die von Lienz–Stadtmitte nach Amlach–Tristach führt. Vorerst gehen wir ein kurzes Stück entlang der Straße in Richtung Amlach, wo wir bereits nach 200 Metern nach links in einen asphaltierten Weg in Richtung Gasthof »*Zum Falken*« abzweigen. Wir wandern vorbei am Gasthof, hinter dem ein Campingplatz liegt, es folgen dann ein Bauernhof und der hohe *Mast des Rundfunksenders*. Wir wandern immer in gleicher Richtung bis zur *Pension »Laserz«*, links bei der Pension vorbei und erreichen schließlich den *Ulrichsbühel* mit einer kleinen Kapelle. Von dort nehmen wir den Weg entlang des Waldrandes und zweigen dann links ab, wo nach knapp 1 Kilometer ein Steig nach rechts aufwärts zum *Tristacher See* führt. Diesen Steig etwas steiler durch den Wald, bis wir knapp vor dem See die *Tristacher Seestraße* und das *Seehotel* erreichen.

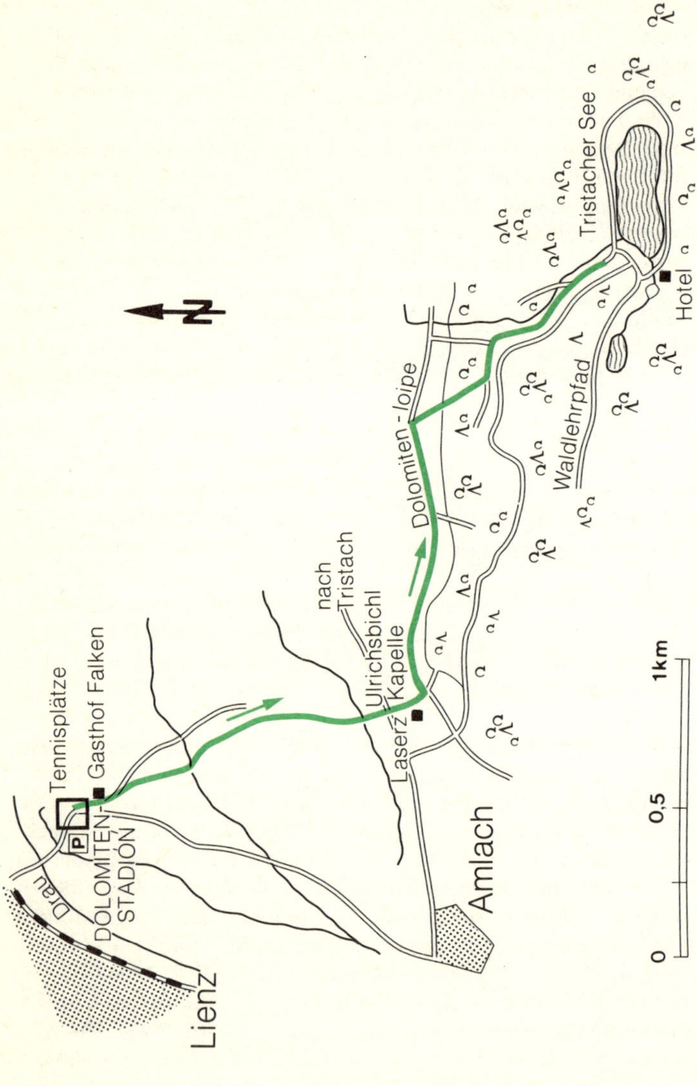

N
Lienz
Drau
DOLOMITEN-STADION
P
Tennisplätze
Gasthof Falken
Amlach
Laserz
Ulrichsbichl Kapelle
nach Tristach
Dolomiten - loipe
Waldlehrpfad
Tristacher See
Hotel
0
0,5
1km

Um den See führt ein breiter Spazierweg herum. Wenn wir vom Seehotel ein kurzes Stück nach rechts gehen, erreichen wir den alten See, der teilweise verwachsen ist. Hierher führt von Amlach der Waldlehrpfad. Ein sehr idyllischer und ruhiger Platz.

4.18 Amlach – Tristach – Drauuferweg nach Lavant

Verkehrsmöglichkeiten Über die Felbertauernstraße B 108 oder die Drautalstraße B 100 nach Lienz. Lienz ist auch per Bahn erreichbar, entweder von Innsbruck über die Brennerlinie durch das Pustertal über Innichen oder von Schwarzach/St. Veit über Spittal/Drau durch das Drautal. Von Lienz nach Amlach 2,5 km.
Parkmöglichkeiten Parkplatz in Ortsmitte oder bei der Waldschenke am südöstlichen Ortsrand. Hier Ausgangspunkt unserer Wanderung.
Wegmarkierungen Rot-weiße Markierungen und Hinweisschilder.
Tourenlänge Von der Waldschenke in Amlach bis zum Sportplatz in Tristach 4 km. Zum Drauufer 1,5 km, entlang des Draufers bis zur Lavanter Brücke 4 km, von der Lavanter Brücke nach Lavant 1,5 km. Insgesamt 11 km. Hin und zurück 22 km.
Wanderzeit 3 Stunden hin und 3 Stunden zurück, insgesamt 6 Stunden.
Höhenunterschiede Amlach–Waldschenke 680 m (Goggkreuz), Ulrichsbühel 706 m, Lavanter Draubrücke 650 m, Lavant 675 m. 93 m Aufstieg und 93 m Abstieg.
Wanderkarten 1:50 000 Kompass-Wanderkarte Lienz Nr. 47 und 1:25 000 Lienzer Talboden Nr. 047.
Anmerkung Man kann sich die Tour dadurch erleichtern, indem man von Lienz (Bahnhof) aus zu Fuß nach Amlach geht, etwa 3 Kilometer, dann die beschriebene Wanderung bis zur Lavanter Draubrücke durchführt, von der Draubrücke, und zwar vom gegenüberliegenden Ufer etwa 1 Kilometer zur Drautalstraße, zur Omnibushaltestelle Görtschach geht. Mit dem Omnibus zurück nach Lienz. Gesamtlänge dieser Wanderung etwa 15 Kilometer.
Wissenswertes In Lavant auf dem sogenannten Kirchbühel 2 Kirchen, Wallfahrtskirche und Reste einer Fliehburg aus spätantiker Zeit, interessante Ausgrabungen.
Tourenbeschreibung Gegenüber der *Waldschenke* zweigt ein breiter Spazierweg, der sich entlang des Hangfußes immer am Waldrand hinzieht, ab. Gleich bei der nächsten Abzweigung halten wir uns links (rechts hinauf führt der Goggsteig zur Dolomiten Hütte und zur Kerschbaumer Alm). Mit einigen kleinen Steigun-

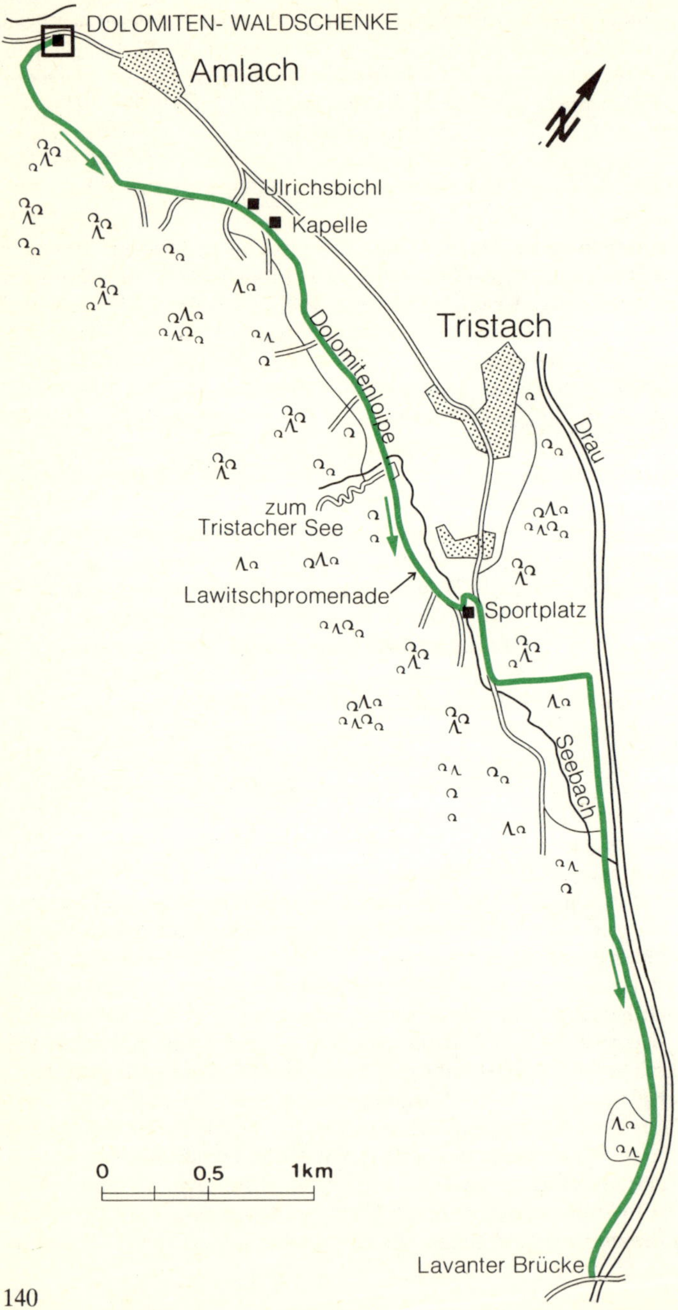
DOLOMITEN- WALDSCHENKE
Amlach
Ulrichsbichl
Kapelle
Tristach
Dolomitenloipe
Drau
zum
Tristacher See
Lawitschpromenade
Sportplatz
Seebach
0
0,5
1km
Lavanter Brücke

gen erreichen wir den *Ulrichsbühel* (Pension Laserz und Kapelle), weiter gehen wir entlang des Waldrandes nach *Tristach,* wobei wir den Ortskern links liegen lassen, und gelangen schließlich beim Sportplatz zur *Lavanter Landesstraße.* Wir folgen der Straße ein kurzes Stück bis zu einem breiten Fahrweg, der nach links abzweigt. Nach etwa 400 Metern erreichen wir das rechte *Drauufer* und können hier nun entweder am Damm oder den Weg, der entlang des Dammfußes führt, flußabwärts gehen. Die nächste Draubrücke ist die *Lavanter Brücke,* wo die Straße rechts nach Lavant, links über die Brücke nach *Dölsach* (Görtschach) führt.

4.19 Lienz – Zettersfeld – Abstieg nach Lienz

Verkehrsmöglichkeiten Nach Lienz über die Felbertauernstraße B 108 oder die Drautalstraße B 100. Lienz ist auch Bahnstation. Von der Drautalstraße B 100 im Ort Lienz in nördlicher Richtung zur Zettersfeld-Seilbahn-Talstation abzweigen (Wegweiser zur Zettersfeldbahn).
Parkmöglichkeiten Parkplatz bei der Talstation der Seilbahn.
Wegmarkierungen Die Abstiegswege vom Zettersfeld nach Lienz sind markiert. Bitte Hinweisschilder beachten.
Tourenlänge Abstieg zur Talstation über die Faschingalmstraße 10 km, über die Thurnerstraße 12 km.
Wanderzeit 2½ bzw. 3 Stunden.
Höhenunterschiede Zettersfeldbahn-Bergstation 1820 m, Talstation 728 m. Höhenunterschied 1100 m.
Wanderkarten 1:50 000 Kompass-Wanderkarte Lienz Nr. 47 und 1:25 000 Lienzer Talboden Nr. 047.
Anmerkung Der schönere Abstieg führt über die Faschingalm. Hier gibt es auch noch die Möglichkeit, ein längeres Stück über einen etwas steileren Steig im Wald abzusteigen, bis man die Faschingalmstraße erreicht.
Wissenswertes Die Zettersfeldseilbahn ist seit 1958 in Betrieb. Sie erschließt das hochgelegene Skigebiet Zettersfeld, das Sonnendach von Lienz, das im Winter Hauptsaison hat. 1975 wurde eine Straße von Lienz über Grafendorf, Obergaimberg zur Faschingalm auf 1660 Meter gebaut. Am Ende der Straße Parkplatz und Talstation des Faschingalm-Schleppliftes, der bis auf 2150 Meter Höhe führt. Vom Westen her führt ebenfalls eine asphaltierte Straße (schmale Bergstraße, Maut) von Lienz über Thurn auf das Zettersfeld. Sie dient hauptsächlich wirtschaftlichen Zwecken zur Versorgung des Gebietes Zettersfeld.

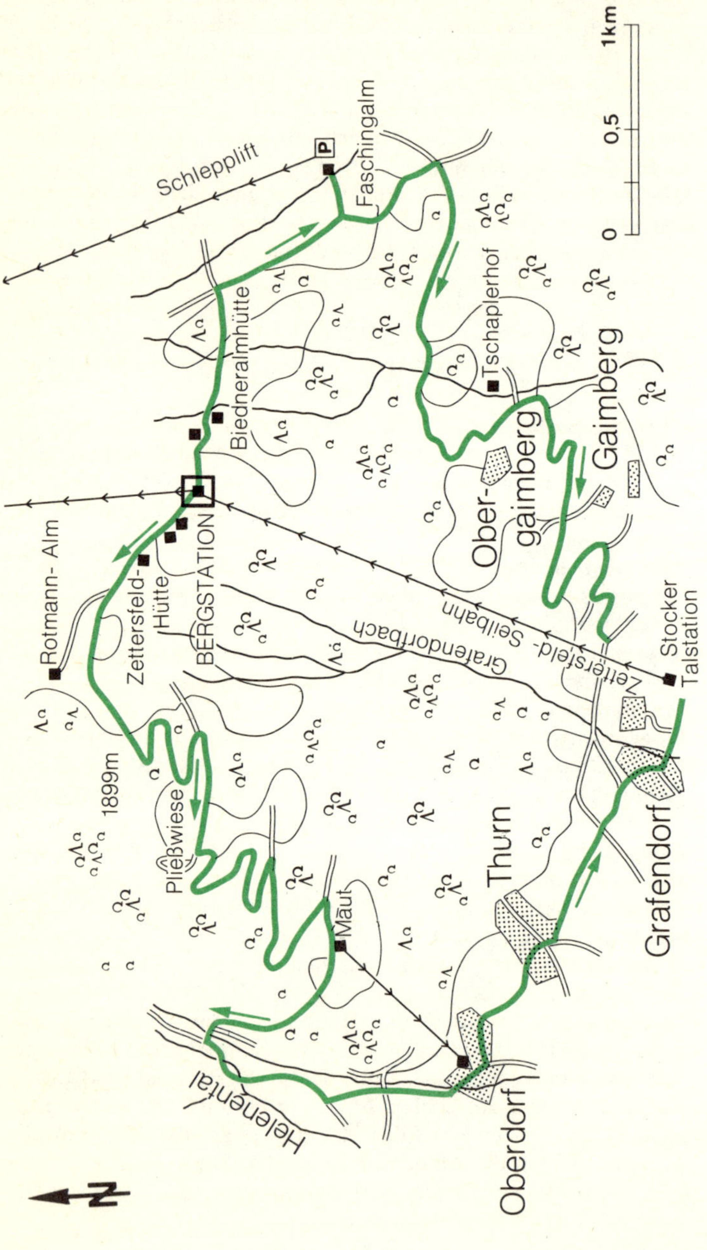
Schlepplift
P
Faschingalm
Biedneralmhütte
Tschaplerhof
Gaimberg
Ober-
gaimberg
BERGSTATION
Rotmann- Alm
Zettersfeld-
Hütte
Grafendorfbach
Zettersfeld - Seilbahn
Stocker
Talstation
1899m
Pließwiese
Thurn
Grafendorf
Maut
Helenental
Oberdorf
N
0
0,5
1km

Tourenbeschreibung Auffahrt mit der Seilbahn; Betriebszeiten 9.00 bis 17.00 Uhr.

a) Zur *Faschingalm* kommen wir, wenn wir die Seilbahnstation nach rechts, also in östlicher Richtung verlassen, über den *Alpengasthof Biedner* wandern, dann den Hinweisen Faschingalm folgen. Bei der *Faschingalm* befindet sich ebenfalls eine kleine Gastsätte. Weiter gehen wir die asphaltierte Straße abwärts. In *Grafendorf* bei der Kirche die Abzweigung nach links zur Talstation beachten.

b) Über die *Thurnerstraße* kommen wir, wenn wir die Bergstation nach links verlassen, vorerst etwas leicht ansteigend, vorbei an den Gaststätten »*Goldener Pflug*« und »*Pepi-Stiegler-Heim*« (Beginn des Asphaltes), noch ein Stück leicht ansteigend bis zur *Rottmann-Alm,* dann entlang der Straße abwärts nach *Thurn,* in Thurn unterhalb der Kirche bei der Abzweigung nicht nach rechts nach Lienz, sondern links nach *Grafendorf* und in Grafendorf, bei der Kirche, wieder nach links zur *Seilbahn-Talstation.*

4.20 Lienz – Zettersfeld – Steiner Mandl – Goisele Mandl

Verkehrsmöglichkeiten Nach Lienz über die Felbertauernstraße B 108 oder über die Drautalstraße B 100. Lienz ist auch Eisenbahnstation auf der Bahnstrecke Spittal/Drau–Franzensfeste. Zufahrt von Lienz zur Talstation der Zettersfeldbahn, die im Norden der Stadt südöstlich von Grafendorf gelegen ist.
Parkmöglichkeiten Parkplätze bei der Talstation.
Wegmarkierungen Rot-weiße Markierungen; Hinweisschilder.
Tourenlänge 2 km zum Steiner Mandl und weitere 1,5 km zum Goisele. Zusammen 3,5 km. Hin- und Rückweg 7 km.
Wanderzeit 1¼ Stunden Aufstieg zum Steiner Mandl, ¾ Stunde Aufstieg zum Goisele, zusammen 2 Stunden. Abstieg 1½ Stunden. Für Hin- und Rückweg 3½ Stunden.
Höhenunterschiede Zettersfeldbahn-Bergstation 1820 m, Steiner Mandl 2213 m, Goisele 2433 m. Gesamte Aufstiegshöhe 613 m. Ebenso Abstiegshöhe.
Wanderkarten 1:50 000 Kompass-Wanderkarte Lienz Nr. 47 und 1:25 000 Lienzer Talboden Nr. 047.
Anmerkung Bei der Bergstation der Seilbahn große Orientierungstafel.
Wissenswertes Das Zettersfeld ist ein beliebtes Skigebiet. Neben der Seilbahn gibt es 6 Schleppliftanlagen. Der Hauptlift führt auf das Steiner Mandl. Zum Steiner Mandl gibt es zwei Aufstiegsmöglichkeiten, entweder östlich über das Jugendheim oder west-

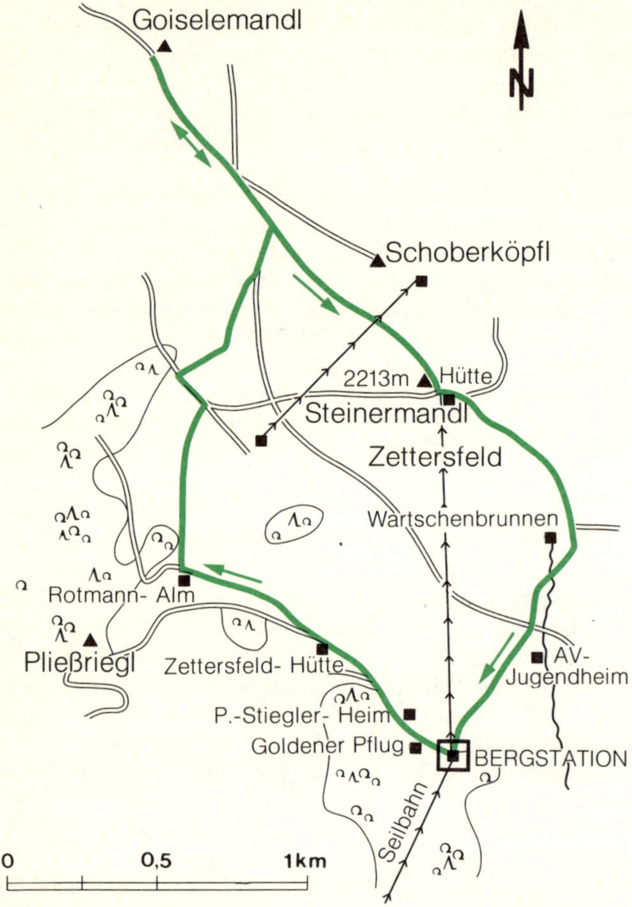

lich des Schleppliftes über den Lackenboden. Beschrieben wurde der Aufstieg über die Rottmann-Alm, den Lackenboden (westlich des Schleppliftes Steiner Mandl) auf das Goisele und Retourweg über das Steiner Mandl, das AV-Jugendheim (östlich des Steiner Mandliftes) zurück zur Bergstation der Seilbahn.

Tourenbeschreibung Von der *Seilbahn-Bergstation* gehen wir nach links, in westlicher Richtung, vorbei am *Gasthof »Goldener Pflug«* und *»Pepi-Stiegler-Heim«*, ein kurzes Stück über die asphaltierte Straße leicht ansteigend. Dort, wo die Straße wieder abwärts führt, zweigen wir nach rechts zur *Rottmann-Alm* ab. Bei der *Almhütte* vorbei auf einen Gratrücken und über diesen rechts hinauf bis auf eine große ebene Fläche, den *Lackenboden.* Nun gehen wir wieder etwas steiler über freie Almhänge zum *Bergrücken,* der das Debanttal und den Lienzer Talboden trennt. Dann wandern wir über den Rücken nach links aufwärts, schließlich etwas steiler (Trittsicherheit erforderlich) über den *Grat* auf den Gipfel des *Goisele Mandls.*

Der Abstieg erfolgt über den *Gratrücken* zurück bis zu einem markanten Wegweiser, wo wir in der darauffolgenden Scharte (ein kleiner Sattel zwischen Debanttal und dem Gebiet Zettersfeld) den wieder ansteigenden Gratrücken nach rechts verlassen und über schöne Almböden auf das deutlich sichtbare Steiner Mandl, eine Kuppe rechts vom Grat, hinsteuern. Wir queren einen *Schlepplift* und gehen an der Rückseite des *Steiner Mandls* zur *Bergstation des Schleppliftes,* wo sich eine kleine Hütte (Jausenstation) befindet. Von der Hütte wandern wir in südöstlicher Richtung über den Steig abwärts, vorbei am *AV-Jugendheim* zur *Seilbahn-Bergstation.*

4.21 Lienz – Zettersfeld – Neualplseen

Verkehrsmöglichkeiten Über die Felbertauernstraße B 108 und die Drautalstraße B 100 ist Lienz per Auto zu erreichen. Eisenbahnstation Lienz auf der Strecke Spittal/Drau–Franzensfeste. Die Talstation der Zettersfeld-Seilbahn liegt nördlich der Stadt Lienz und ist über eine asphaltierte Zufahrtsstraße zu erreichen (siehe Wegweiser).
Parkmöglichkeiten Parkplätze bei der Seilbahn-Talstation.
Wegmarkierungen Rot-weiße Markierungen, Hinweisschilder.
Tourenlänge 5 km Aufstieg und 5 km Abstieg, zusammen 10 km.
Wanderzeit 2½ Stunden Aufstieg, 1¾ Stunden Abstieg, zusammen 4¼ Stunden.
Höhenunterschiede Zettersfeldbahn-Bergstation 1820 m. Neualplseen 2440 m, 620 m Aufstieg, ebenso Abstiegshöhe.
Wanderkarten 1:50 000 Kompass-Wanderkarte Lienz Nr. 47 und 1:25 000 Lienzer Talboden Nr. 047.
Anmerkung Nördlich der Stadt Lienz liegen die Ausläufer der Schobergruppe. Die 2906 Meter hohe Schleinitz ist der höchste Skiberg (für Skibergsteiger) in der unmittelbaren Lienzer Umgebung. Im Sommer ein sehr schöner Aussichtsberg, dessen Ersteigung im oberen Teil allerdings etwas Ausdauer und Bergtüchtigkeit erfordert. Sehr reizvoll sind die am Fuße des letzten Steilaufschwunges der Schleinitz gelegenen Neualplseen. Der Aufstieg

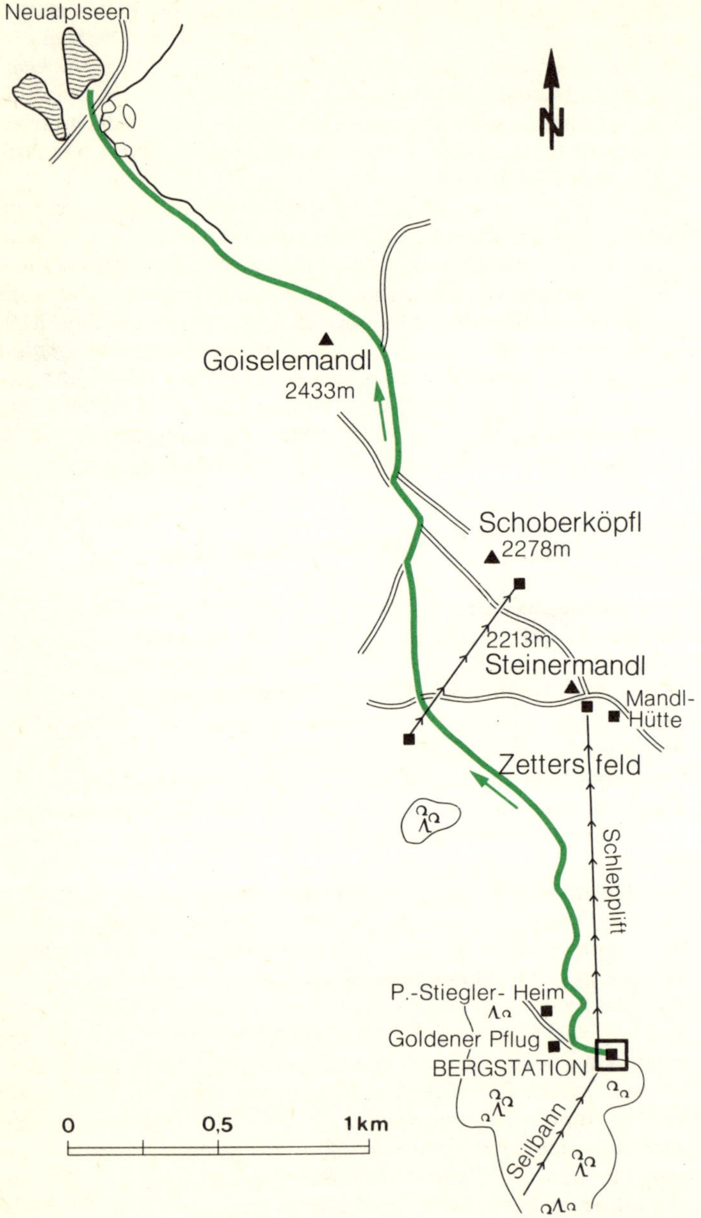
Neualplseen
N
Goiselemandl
2433m
Schoberköpfl
2278m
2213m
Steinermandl
Mandl-
Hütte
Zetters feld
Schlepplift
P.-Stiegler- Heim
Goldener Pflug
BERGSTATION
Seilbahn
0
0,5
1km

dorthin wird durch die Benützung der Zettersfeldbahn wesentlich erleichtert.

Wissenswertes Die Zettersfeld-Seilbahn verkehrt in den Sommermonaten täglich von 9 bis 17 Uhr.

Tourenbeschreibung Von der *Seilbahn-Bergstation* wandern wir nach links in westlicher Richtung, beim großen *Wegweiser* aufwärts, folgen einem schmalen Steig, gehen dann an der *Stieralm* vorbei und kommen beim *Goldenen Pflug* (einige Felszacken und Bäume) auf den *Lackenboden.* Hier befindet sich die Talstation des *Schoberköpfl-Schleppliftes.* Immer links haltend gehen wir aufwärts, bis wir den *Gratzug* zwischen Schoberköpfl rechts (Bergstation des Schleppliftes) und Goisele Mandl links (eine markante spitze Pyramide) erreichen. Bald danach stoßen wir auf einen auffälligen Wegweiser, eine kleine überdachte Tafel (Harpfe), wo wir nun dem Gratzug zum Goisele ein Stück folgen. Unterhalb des letzten Grataufschwunges führt der Steig nach rechts, quert an der Nordseite das *Goisele* (teilweise steil und Seilsicherung) herum, bis in ein großes Blocksteinkar. Bei trockenen Wetterverhältnissen ist der Weg nicht gefährlich. Bei Neuschnee jedoch erhöhte Vorsicht. Durch das Blockkar weiter aufwärts zu den *Neualplseen.*

Die Schleinitz ist von den Neualplseen aus in 1½ Stunden über einen markierten Weg zu erreichen.

4.22 Lienz – Zettersfeld – Sonnensteig

Verkehrsmöglichkeiten Über die Felbertauernstraße B 108 oder die Drautal-Bundesstraße B 100 per Auto nach Lienz. Lienz ist Eisenbahnstation der Strecke Spittal/Drau–Franzensfeste. Nördlich der Stadt befindet sich die Talstation der Zettersfeldseilbahn. Zufahrt über asphaltierte Straße (siehe Wegweiser).

Parkmöglichkeiten Parkplätze bei der Talstation.

Wegmarkierungen Rot-weiße Markierungen und Hinweisschilder.

Tourenlänge 4,5 Kilometer hin und 4,5 Kilometer zurück. Zusammen 9 Kilometer.

Wanderzeit 1¾ Stunden Hinweg, 1½ Stunden Rückweg. Zusammen 3¼ Stunden.

Höhenunterschiede Seilbahn-Bergstation 1820 m, Rottmann-Alm 1894 m, Abstieg bis 1860 m, Aufstieg zur Oberen Jägeralm 2102 m. Für die gesamte Runde Hin- und Rückweg 250 m Aufstieg und 250 m Abstieg.

Wanderkarten 1:50 000 Kompass-Wanderkarte Lienz Nr. 47 und 1:25 000 Lienzer Talboden Nr. 047.

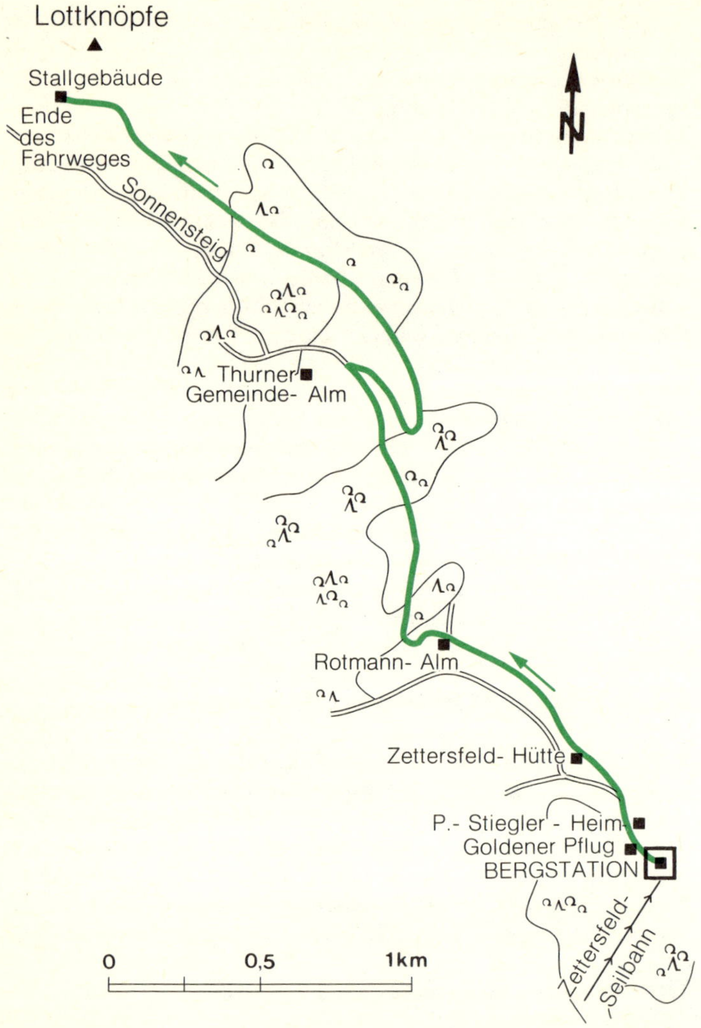

Anmerkung Der breite Wanderweg ist im Winter Langlaufloipe. Im Sommer dient er der Versorgung der Almen.

Wissenswertes Die Schobergruppe liegt zwischen der Glocknergruppe und den Lienzer Dolomiten, ihre Ausläufer reichen bis zum Lienzer Talboden. Der letzte, nach Südosten hinziehende Ausläufer, ein breiter Rücken zwischen dem Debanttal und dem Lienzer Talboden gelegen, ist das Gebiet Zettersfeld. In unmittelbarer

Nähe der Seilbahn-Bergstation liegt das Ausbildungsheim des Österreichischen Alpenvereines, das Pepi-Stiegler-Haus. Benannt nach dem Lienzer Olympiasieger Pepi Stiegler, der 1964 in Innsbruck im Slalom die Goldmedaille gewann.
Tourenbeschreibung Von der *Seilbahn-Bergstation* gehen wir nach links, vorbei am Alpengasthof *Goldener Pflug* und beim *Pepi-Stiegler-Heim* die asphaltierte Straße leicht ansteigend bis zum Scheitelpunkt. Dort, wo die Straße wieder abwärts führt, zweigen wir nach rechts zur *Rottmann-Alm* ab. Wir bleiben auf dem breiten Weg und zweigen nicht nach rechts hinauf ab. So kommen wir leicht fallend, um einen Rücken herum, in die große *Mulde* südlich der Schleinitz. Noch ein Stück abwärts, wo wir entweder dem breiten Weg weiter folgen oder als kleine Abkürzung über einen Wiesenboden nach rechts wieder zum breiten Weg queren. Von links her kommt ein breiter Weg von der *Thurneralm* herauf, wir folgen diesem Weg aufwärts, immer leicht ansteigend bis zum Endpunkt (Stallgelände). Landschaftlich sehr schön; bequeme und ruhige Wanderung abseits von Straßen, Gasthöfen und anderen Einrichtungen. Der *Sonnensteig* führt als schmaler Steig weiter.

4.23 Lienz – Faschingalm – Zettersfeld

Verkehrsmöglichkeiten Nach Lienz über die Felbertauernstraße B 108 oder die Drautalstraße B 100 mit dem Auto bzw. per Bahn von Spittal/Drau oder von Franzensfeste an der Brennerlinie. In Lienz zweigen wir von der Bundesstraße B 100 etwa 500 Meter östlich des Bahnhofes Lienz nach Norden (siehe Wegweiser Zettersfeldbahn und Faschingalm) ab, fahren über eine asphaltierte Straße, vorbei an der Talstation der Seilbahn, weiter aufwärts nach links in Richtung Grafendorf–Obergaimberg bis zum Ende der asphaltierten Straße, der Faschingalm.
Parkmöglichkeiten Parkplätze beim Endpunkt der Straße, zugleich Talstation des Faschingalm-Schleppliftes.
Wegmarkierungen Rot-weiße Markierungen und Hinweisschilder.
Tourenlänge 2 km hin und 2 km zurück, zusammen 4 km.
Wanderzeit ¾ Stunde hin, ½ Stunde zurück, zusammen 1¼ Stunden.
Höhenunterschiede Faschingalm 1660 m, Zettersfeld 1820 m. 160 m Aufstieg und 160 m Abstieg am Retourweg.
Wanderkarten 1:50 000 Kompass-Wanderkarte Lienz Nr. 47 und 1:25 000 Lienzer Talboden Nr. 047.

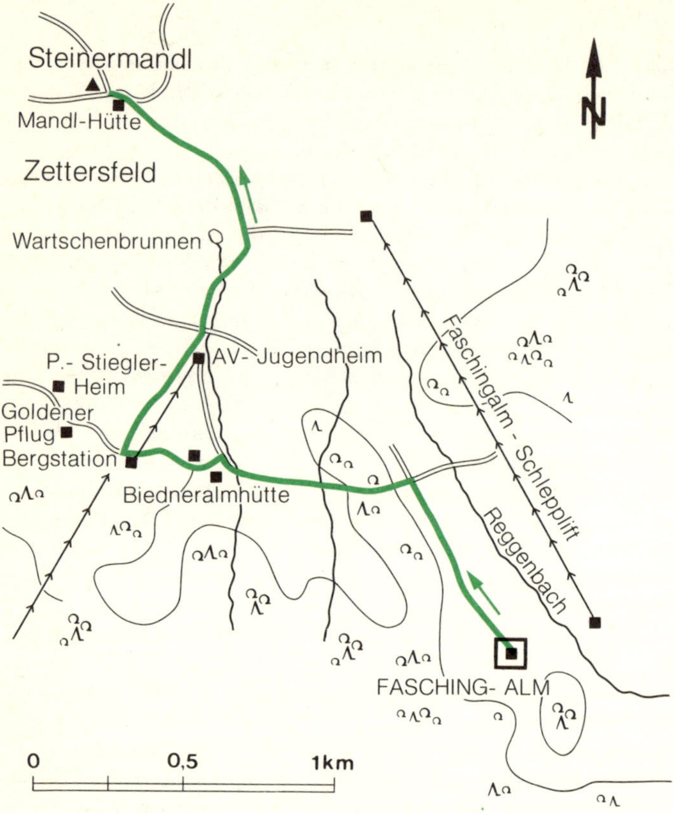

Anmerkung Am Endpunkt der Straße Gaststätte Faschingalm, im Gebiet Zettersfeld mehrere Gasthöfe, die auch im Sommer bewirtschaftet sind.

Wissenswertes Die Faschingalmstraße ist eine sehr schöne Ausflugstraße (mautfrei), Blick auf die Lienzer Dolomiten und das Drautal in Richtung Kärnten.

Der Weg von der Faschingalm zum Zettersfeld ist ein kurzer Spaziergang, abseits von Autostraßen und befahrbaren Wegen.

Tourenbeschreibung Von der *Faschingalm* aus in westlicher Richtung dem markierten Steig folgend, der durch lichte Waldbestände und einzelne freie Blösen und Wiesen, vorbei an einigen Wochenendhäusern aufwärts führt. Im letzten Teilstück queren wir einen geschlossenen Waldbestand, bis wir die *Bergstation der Seilbahn* erreichen. Von hier aus lohnt sich auch noch der kurze Spazierweg weiter bis zur *Rottmann-Alm*.

4.24 Debanttal – Lienzer Hütte

Verkehrsmöglichkeiten Über die Felbertauernstraße B 108 oder die Drautalstraße B 108 nach Lienz. Lienz und Dölsach sind Bahnstationen der Strecke Spittal/Drau – Franzensfeste. Von Lienz in östlicher Richtung nach Debant, in Richtung Iselsberg–Winklern über die Bundesstraße B 107 aufwärts. Nach der zweiten Kehre der Straße (etwa 500 m) nach links (schlechter Wegweiser) über einen breiten Fahrweg abzweigen. Dieser Weg, die alte Iselsbergstraße, führt an einigen Häusern vorbei, wo wir bei der nächsten scharfen Kurve nicht nach rechts aufwärts, sondern geradeaus taleinwärts in das *Debanttal* in Richtung Lienzer Hütte fahren. Der Weg ist teilweise schlecht und holperig, kann somit Autofahrern, die sehr auf ihr Auto bedacht sind, nicht empfohlen werden. Die berggewohnten Autofahrer freuen sich jedoch, eine natürliche Straße ohne Leiteinrichtungen, Verkehrszeichen und dergleichen fahren zu können. Auf dieser Schotterstraße fahren wir 10 Kilometer taleinwärts zum sogenannten *Seichenbrunn.* Dort Ende des Fahrweges, Schranken, Beginn der Ruhe- und Wanderzone.
Parkmöglichkeiten Parkplatz beim Seichenbrunn.
Wegmarkierungen Rot-weiße Markierungen und Hinweisschilder.
Tourenlänge 3 km hin und 3 km zurück, insgesamt 6 km.
Wanderzeit 1 Stunde Aufstieg zur Hütte, 3/4 Stunde Retourweg. Zusammen 1 3/4 Stunden.
Höhenunterschiede Seichenbrunn 1686 m, Lienzer Hütte 1977 m, somit Aufstieg 291 m, ebenso Abstieg.
Wanderkarte 1:50 000 Kompass-Wanderkarte Lienz Nr. 47.
Anmerkung Das Debanttal ist sehr lang, wenn man die gesamte Strecke zu Fuß gehen will. Die Zufahrt mit dem Auto ermöglicht uns, das schönste Stück im hintersten Debanttal bequem erreichen zu können. Hier schöner breiter Wanderweg bis zur Hütte.
Wissenswertes Das Debanttal liegt in der Schobergruppe, ebenso die Lienzer Hütte der Sektion Lienz des Österreichischen Alpenvereines, die in den Sommermonaten bewirtschaftet ist. Die Hütte ist der Ausgangspunkt für viele schöne Bergtouren, darunter der Hochschober, der Glödis und der Übergang zur Elberfelder Hütte.
Anmerkung (Varianten) Das Debanttal mit der Lienzer Hütte erreicht man auch vom Zettersfeld, und zwar von der Bergstation der Seilbahn aus, wenn man über das AV-Jugendheim dem markierten Steig folgt. 11 Kilometer Länge, etwa 4 Stunden. Höhenunterschied nur 330 Meter. Oder eine andere Möglichkeit von Lienz die Faschingalmstraße bis knapp unter die Alm hinauf, wo ein breiter Forstweg, der sogenannte Höchstubenweg, abzweigt.

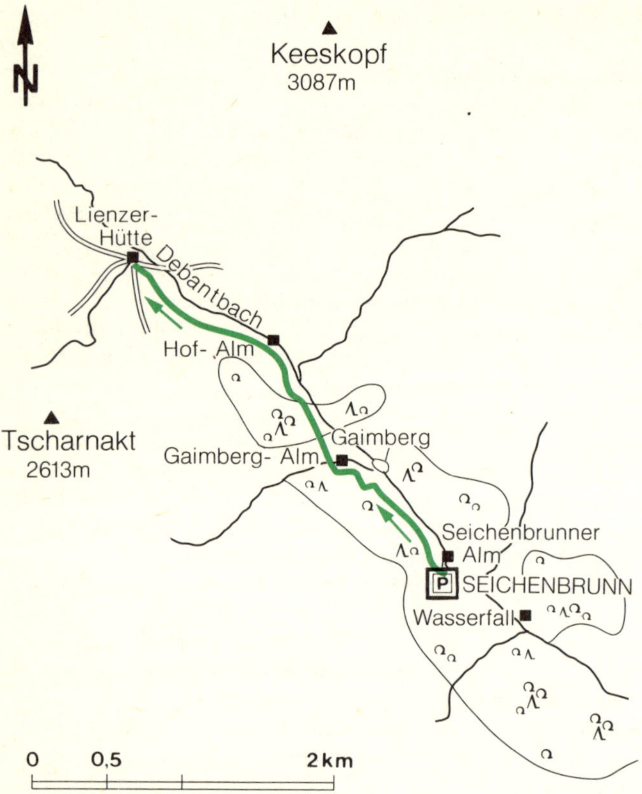

Von hier aus über den breiten Weg in das Debanttal und weiter zur Lienzer Hütte. Ebenfalls 11 Kilometer, Gehzeit 4¼ bis 4½ Stunden, Höhenunterschied: 480 Meter Aufstieg.

Tourenbeschreibung Vom Endpunkt unseres Fahrweges (beim Seichenbrunn) wandern wir taleinwärts, immer dem breiten Weg folgend, entlang des *Debantbaches,* vorbei an der *Gaimberger-* und der *Hoferalm* mit schönem Ausblick, besonders auf den 3206 Meter hohen Glödis. Mit der *Lienzer Hütte* haben wir auch die Waldgrenze erreicht und befinden uns unmittelbar in einem ursprünglichen schönen Hochgebirgstal. In den Talboden des Debantbachs kommen von allen Seiten Bäche herab.

4.25 Iselsberg – Raner Alm

Verkehrsmöglichkeiten Den Iselsberg erreicht man vom Norden her über die Großglockner-Hochalpenstraße, die Ortschaft Winklern und Bundesstraße B 107, vom Süden von Lienz aus. Lienz ist über die Felbertauernstraße B 108 oder über die Drautalstraße B 100 zu erreichen. Am Iselsberg, und zwar gegenüber dem Gasthof »Zur Wacht« (kleiner Teich), zweigt ein Fahrweg in westlicher Richtung zur »Schönen Aussicht« ab. Etwa 2 Kilometer aufwärts, und bevor es zum Gasthof »Zur schönen Aussicht« hinuntergeht, stehen bleiben.
Parkmöglichkeiten An der Abzweigung des Weges zur Schönen Aussicht und zur Raner Alm gibt es Abstellmöglichkeiten für das Auto.
Wegmarkierungen Rot-weiße Markierungen und Hinweisschilder.
Tourenlänge 7,5 km Aufstieg und 7,5 km Abstieg. Zusammen 15 km.
Wanderzeit 2½ Stunden Aufstieg, 2 Stunden Abstieg. Zusammen 4½ Stunden.
Höhenunterschiede Ausgangspunkt bei der Schönen Aussicht 1300 m, Raner Alm 1903 m, Aufstiegshöhe 603 m, ebenso der Abstieg.
Wanderkarten 1:50 000 Kompass-Wanderkarte Lienz Nr. 47 und 1:25 000 Lienzer Talboden Nr. 047.
Anmerkung Den Weg von der Schönen Aussicht in Richtung Raner Alm kann man noch weiter mit dem Auto befahren. Wer jedoch richtig wandern will, läßt das Auto schon unten stehen.
Wissenswertes Als Ausläufer der Schobergruppe zieht ein Rükken vom Straßkopf in südlicher Richtung zwischen Iselsberg und Debanttal herab. Dieser Rücken bietet eine sehr schöne Aussicht, sowohl in das Herz der Schobergruppe als auch auf die Lienzer Dolomiten, die Kreuzeckgruppe im Osten und die Deferegger Alpen im Westen.
Tourenbeschreibung Vom Ausgangspunkt unserer Tour bei der Schönen Aussicht folgen wir der breiten *Forststraße* mäßig steil ansteigend, zuerst durch Wald und später über freie Flächen aufwärts. Vor der *Raner Alm* Abzweigung nach rechts zum AV-Jugendheim, *Winklerner Alm*. In der Raner Alm gibt es eine Jausenstation.

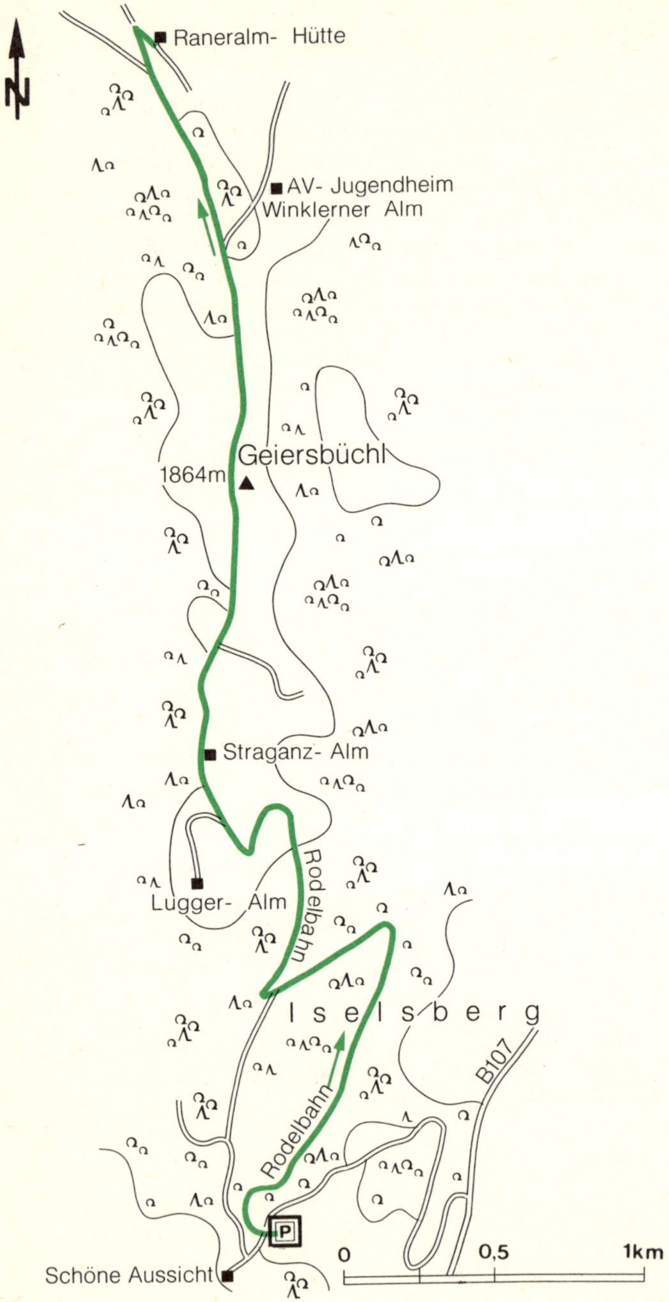
N
Raneralm- Hütte
AV- Jugendheim
Winklerner Alm
Geiersbüchl
1864m
Straganz- Alm
Lugger- Alm
Rodelbahn
Iselsberg
B107
Rodelbahn
P
Schöne Aussicht
0
0,5
1km

4.26 Stronach – Zwischenberger Sattel – Stronacher Kogel

Verkehrsmöglichkeiten Von Norden über die Großglocknerstraße und die Glockner-Bundesstraße B 107, über Winklern auf den Iselsberg, über den Sattel in südlicher Richtung bis zum Gasthof »Dolomitenblick«. Von Süden über die Drautal-Bundesstraße B 100 bzw. die Felbertauernstraße B 108 auf die Großglocknerstraße B 107 (Iselbergstraße) hinauf in Richtung Iselsberg bis zum Gasthof »Dolomitenblick«. Gegenüber dem Gasthof Abzweigung nach Stronach. 1 Kilometer über asphaltierte Straße. In Stronach Mautschranken.

Parkmöglichkeiten Bei der kleinen Kirche in Stronach haben wir

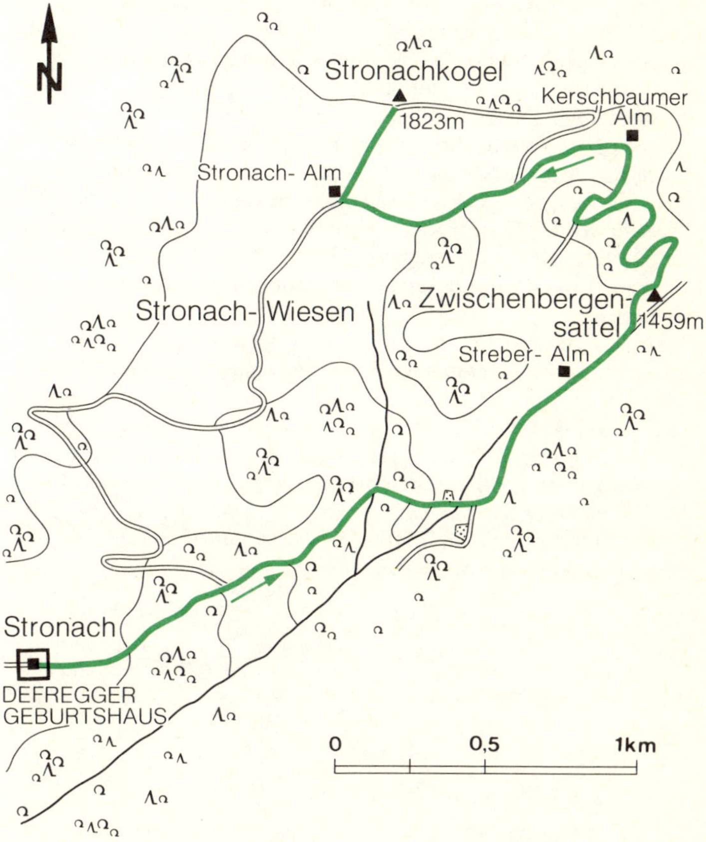

beschränkte Parkmöglichkeiten, wir können aber über die Mautstraße weiter bis zum Zwischenberger Sattel fahren, dort finden wir ebenfalls Parkmöglichkeiten.

Wegmarkierungen Rot-weiße Markierungen und Hinweisschilder.

Tourenlänge Bis zum Zwischenberger Sattel 3,5 km, dann 2,5 km auf den Stronacher Kogel. Zusammen 6 km. Hin und zurück 12 km.

Wanderzeit 1¼ Stunden zum Zwischenberger Sattel und weitere 1¼ Stunden auf den Stronacher Kogel. Zusammen 2½ Stunden. Für den Abstieg muß man 1¾ Stunden rechnen. Insgesamt hin und zurück 4¼ Stunden.

Höhenunterschiede Stronach 1100 m, Zwischenberger Sattel 1460 m, das sind 360 m Aufstieg, Stronacher Kogel 1823 m, somit weitere 363 m Aufstieg von Stronach aus, zusammen 723 m Aufstieg. Ebenso die Abstiegshöhe.

Wanderkarten 1:50 000 Kompass-Wanderkarte Lienz Nr. 47 und 1:25 000 Lienzer Talboden Nr. 047.

Anmerkung Die asphaltierte Straße endet in Stronach. Der weitere Weg ist zwar nicht schlecht befahrbar, es empfiehlt sich jedoch, das Auto in Stronach zu lassen, da die Wanderung bis zum Zwischenberger Sattel ebenfalls sehr schön ist.

Wissenswertes In Stronach befindet sich das Geburtshaus des bekannten Malers Defregger. Sehr schöne Aussicht auf den Lienzer Talboden und auf die gegenüberliegenden Lienzer Dolomiten.

Tourenbeschreibung Von Stronach folgen wir dem breiten Weg in Richtung *Zwischenberger Sattel, Stronacher Kogel* und *Anna-Schutzhaus*. Bei einer Weggabelung halten wir uns rechts, bei der nächsten links. Wir kommen an einer *Jagdhütte* vorbei, gleich danach zweigt der Steig nach rechts zum Anna-Schutzhaus ab. Wir bleiben jedoch noch auf dem breiten Weg und erreichen bald den *Zwischenberger Sattel*. Dann gehen wir nach links den Weg aufwärts, zuerst ist das ein breiter Forstweg, dann wandern wir über freies Gelände zum *Stronacher Kogel*.

4.27 Stronach – Anna-Schutzhaus

Verkehrsmöglichkeiten Von Norden über die Großglockner-Hochalpenstraße und die Großglockner-Bundesstraße B 107, über Winklern auf den Iselsberg und ein Stück nach Süden abwärts fahren bis zum Gasthof »Dolomitenblick«. Von Süden kommt man über die Drautalstraße B 100 bzw. über die Felbertauernstraße B 108 zur Einmündung der Großglocknerstraße B 107. Die Iselsbergstraße aufwärts bis zum Gasthof »Dolomitenblick«. Gegenüber dem Gasthof zweigt eine schmale asphaltierte Straße ab, die nach Stronach führt. 1 Kilometer, bei einer Abzweigung im Bereich von Siedlungshäusern, links halten.
Parkmöglichkeiten Beschränkte Parkplätze im Bereich der Stronacher Kirche.
Wegmarkierungen Rot-weiß und Hinweisschilder.
Tourenlänge 3,5 km zum Zwischenberger Sattel, weitere 2,5 km zum Anna-Schutzhaus am Ederplan. Zusammen 6 km. Hin und zurück 12 km.
Wanderzeit 3 Stunden Aufstieg und 2 Stunden Abstieg.
Höhenunterschiede Stronach 1100 m, Ederplan 2061 m, Anna-Schutzhaus 1991 m. Aufstiegshöhe 961 m, ebenso die Abstiegshöhe.
Wanderkarten 1:50 000 Kompass-Wanderkarte Lienz Nr. 47 und 1:25 000 Lienzer Talboden Nr. 047.
Anmerkung Den Aufstieg zum Anna-Schutzhaus kann man auch verkürzen, wenn man über die Mautstraße von Stronach bis zum Zwischenberger Sattel fährt. Wegverkürzung um etwa 1¼ Stunden. Streckenlänge wird um 3½ Kilometer kürzer.
Wissenswertes Das Anna-Schutzhaus bzw. der Ederplan bieten eine sehr schöne Aussicht. Das große Gipfelkreuz wurde von den Heimkehrern des 2. Weltkrieges im Gedenken an die glückliche Heimkehr und an die gefallenen Kameraden errichtet. Umfassender Rundblick von der Kreuzeckgruppe über die Hohen Tauern, die Schobergruppe, die Deferegger Alpen bis zu den Lienzer Dolomiten und besonders schöner Blick auf den Lienzer Talboden.
Tourenbeschreibung Von Stronach wandern wir den breiten Weg in Richtung Zwischenberger Sattel, Anna-Schutzhaus aufwärts, bei einer *Weggabelung* halten wir uns links, gehen an einem *Jagdhaus* vorbei, gleich danach wandern wir rechts den steilen Steig über Waldlichtungen und Blößen, vorbei an der *Eder-Alm* durch Wald bis zum *Anna-Schutzhaus,* knapp oberhalb der Waldgrenze aufwärts. Von dort noch 70 Höhenmeter zum Gipfel des *Ederplans.* Das Anna-Schutzhaus ist in den Sommermonaten bewirtschaftet.

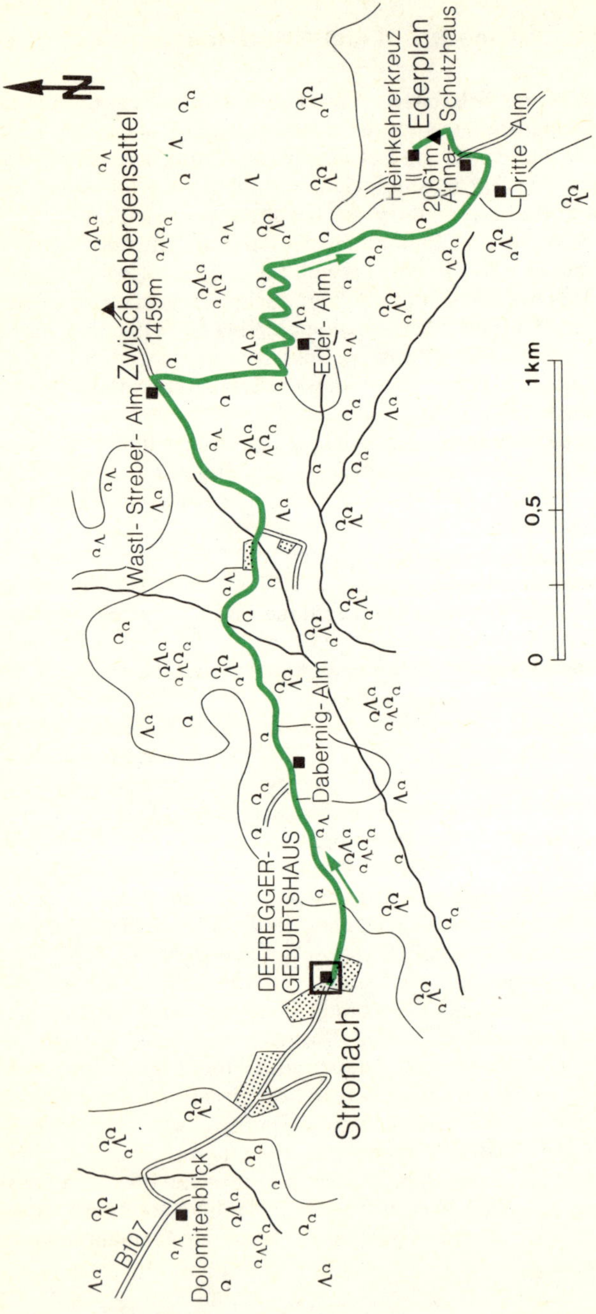
Zwischenbergensattel
1459m
Wastl- Streber- Alm
Eder- Alm
Heimkehrerkreuz
Ederplan
2061m
Anna- Schutzhaus
Dritte Alm
Dabernig-Alm
DEFREGGER-
GEBURTSHAUS
Stronach
Dolomitenblick
B107
0
0,5
1 km

4.28 Gödnach – Trattenberg – Lindsberg

Verkehrsmöglichkeiten Gödnach liegt im Gemeindegebiet Dölsach, etwa 5 Kilometer östlich von Lienz. Zu erreichen ist es über die Drautal-Bundesstraße B 100 von Osten her, über die Großglocknerstraße B 107 von Norden, über die Felbertauernstraße B 108 von Nordwesten und über die Pustertaler bzw. Drautalstraße B 100 von Westen her. Dölsach ist Eisenbahnstation der Linie Spittal/Drau–Franzensfeste. Von Dölsach fährt man (von Lienz bzw. vom Iselsberg her kommend) 500 Meter in südöstlicher Richtung bis zum Dölsacher Schwimmbad. Hier stößt man dann auf einen Parkplatz.
Parkmöglichkeiten An der Bundesstraße beim Dölsacher Schwimmbad gibt es ausreichend Parkmöglichkeiten.
Wegmarkierungen Rot-weiße Markierungen und Hinweisschilder.
Tourenlänge Vom Schwimmbad über Gödnach nach Trattenberg 5 km, weitere 2 km nach Lindsberg. Zusammen 7 km. 4 km Abstieg nach Nikolsdorf.
Wanderzeit 2½ Stunden von Gödnach nach Trattenberg, ½ Stunde nach Lindsberg und 1 Stunde Abstieg nach Nikolsdorf, das sind zusammen 4 Stunden.
Höhenunterschiede Schwimmbad in Dölsach 660 m, höchster Punkt des Wanderweges 1370 m, Trattenberg 1265 m, Lindsberg 1101 m, Nikolsdorf 633 m. Das sind 710 m Aufstieg und 737 m Abstieg.
Wanderkarten 1:50 000 Kompass-Wanderkarte Lienz Nr. 47 und 1:25 000 Lienzer Talboden Nr. 047.
Anmerkung Von Lindsberg aus kann man auch kürzer, direkt nach Lengberg absteigen. Sowohl in Nikolsdorf als auch in Lengberg befinden sich an der Nikolsdorfer Landesstraße Omnibushaltestellen, so daß man nach Dölsach zurückfahren kann. Vor dem Aufstieg die Omnibusfahrzeiten vormerken.
Wissenswertes Die Berge oberhalb Gödnach, es handelt sich um den Ederplan und den Ziethenkopf, gehören zur Kreuzeckgruppe. Sie liegen abseits der großen Touristikzentren und werden daher wenig besucht. Um so schöner ist unsere Wanderung an der Sonnenseite in halber Höhe zwischen Talboden und den höheren Regionen. Gegenüber begleiten uns die gewaltigen Nordabstürze der Lienzer Dolomiten, darunter die 1500 Meter hohe Hochstadel-Nordwand, die dritthöchste Wand in den Ostalpen. Die einzelnen Bauernhöfe in Trattenberg und in Lindsberg haben nun Anschlußwege erhalten und sind so wieder lebensfähig geworden.
Tourenbeschreibung Links vom *Dölsacher Schwimmbad* führt

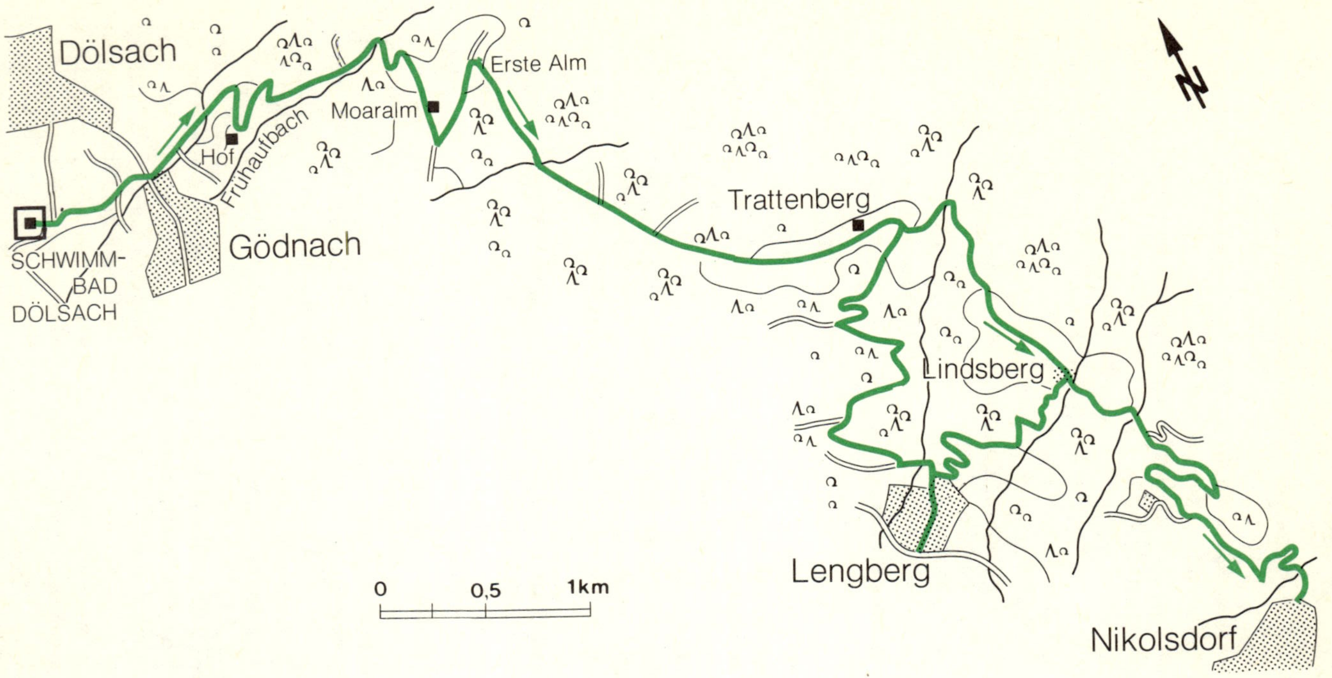
Dölsach
Erste Alm
Moaralm
Hof
Frühaufbach
Gödnach
SCHWIMM-
BAD
DÖLSACH
Trattenberg
Lindsberg
Lengberg
Nikolsdorf
N
0
0,5
1km

uns ein Weg geradeaus aufwärts in den Wald hinein. (Nicht links nach Dölsach.) Wir kommen so zur kleinen netten Kirche von *Gödnach*. Rechts bei der Kirche vorbei, wandern wir immer entlang des Baches aufwärts, vorbei beim *Bauernhof Tscharnidling*, dem Weg Nummer 3 folgend. Links zweigt der Weg Nummer 1 in Richtung Zwischenberger Sattel ab, wir bleiben rechts, queren den *Frühaufbach* und kommen über die *Moaralm* hinüber zum breiten Fahrweg. Diesen verlassen wir nach der zweiten Kehre nach rechts in Richtung Trattenberg. In *Trattenberg* können wir den Fahrweg hinunter nach *Lengberg* absteigen oder besser und schöner den Weg nach *Lindsberg* und von dort hinunter nach *Nikolsdorf* (etwas länger) oder kürzer direkt von Lindsberg nach Lengberg.

4.29 Aßling – Wildpark – Solder Kaser

Verkehrsmöglichkeiten Thal/Aßling liegt etwa 10 Kilometer südwestlich von Lienz an der Drautalstraße B 100. Zu erreichen von Westen her über das Pustertal (Abzweigung von der Brenner-Autobahn bei Franzensfeste), von Nordwesten über die Felbertauernstraße B 108 und von Lienz über die B 100; von Osten über die B 100 über Lienz. Thal hat eine Eisenbahnstation an der Strecke Spittal/Drau–Franzensfeste. Gleich westlich des Bahnhofes Thal zweigen wir nach rechts in Richtung Aßling ab. Über Oberthal, danach Abzweigung, wo wir uns links halten, nach Unteraßling; in Unteraßling direkt am Beginn der Ortschaft scharfe Rechtskurve, Wegweiser zum Wildpark, bis zum Wildpark Aßling. Beim Wildpark rechts halten, die asphaltierte Straße aufwärts und taleinwärts bis zum letzten Bauernhof Warscher.
Parkmöglichkeiten Am Ende der asphaltierten Straße, die hinunter zum Bauernhof führt, oben am Weg das Auto stehen lassen. Der Weg ist breit genug, und es gibt einige Abstellmöglichkeiten. Man kann aber auch das Auto schon beim Wildpark stehen lassen und die 2 Kilometer zum Warscher Hof zu Fuß zurücklegen.
Wegmarkierungen Rot-weiße Markierungen und einige Hinweisschilder.
Tourenlänge Vom Wildpark zum Warscher Hof 2 km, weitere 3 km zur Solder Kaser. Zusammen 5 km. Hin und zurück zum Ausgangspunkt Wildpark 10 km. Sonst nur 6 km.
Wanderzeit Vom Wildpark zur Solder Kaser 2 Stunden (sonst 1¼ Stunden) Aufstieg, Abstieg 1½ Stunden (bzw. 1 Stunde), zusammen 3½ Stunden (bzw. 2¼ Stunden).
Höhenunterschiede Wildpark 1320 m, Warscher Hof 1520 m, Solder Kaser 1900 m, Aufstieg 580 m (380 m), ebenso die Abstiegshöhen.

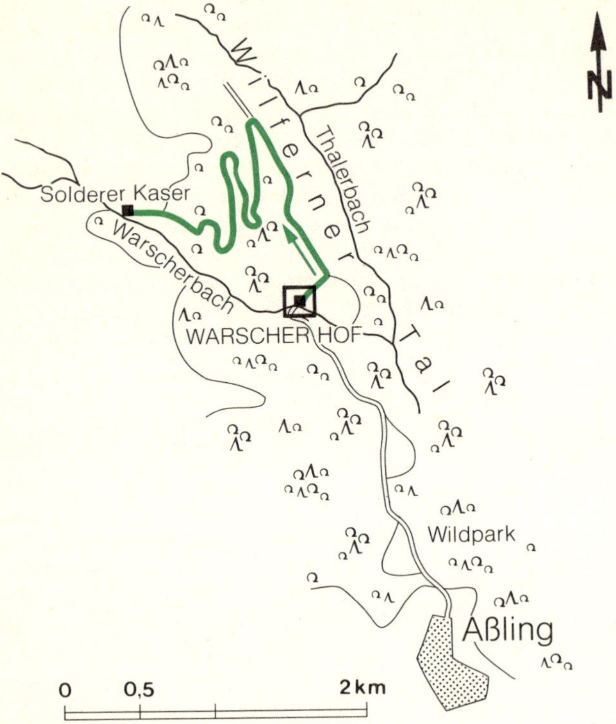

Wanderkarte 1:50 000 Kompass-Wanderkarte Lienz Nr. 47.

Anmerkung Beim Wildpark, der in den Sommermonaten geöffnet ist, befindet sich ein Gasthaus. Im Jahr 1980 wurde ein Skilift errichtet, so daß hier auch Winterbetrieb ist.

Wissenswertes Unsere Wanderung führt uns in das *Wilfernertal,* welches zur großen Gruppe der Deferegger Alpen gehört. Die Ortschaft *Aßling* liegt an der Pustertaler Höhenstraße, die von Lienz–Leisach über Bannberg – Schrottendorf – Oberaßling – Unteraßling – Bichl und weiter über Anras nach Abfaltersbach an der Drautal-Bundesstraße führt. Sehr schöne Panoramastraße. Man kann daher auf der Rückfahrt nach der Tour einen Teil der Höhenstraße befahren. Entweder vom Wildpark aus nach Bichl in Richtung Abfaltersbach oder hinunter nach Aßling und nach der Überquerung des Thalerbaches links aufwärts in Richtung Schrottendorf–Bannberg. Von Bannberg kommt man hinunter nach Leisach und nach Lienz.

Tourenbeschreibung Vom *Wildpark* wandern wir, den breiten asphaltierten Weg ansteigend, taleinwärts. Am Ende des asphaltierten Weges gehen wir geradeaus weiter, rechts geht es hinunter zum Warscherhof. Bei der nächsten *Gabelung* des breiten Weges halten wir uns nach links und gehen diesen Weg, der durch bewaldetes Gebiet führt, immer aufwärts. Bei der Waldgrenze erreichen wir einen *Bergrücken,* links davon zieht sich der Weg entlang des Hanges zur *Solder Kaser.* Vor uns liegt eine große Mulde, ein weites Almgebiet, das »Gritsch« genannt wird. Der beherrschende Berg ist der *Reiserspitz,* 2587 Meter.

4.30 Aßling – Bichl – Compedal-Hütte

Verkehrsmöglichkeiten Ausgangspunkt ist die Gemeinde Thal/Aßling, etwa 10 Kilometer südwestlich von Lienz gelegen. Zu erreichen vom Süden her über das Pustertal und die Drautal-Bundesstraße B 100, von Nordwesten über die Felbertauernstraße B 108 und von Lienz nach Thal; oder von Osten über die Drautal-Bundesstraße B 100, ebenfalls über Lienz. Bahnstation Thal der Strecke Spittal/Drau–Franzensfeste. Gleich nach dem Bahnhof Thal nach rechts in die Landesstraße nach Aßling einbiegen. Dort bis zum Wildpark fahren, beim Wildpark nach links bis nach Bichl.

Parkmöglichkeiten Entweder in Bichl selbst parken oder den Weg, der beim letzten Haus nach rechts aufwärts führt, noch ein Stück auffahren und dort vor dem Schranken parken.

Wegmarkierungen Rot-weiße Markierungen und Hinweisschilder.

Tourenlänge 5 km Aufstieg über den breiten Forstweg, oder 2,5 km Aufstieg über den schmalen Steig. Insgesamt 10 km bzw. 5 km. Oder 7,5 km, wenn man für den Aufstieg den breiten, flachen Weg und für den Abstieg den schmalen Steig wählt.

Wanderzeit 2 Stunden über den Steig bzw. 2¼ Stunden über den breiten Fahrweg. Abstiegszeit etwa 1¼ Stunden. Gesamtzeit 3½ Stunden.

Höhenunterschiede Bichl 1440 m, Compedal-Hütte 1998 m, Aufstiegshöhe 560 m, ebenso für den Abstieg.

Wanderkarte 1:50 000 Kompass-Wanderkarte Lienz Nr. 47.

Anmerkung Die Compedal-Skihütte ist eine Privathütte, sie ist nicht bewirtschaftet.

Wissenswertes Der Compedal ist ein im Winter von Skitouristen oft aufgesuchtes Ziel. Im Sommer ein schönes Wandergebiet. Von der Compedal-Hütte kann man oberhalb der Waldgrenze im freien

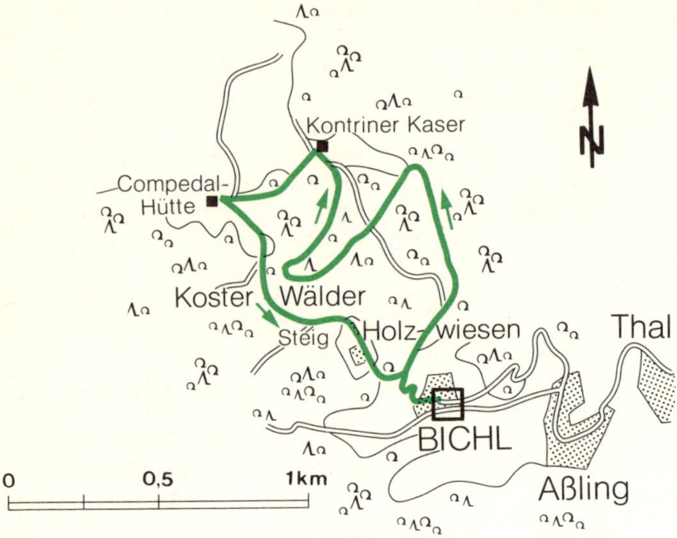

Gelände wandern. Lohnend ist der kurze Aufstieg um weitere 200 Höhenmeter auf den ersten Rücken, da man von dort eine schöne umfassende Aussicht hat.

Tourenbeschreibung Von *Bichl,* nach dem letzten Haus, wandern wir nach rechts aufwärts, wo nach der zweiten Kehre der Steig zur *Compedal-Hütte* vom breiten Fahrweg abzweigt. Dieser Steig ist markiert und führt über Waldgelände, teilweise steil aufwärts. Wer den bequemen Weg gehen will, verfolgt den breiten Forstweg, geht aber bei der nächsten Abzweigung nicht nach links, sondern geradeaus weiter. Weit ausholend, mit zwei weiteren Kehren, zieht der Weg hinauf bis nahe der Waldgrenze zur *Kontriner Kaser,* einer Almhütte. Hier kommen wir erneut zu einer Weggabelung. Links geht es zur Compedal-Hütte. Geradeaus bzw. rechts weiter führt der Weg in die *Gritschmulde* zur Solder Kaser. Die Compedal-Skihütte liegt knapp unterhalb der Waldgrenze.

5.1 Kristeinertal – Sichelsee

Verkehrsmöglichkeiten Mit dem Auto die Drautal-Bundesstraße B 100 von Lienz nach Westen in Richtung Staatsgrenze bis Mittewald oder von Norden her über die Brenner-Autobahn bis Franzensfeste und dann über das Pustertal (Staatsgrenze bei Arnbach), über die Drautal-Bundesstraße B 100 nach Mittewald. Von Mittewald fährt man in nordwestlicher Richtung in das Kristeinertal. Zufahrt auch per Bahn möglich, Bahnstation Mittewald zwischen Lienz und Sillian.
Parkmöglichkeiten Wenn man von Mittewald die Kristeinerstraße aufwärts fährt und nicht nach rechts in Richtung St. Justina oder nach links in Richtung Anras-Ried abbiegt, sondern weiterfährt, kommt nach einem Steilstück der Straße mit Kurven ein wesentlich flacheres Gelände, wo die letzten Bauernhöfe liegen. Hier gibt es entlang der Straße Parkmöglichkeiten.
Wegmarkierungen Meist findet man rot-weiße Markierungen und Hinweisschilder vor.
Tourenlänge 9 km Aufstieg und 9 km Abstieg.
Wanderzeit 3¾ Stunden Aufstieg; von der Bahnstation Mittewald kommen noch weitere 1½ Stunden hinzu. Retourweg 2¼ Stunden. Zusammen 6 Stunden. (7 Std.)
Höhenunterschiede Ausgangspunkt bei den letzten Bauernhöfen 1394 m, Sichelsee 2497 m. Höhenunteschied 1103 m für den Aufstieg, ebenso für den Abstieg.
Wanderkarten 1:50 000 Kompass-Wanderkarte Lienzer Dolomiten Nr. 47 (nur der unterste Teil des Kristeinertales), Sextener Dolomiten Nr. 58.
Anmerkung Wenn man vom Bahnhof Mittewald kommt, so geht man ein kurzes Stück nach rechts in Richtung Lienz, entlang der Bundesstraße bis zur Brücke, die über den Kristeinbach führt. Dort links hinauf über die Kristeinerstraße. Wer die Möglichkeit hat, sich mit dem Auto im Winkeltal (von Außervillgraten taleinwärts) abholen zu lassen, der kann vom Sichelsee in westlicher Richtung über das Arnschartl, 2623 Meter, in das Winkeltal gelangen. Im Kristeinertal, gibt es entlang der Tour keine Schutzhütten, Raststätten und dergleichen. Man muß daher den Proviant mitnehmen.
Wissenswertes Der Ausgangspunkt unserer Wanderung liegt an der *Pustertaler Höhenstraße*. Diese beginnt in Leisach bei Lienz, führt über Bannberg, Aßling, Bichl, Burg Vergein (hier Ausgangspunkt der Wanderung). Sie führt in weiterer Folge nach St. Justina

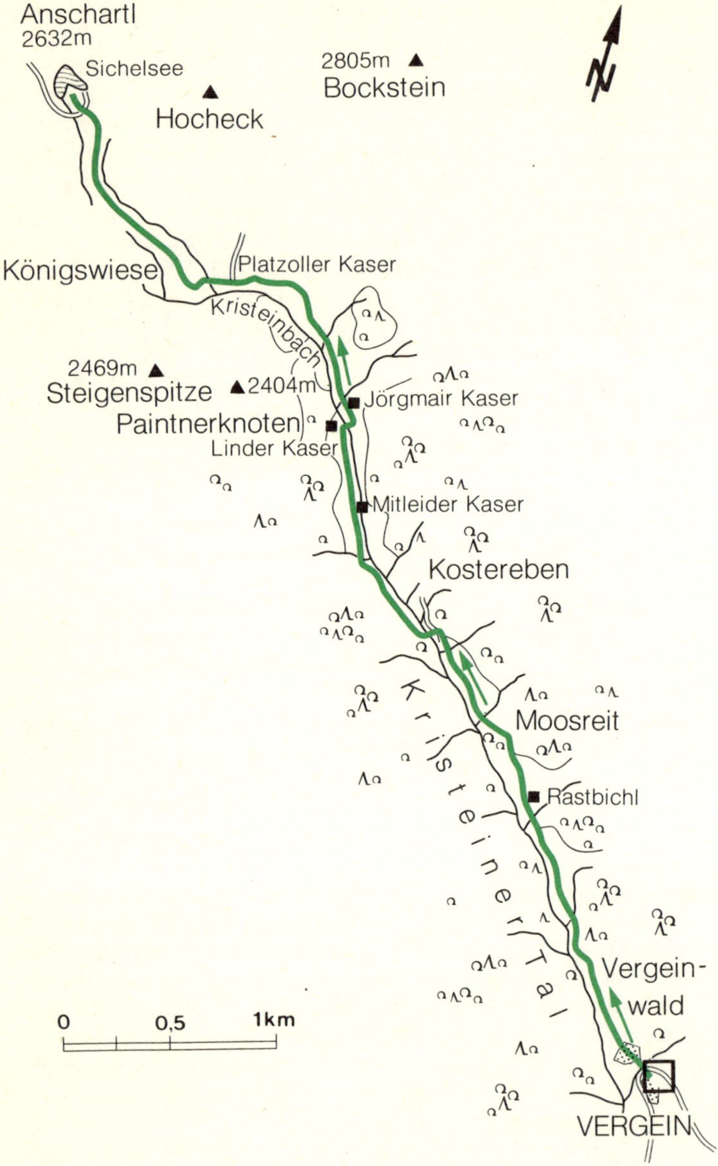

Anschartl
2632m
Sichelsee
Hocheck
2805m
Bockstein
N
Königswiese
Platzoller Kaser
Kristeinbach
2469m
Steigenspitze
2404m
Paintnerknoten
Jörgmair Kaser
Linder Kaser
Mitleider Kaser
Kostereben
Kristeinertal
Moosreit
Rastbichl
Vergein-
wald
VERGEIN
0
0,5
1km

hinunter und von dort in westlicher Richtung nach Ried, Anras und Asch. Bei Abfaltersbach mündet die Pustertaler Höhenstraße wieder in die Drautal-Bundesstraße B 100 ein. Das Kristeinertal ist eines der einsamen Osttiroler Täler. Eine Wanderung durch das Tal empfiehlt sich vor allem wegen der Ursprünglichkeit. Die Almen und Wiesen, die finsteren Berggestalten, so die Anhörner und schließlich der Sichelsee, das sind alles Anziehungspunkte.

Tourenbeschreibung Wenn man über die *Pustertaler Höhenstraße* vom Osten her kommt, verläuft die Straße nach Burg-Vergein noch verhältnismäßig flach. Dies ändert sich, sobald man durch *Burg-Vergein* hindurchgefahren ist. Danach macht die Straße eine scharfe Wende nach links abwärts. Wir fahren nicht in das Tal nach St. Justina und Mittewald hinunter, sondern bleiben am Rand der Straße im Bereich eines *Lawinenschutzdammes.*

Nun geht es über den breiten Fahrweg taleinwärts. Wenn man immer in der Talsohle bleibt und nicht nach rechts und links abweicht, kommt man auch ohne Orientierungssinn zum *Sichelsee.* Unterwegs begegnet man einigen Almen und einem rauschenden *Gebirgsbach.* Es geht auch an vielen Almhütten vorbei, und nach einer Steilstufe erreicht man die 2062 Meter hoch gelegene *Platzoller Alm.* Die Waldgrenze haben wir längst hinter uns gelassen und gelangen, immer in nordwestlicher Richtung gehend, unter den Arnhörnern zum Sichelsee.

Der Rückweg erfolgt über das *Arnschartl* nach Außervillgraten, besser ist aber, wenn man dieselbe Route wie auf dem Hinweg wählt.

5.2 Tessenberg – Tessenberger Alm

Verkehrsmöglichkeiten Von Westen her über den Brenner bis Franzensfeste, von dort in das Pustertal bis zur österreichisch-italienischen Staatsgrenze bei Arnach und weiter über die Drautal-Bundesstraße B 100 nach Panzendorf. (Hier zweigt die Villgraten-Landesstraße ab.) Im Ort Panzendorf führt neben einer großen Tankstelle eine asphaltierte Straße unmittelbar unterhalb des alten Schlosses Heinfels vorbei, aufwärts nach Tessenberg. Von Osten her erreicht man Panzendorf über die Drautal-Bundesstraße B 100 von Lienz aus. Nächste Bahnstation ist Sillian.

Parkmöglichkeiten Parkmöglichkeiten finden sich in der Ortschaft Tessenberg.

Wegmarkierungen Rot-weiße Markierungen und Hinweisschilder.

Tourenlänge 6 km hin und 6 km zurück.

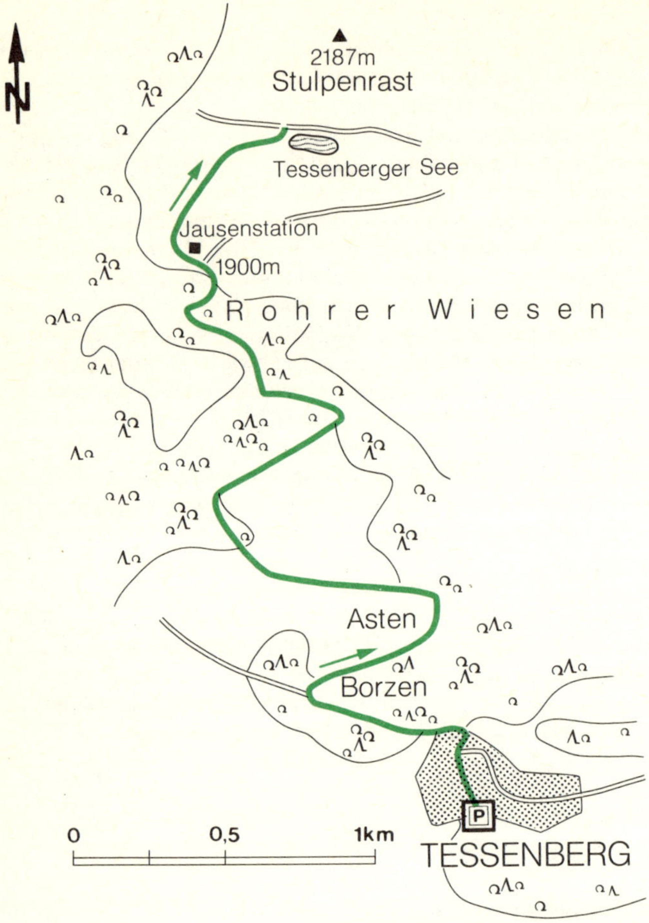

Wanderzeit 2¾ Stunden Aufstieg und 1½ Stunden Abstieg.
Höhenunterschiede Tessenberg 1341 m, Tessenberger Alm 2126 m. Höhenunterschied 785 m. Für den Aufstieg, ebenso für den Abstieg. Der nächst erreichbare, unschwierige Gipfel ist die Stulpenrast mit 2187 m.
Wanderkarte 1:50 000 Kompass-Wanderkarte Sextener Dolomiten Nr. 58.
Anmerkung Von Tessenberg aus führt ein breiter Forstweg aufwärts. Oben gibt es dann nur mehr schmale Steige.
Wissenswertes Die Straße, die nach Tessenberg führt, ist der zweite Teil der Pustertaler Höhenstraße. Hier hat man besonders lohnende Aussicht, sowohl auf den Talboden von Sillian als auch in

das Tiroler Gailtal und auf die umliegenden Berge. Besonders schön ist die Aussicht von der Tessenberger Alm. (Raststätte am Ende des breiten Forstweges.)

Tourenbeschreibung Durch den Ort *Tessenberg* fließt der Tessenberger Bach. Entlang dieses Baches führt ein Fahrweg steil empor. Noch in der Ortschaft führt dieser Weg nach rechts und nach links auseinander. Wir folgen ihm nach links in westlicher Richtung, um schon kurz nach der Ortschaft dem in der Karte nicht eingetragenen *Fahrweg* nach rechts zu folgen. Nun gehen wir diesen breiten Weg immer aufwärts, bis wir zu einem großen flachen Boden mit Hütte kommen. Der letzte *Hang* aufwärts ist links bewaldet, rechts bieten sich freie Flächen an, über die der Steig emporleitet. Nach der Waldgrenze, wo es flacher wird, wandern wir nach links zum *Kreuz* mit schöner Aussicht. Rechts gehen wir über den Rücken hinauf zum höchsten Punkt. Hier führt ein markierter Weg hinunter in das *Winkeltal.* In nordöstlicher Richtung liegt die *Stulpenrast,* ein unschwierig zu erreichender Gipfel (60 Meter Höhenunterschied).

5.3 Der Thurntaler von Außervillgraten

Verkehrsmöglichkeiten Die Brenner-Autobahn vom Norden über den Brenner bis nach Franzensfeste. Von dort in das Pustertal, Grenzübertritt bei Arnbach und über die Drautal-Bundesstraße B 100 bis Panzendorf. Hierher kommt man auch von Osten über die Drautal-Bundesstraße B 100 von Lienz. In Panzendorf, in nördlicher Richtung nach Außervillgraten, der ersten Ortschaft im Villgratental, abzweigen. In Außervillgraten am Ende der Ortschaft nach links (großer Hinweis *Thurntaler)* abzweigen und eine steile, asphaltierte Straße, teilweise schmal, bis zur Thurntaler Rast auf 2000 Meter Höhe auffahren.

Parkmöglichkeiten Genügend großer Parkplatz am Endpunkt der Straße vorhanden.

Wegmarkierungen Rot-weiße Markierung und Hinweisschilder.

Tourenlänge Aufstieg 3 km, ebenso Abstieg. Insgesamt 6 km.

Wanderzeit 1½ bis 1¾ Stunden Aufstieg, 1¼ Stunden Abstieg. Zusammen 3 Stunden.

Höhenunterschiede Parkplatz bei der Thurntaler Rast auf 2000 m, Thurntaler 2407 m, Höhenunterschied 407 m für den Aufstieg, ebenso für den Abstieg.

Wanderkarte 1:50 000 Kompass-Wanderkarte Sextener Dolomiten Nr. 58.

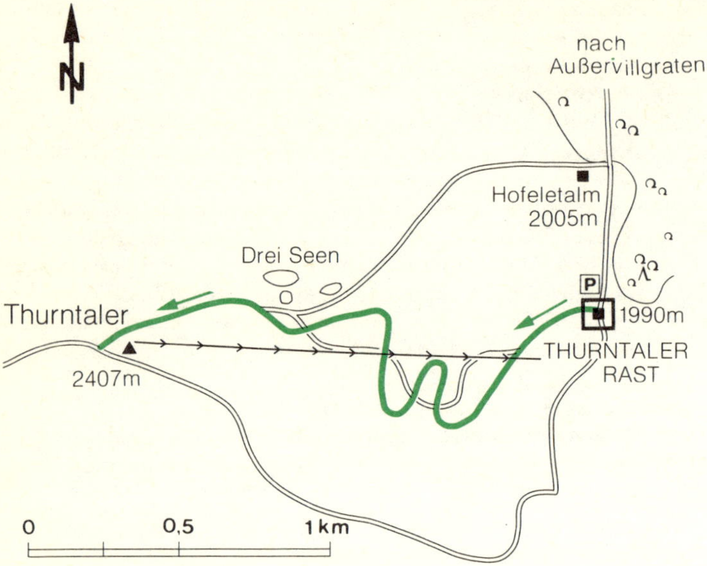

Anmerkung Am Endpunkt der Straße befindet sich ein Gasthof, die Thurntaler Rast.
Wissenswertes Der Thurntaler ist im Winter ein beliebtes Skigebiet. Schöne Aussicht in alle Richtungen, und zwar nicht nur in die Deferegger Alpen, sondern auch zum Tauernhauptkamm, der Rieserfernergruppe und vor allem auf die Dolomiten.
Tourenbeschreibung Direkt vom *Parkplatz* führt ein breiter Fahrweg leicht ansteigend aufwärts. Er quert den *Schlepplift* und die Skiabfahrt. Wir haben nun zwei Möglichkeiten. Entweder gehen wir entlang des breiten *Fahrweges* aufwärts, die Schleppliftrasse einige Male querend, bis zum *Gipfel* oder in der anfänglichen Richtung über einen Steig weiter, bis wir den großen *Rücken* erreichen, wo wir in das Pustertal hinuntersehen können. (Hier soll die Bergstation der geplanten Sessellifte von Sillian gebaut werden. Dann nur mehr ½ Stunde zum Gipfel des Thurtalers.) Über diesen Rücken kommt ein markierter Steig von Sillian herauf. Wir gehen immer entlang des Grates bis zum Gipfel.

5.4 Sillianer Hütte – Hochgrabe

Verkehrsmöglichkeiten Über die Brenner-Autobahn von Norden her bis Franzensfeste, dort in das Pustertal, Grenzübertritt bei Arnbach, über Sillian nach Panzendorf. In Panzendorf Abzweigung nach links in das Villgratental. Von Osten her kommt man ebenfalls über die Drautal-Bundesstraße B 100 nach Panzendorf und zwar über Spittal–Lienz oder über die Felbertauernroute nach Lienz. In Panzendorf, nach rechts in das Villgratental hinein bis Außervillgraten, dort im Ort über eine Brücke nach rechts in das Winkeltal, zuerst asphaltiert, dann Schotterstraße, taleinwärts.

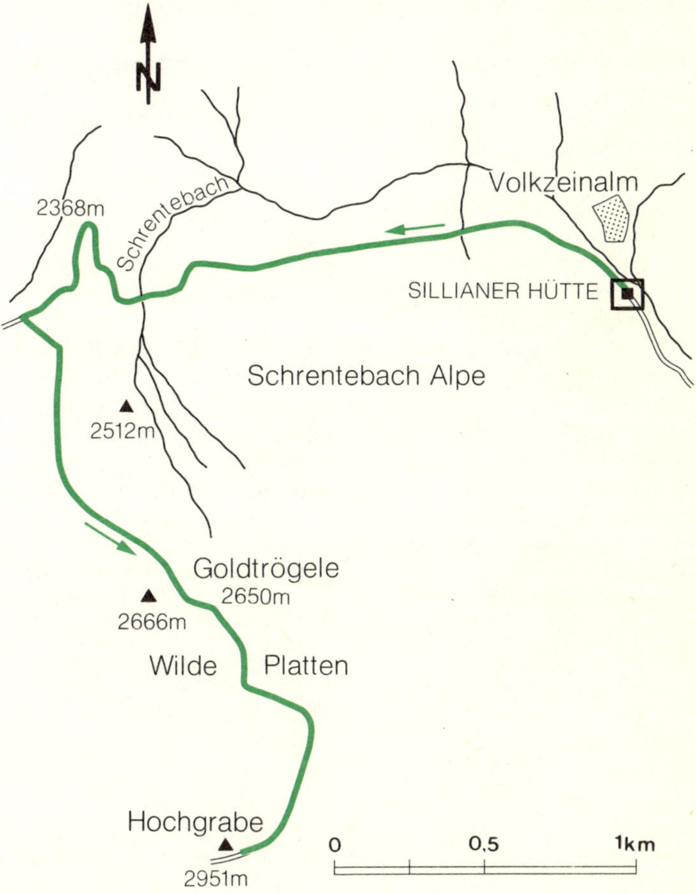

Unterwegs ein Mautschranken, geringe Mautgebühr, Weiterfahrt bis zur Sillianer Hütte auf 1886 Meter.

Parkmöglichkeiten Wir fahren nicht direkt bis zur Hütte, sondern bleiben knapp davor bei einem Bach stehen, dort befinden sich Abstellmöglichkeiten für die Fahrzeuge.

Wegmarkierungen Rot-weiße Markierungen und Hinweisschilder.

Tourenlänge 5 km Aufstieg, ebenso den Abstieg, insgesamt 10 km.

Wanderzeit 3½ Stunden Aufstieg, 2 Stunden Abstieg, 5½ Stunden.

Höhenunterschiede Außervillgraten 1250 m, Sillianer Hütte 1886 m, Hohe Grabe 2951 m. Höhenunterschied für die Wanderung 1065 m.

Wanderkarte 1:50 000 Kompass-Wanderkarte Sextener Dolomiten Nr. 58.

Anmerkung Die Sillianer Hütte ist bewirtschaftet, sie ist eine Privathütte.

Wissenswertes Die Hohe Grabe befindet sich in der großen Gruppe der Deferegger Alpen. Der südwestliche Teil dieses Gebietes sind die Villgrater Berge. Es sind meist hohe Berge, die bis zur Dreitausendmetergrenze reichen. Sie weisen nur wenige Steilflanken auf, so daß sie für Hochgebirgswanderungen bestens geeignet sind.

Tourenbeschreibung Von der *Sillianer Hütte,* die auch *Volkzeinalm* genannt wird, folgen wir nach links der Markierung taleinwärts (Weg-Nummer 326). Wir bleiben links vom *Bach,* überwinden einige Steilstufen, bis wir in das große *Kar* nördlich der Hochgrabe gelangen. Dort gehen wir, flach ansteigend, manchmal über Schneereste, zum *Gipfel.* Bei Schönwetter herrliche Aussicht.

5.5 Sillianer Hütte – Hochalmspitze

Verkehrsmöglichkeiten Über die Brenner-Autobahn bis Franzensfeste, von dort durch das Pustertal nach Osttirol, über die Drautal-Bundesstraße B 100 bis Panzendorf. Von Norden und Osten über die Felbertauernstraße, bzw. die Drautal-Bundesstraße B 100 bis Lienz und von dort weiter nach Panzendorf. Von Panzendorf in das Villgratental bis Außervillgraten, in der Ortschaft Außervillgraten nach rechts, über eine Brücke in das Winkeltal bis in den Talschluß knapp vor die Sillianer Hütte.
Parkmöglichkeiten Knapp vor der Sillianer Hütte bei der Brücke über den Bach Abstellmöglichkeiten für Pkw.
Wegmarkierungen Rot-weiß und Hinweisschilder.

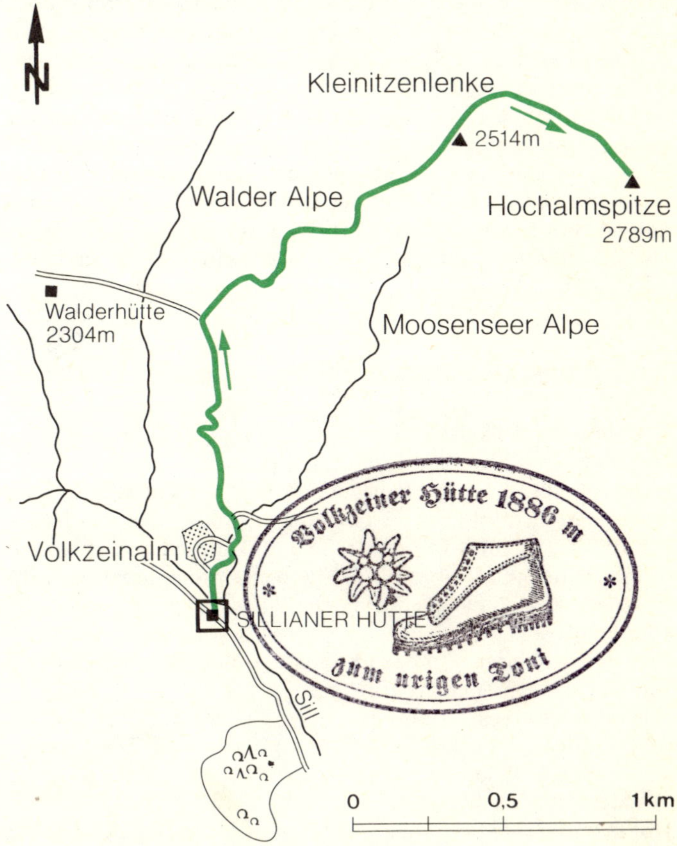

Tourenlänge 4 km Aufstieg und 4 km Abstieg, zusammen 8 km.
Wanderzeit 3 Stunden Aufstieg, 1¾ Stunden Abstieg.
Höhenunterschiede Sillianer Hütte 1886 m, Kleinitzenlenke 2614 m, Hochalmspitze 2797 m. 911 m Aufstieg, ebenso Abstieg.
Wanderkarten 1:50 000 Kompass-Wanderkarte Sextener Dolomiten Nr. 58 und Defereggger Alpen Nr. 45.
Anmerkung Die Hochalmspitze liegt im Hauptkamm der Defereggger Alpen zwischen dem Villgratental und dem Defereggental. Die Sillianer Hütte ist in den Sommermonaten bewirtschaftet.
Wissenswertes Die Berge zwischen Villgraten und Defereggen gehören zu den einsamen Gebieten des Bezirkes Osttirol. Obwohl die bewohnten Siedlungen nicht so weit entfernt liegen und die bewirtschaftete Kulturlandschaft hoch hinaufreicht, trifft man hier nur wenige Bergsteiger und Wanderer an.
Tourenbeschreibung Von der *Hütte* wandern wir in fast nördlicher Richtung aufwärts bis zum steil ansteigenden Berghang. Hier gehen wir vorerst in Richtung zum *Gsaritzentörl,* also nach links, vorbei an einer Heuhütte und zu zwei weiteren Hütten mit Wegtafeln. Nun wandern wir über Almboden in nordöstlicher Richtung aufwärts auf das deutlich sichtbare Törl, die *Kleinitzenlenke.* Die Markierung ist hier schlecht, und auch die Steigspuren sind nicht immer leicht zu finden. Von der Kleinitzenlenke wenden wir uns nach rechts, also in östlicher Richtung, wo wir über den Westgrat die *Hochalmspitze* erreichen. Wir haben einen umfassenden und sehr schönen Rundblick.

5.6 Außervillgraten – Sillian

Verkehrsmöglichkeiten Über die Brenner-Autobahn bis Franzensfeste, durch das Pustertal nach Osttirol, über die Drautal-Bundesstraße B 100 bis Panzendorf. Von Norden oder Osten erreicht man Osttirol über die Felbertauernstraße oder von Kärnten her über die Drautal-Bundesstraße B 100, die in Lienz zusammentreffen. Nun weiter über die B 100 in Richtung Staatsgrenze bis Panzendorf. Von Panzendorf in das Villgratental bis nach Außervillgraten.
Parkmöglichkeiten In der Ortschaft Außervillgraten gibt es gegenüber der Gemeinde Parkplätze.
Wegmarkierungen Teilweise rot-weiße Markierung und Hinweisschilder.
Tourenlänge 8 km.
Wanderzeit 2½ Stunden.
Höhenunterschiede Außervillgraten 1250 m (Kirche 1286 m),

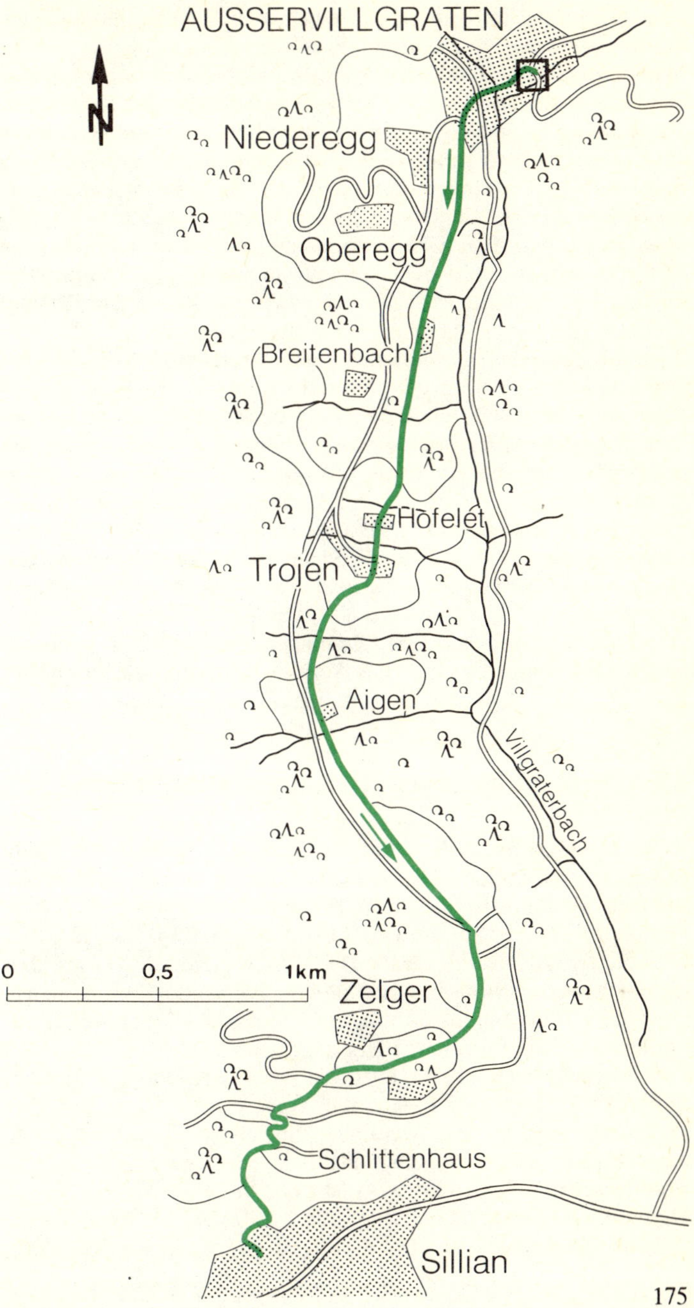
AUSSERVILLGRATEN
Niederegg
Oberegg
Breitenbach
Hofelet
Trojen
Aigen
Villgraterbach
Zelger
Schlittenhaus
Sillian
0
0,5
1km
N

höchster Punkt bei 1400 m, Abstieg bis nach Sillian auf 1100 m. Somit 150 m Aufstieg und 300 m Abstieg.
Wanderkarte 1:50 000 Kompass-Wanderkarte Sextener Dolomiten Nr. 58.
Anmerkung Die Villgrater Berge zwischen Sillian und Villgraten sind ein schönes Wandergebiet. Die vorgeschlagene Wanderung eignet sich besonders für Tage, an denen es in den Hochlagen stürmisch und kalt ist. Unterwegs gibt es keine Raststätte.
Wissenswertes Zwischen Unterwalden in Außervillgraten und Schlittenhaus in Sillian bestehen sowohl ein fahrbarer Güterweg, als auch ein Fußsteig. Man hat somit zwei Möglichkeiten. Ruhiger und angenehmer ist natürlich der Fußweg.
Tourenbeschreibung Man steigt zuerst zur *Dorfkirche* aufwärts und folgt dem Fahrweg, der unmittelbar neben der Kirche vorbeiführt, aufwärts. Während die Fahrstraße rechts aufwärts zum Gebiet Thurntaler führt, zweigt unser Fußsteig ein Stück nach der *Straßengabelung* bei einem alten Wegkreuz nach links ab. Es geht an einzelnen Höfen vorbei immer entlang des Hanges, der in das *Villgratental* hinunterführt. Nach etwa 5 Kilometern führt der Weg um einen Rücken herum in die Sonnenseite des *Sillianer Berges*. Bei *Schlittenhaus* steigen wir über den asphaltierten Weg nach Sillian ab.

Für die Rückkehr steht die Omnibuslinie in das Villgratental zur Verfügung. Man kann auch das Auto in Sillian am Marktplatz abstellen und mit dem Bus nach Außervillgraten fahren.

5.7 Innervillgraten – Einettal (Ainathtal)

Verkehrsmöglichkeiten Über die Brenner-Autobahn bis Franzensfeste und dann durch das Pustertal nach Osttirol und weiter über die Drautal-Bundesstraße B 100 bis Panzendorf. Von Norden und Osten her kommt man über die Felbertauernstraße oder über die Drautal-Bundesstraße B 100 nach Lienz. Von Lienz über die B 100 weiter bis nach Panzendorf. In Panzendorf zweigt man in nördlicher Richtung in das Villgratental ab, fährt über Außervillgraten bis in die Ortschaft Innervillgraten.
Parkmöglichkeiten Etwa 1–200 m vor der Kirche in Innervillgraten Parkplätze im Bereich eines Gasthofes.
Wegmarkierungen Rot-weiß und Hinweisschilder.
Tourenlänge 6 km Aufstieg und 6 km Abstieg.
Wanderzeiten 3¾ Stunden Aufstieg, 2 Stunden Abstieg.
Höhenunterschiede Innervillgraten 1402 m, Villponerlenke 2556 m, Aufstiegshöhe 1154 m, ebenso die Abstiegshöhe.

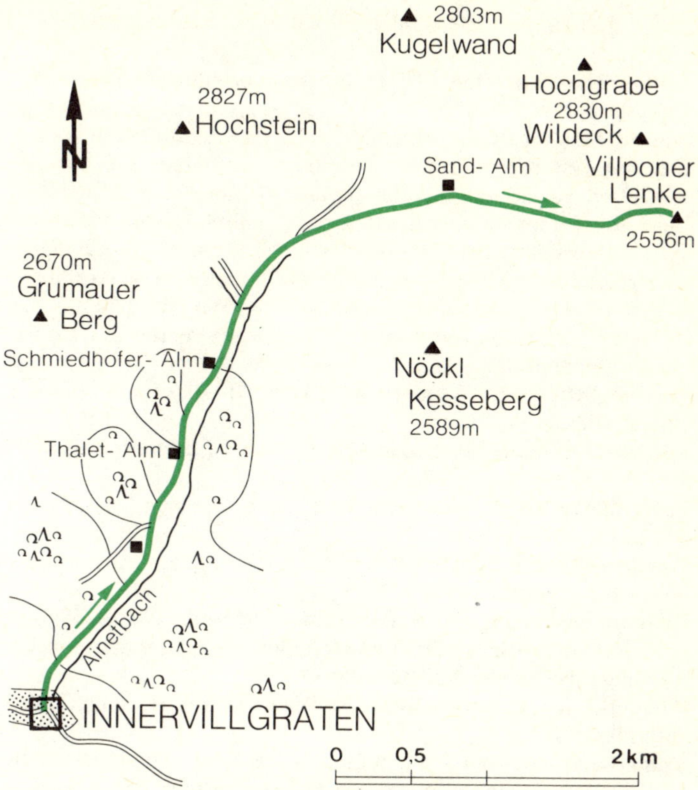

Wanderkarte 1:50 000 Kompass-Wanderkarte Sextener Dolomiten Nr. 58.
Anmerkung Unterwegs keine Hütte für Verpflegung.
Wissenswertes Das Einettal in Innervillgraten ist eines der verlassenen und wenig besuchten Täler. Besonders auf der Villponerlenke gibt es Ruhe und viel Einsamkeit.
Tourenbeschreibung Vom Ortszentrum in *Innervillgraten* wandern wir in nördlicher Richtung entlang des *Baches,* anfangs etwas steil in das *Einettal* hinein. Vorbei an großen *Almhütten,* kommen wir langsam zur Waldgrenze, wo sich das Tal Richtung Osten wendet. Den Steigen, die links abzweigen, folgen wir nicht. Wir halten uns immer geradeaus. Oben haben wir einen sehr schönen Ausblick. Für berggewohnte Wanderer steht südlich das *Hohe Kreuz* mit 2746 Metern Höhe, erreichbar in einer guten ½ Stunde, zur Verfügung.

5.8 Arntal – Oberstaller Alm – Arntalerlenke

Verkehrsmöglichkeiten Über die Brenner-Autobahn bis Franzensfeste und von dort durch das Pustertal nach Osttirol und weiter über die Drautal-Bundesstraße B 100 bis Panzendorf. Von Norden und von Osten her kommt man über die Felbertauernstraße, bzw. über die Drautal-Bundesstraße B 100 bis Panzendorf. Von Panzendorf über Außervillgraten nach Innervillgraten und noch weiter taleinwärts. 2½ Kilometer nach der Ortschaft Innervillgraten zweigt nach rechts ein asphaltierter Fahrweg in das Arntal zur Staller Alm ab. Links geht es nach Kalkstein. Wir fahren rechts den anfangs asphaltierten Weg entlang des Baches taleinwärts, bis wir zur Unterstalleralm gelangen.
Parkmöglichkeiten Abstellmöglichkeiten für Pkw im Bereich der Unterstalleralm.
Wegmarkierungen Rot-weiße Markierungen und Hinweisschilder.
Tourenlänge 7 km Aufstieg und 7 km Abstieg, zusammen 14 km.
Wanderzeit 3½ Stunden Aufstieg und 2 Stunden Abstieg, zusammen 5½ Stunden.
Höhenunterschiede Unterstalleralm 1664 m, Oberstalleralm 1883 m, Arntalerlenke 2658 m. Höhenunterschied 994 m für den Aufstieg, ebenso für den Abstieg.
Wanderkarte 1:50 000 Kompass-Wanderkarte Sextener Dolomiten Nr. 58.
Anmerkung Bei der Unterstalleralm befindet sich eine Jausenstation. Berggewohnte Wanderer können anstelle der Arntalerlenke auch das Degenhorn, 2946 Meter, ersteigen.
Wissenswertes Das Arntal im Villgratental ist von einem besonderen Reiz. Hier wird in den Sommermonaten intensiv Landwirtschaft betrieben. Die schönen, sehr steilen Bergwiesen werden noch größtenteils gemäht, und das Einbringen der Ernte bietet den Sommergästen einen Einblick in die bäuerliche Arbeit. Dazu kommen noch der würzige und süßliche Geruch des Bergheus und die rauschenden Bergbäche, die von allen Seiten herabkommen.
Tourenbeschreibung Von der *Unterstalleralm* gehen wir den breiten Fahrweg aufwärts zur *Oberstalleralm* und dann immer in östlicher Richtung taleinwärts. Das lange und breite *Trogtal* ist besonders zur Zeit der Almrosenblüte sehr schön. Den nach links abzweigenden Steigen folgen wir nicht. An der *Arntalerlenke* stoßen das hinterste *Villgratental,* eben das Arntal vom Westen her mit dem *Winkeltal,* welches von *Außervillgraten* kommt, zusammen.

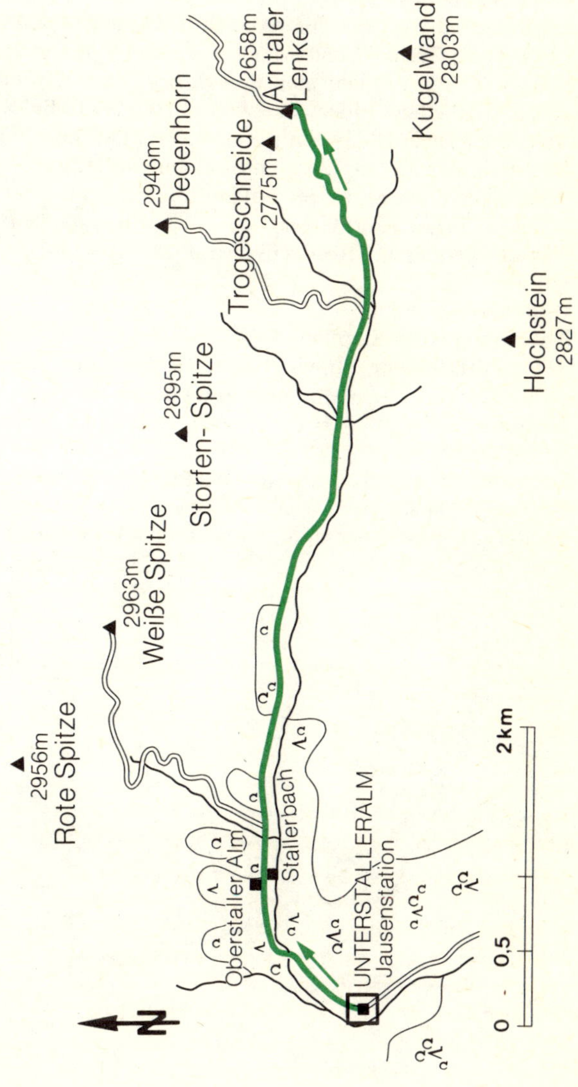

N
Rote Spitze
2956m
2963m
Weiße Spitze
Storfen- Spitze
2895m
2946m
Degenhorn
Trogesschneide
2775m
2658m
Arntaler
Lenke
Kugelwand
2803m
Hochstein
2827m
Oberstaller Alm
Stallerbach
UNTERSTALLERALM
Jausenstation
0
0,5
2 km

5.9 Rundweg Hochberg: Innervillgraten – Lahnberg – Innervillgraten

Verkehrsmöglichkeiten Über die Brenner-Autobahn bis Franzensfeste und von dort durch das Pustertal nach Osttirol und weiter über die Drautal-Bundesstraße B 100 bis Panzendorf. Von Norden und Osten erreicht man den Bezirk über die Felbertauernstraße B 108 bzw. über die Drautal-Bundesstraße B 100. Von Lienz über die B 100 bis Panzendorf. Von Panzendorf in das Villgratental über Außervillgraten nach Innervillgraten.
Parkmöglichkeiten In der Ortsmitte, im Bereich der Gasthöfe, gibt es mehrere Parkplätze.
Wegmarkierungen Rot-weiße Markierungen und Hinweisschilder.
Tourenlänge 8 km.
Wanderzeit 2½ Stunden.
Höhenunterschiede Innervillgraten 1402 m, Hof Bachlet 1709 m. Somit 307 m Aufstieg und ebenso Abstieg.
Wanderkarte 1:50 000 Kompass-Wanderkarte Sextener Dolomiten Nr. 58.
Anmerkung Ein Teil unserer Wanderung verläuft entlang der Fahrwege. Da aber sehr wenig Verkehr besteht, kann diese Rundwanderung durchaus empfohlen werden. Besonders an Schlecht-

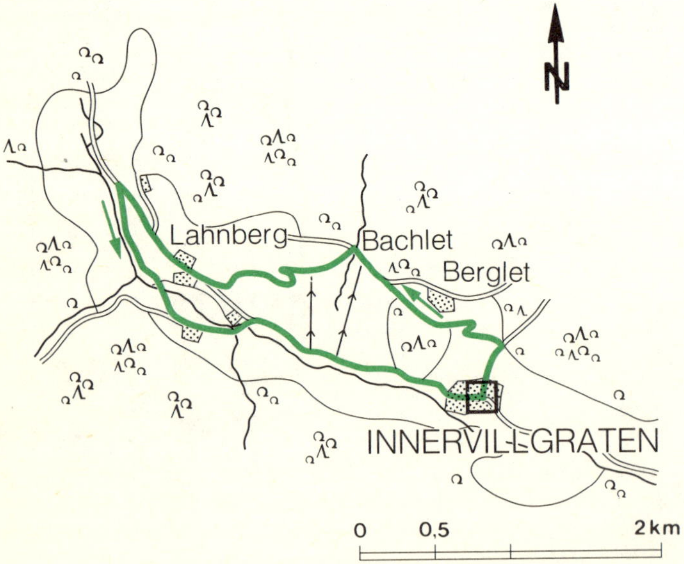

wettertagen, wenn es in den höheren Lagen unfreundlich und kalt ist, bietet sich der Hochberg als lohnendes Ziel an.
Wissenswertes Die Siedlungen in Innervillgraten liegen meist an den Steilhängen. Nicht nur die Erreichbarkeit der Höfe, sondern die schwierige Situation bei der Bewirtschaftung der Felder und Wiesen zeigen, wie hart das Leben der Bergbauern ist.
Tourenbeschreibung Von der Ortsmitte kommen wir auf den *Weg Nummer 327* und gehen aufwärts entlang des *Einetbaches* zur letzten Mühle. Dort zweigen wir links ab auf den *Weg Nummer 1* und gehen mäßig steil aufwärts zu den Gasser Höfen am *Hochberg*. Weiter geht es auf dem *Weg Nummer 2a* abwärts, über den *Goserhof* zu den Höfen am *Lahnberg*. Östlich des *Lüfterhofes* trifft man auf den *Arntalweg Nummer 2* und kehrt auf diesem und ab *Marxer* auf der *Hauptstraße* in das Dorf *Innervillgraten* zurück.

5.10 Kalkstein – Toblacher Pfannhorn

Verkehrsmöglichkeiten Über die Brenner-Autobahn bis nach Franzensfeste und von dort über das Pustertal nach Osttirol und weiter die Drautal-Bundesstraße B 100 bis Panzendorf. Von Norden und Osten erreicht man den Bezirk Lienz/Osttirol entweder über die Felbertauern-Bundesstraße B 108 oder über die Drautal-Bundesstraße B 100. Von Lienz über die B 100 bis Panzendorf. Von Panzendorf in das Villgratental, über Außervillgraten nach Innervillgraten und von dort bis zur letzten Siedlung nach Kalkstein.
Parkmöglichkeiten Parkplätze im Bereich der Kirche in Kalkstein.
Wegmarkierungen Rot-weiße Markierungen und Hinweisschilder.
Tourenlänge 5 km für den Aufstieg und ebenso für den Abstieg, insgesamt somit 10 km.
Wanderzeit 3¼ Stunden für den Aufstieg und 2 Stunden für den Abstieg, insgesamt 5¼ Stunden.
Höhenunterschiede Kalkstein 1641 m, Pfanntörl 2511 m, Toblacher Pfannhorn 2663 m. Aufstiegshöhe 1022 m, ebenso für den Abstieg.
Wanderkarte 1:50 000 Kompass-Wanderkarte Sextener Dolomiten Nr. 58.
Anmerkung Das Toblacher Pfannhorn befindet sich am Grenzkamm zwischen Österreich und Italien. Wenn auch keine Kontrollen stattfinden, ist es doch zweckmäßig, einen Ausweis, am besten den Reisepaß, bei sich zu tragen.

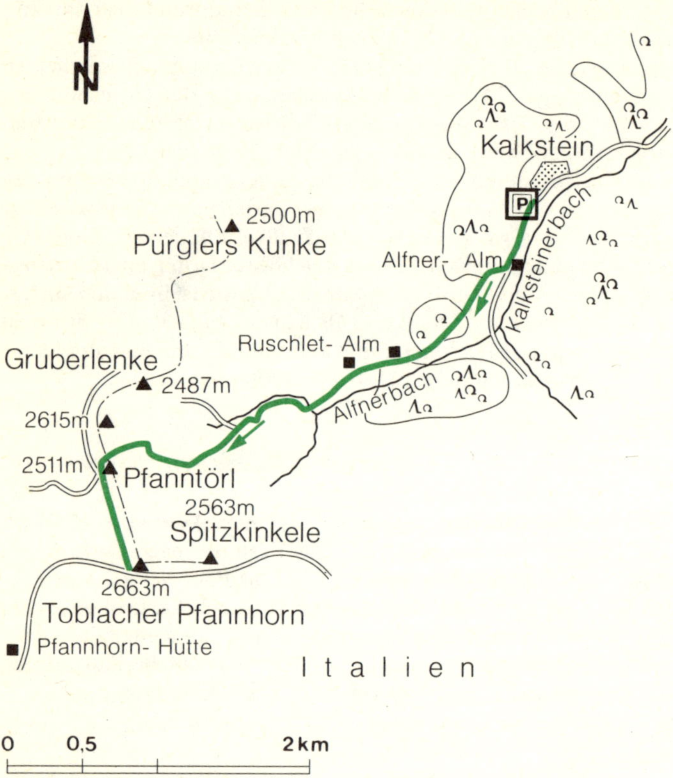

Wissenswertes Die Aussicht vom Toblacher Pfannhorn ist besonders lohnend, da im Süden die gewaltigen Berge der Dolomiten aufragen, dahinter im Norden, Westen und Osten der Kranz der Villgrater Berge, Hohe Tauern und die Rieserfernergruppe zu sehen sind.

Tourenbeschreibung Vom *Pfarrhaus* in *Kalkstein* folgen wir dem Fahrweg in südlicher Richtung in das *Alfnertal.* Vorbei an einzelnen Almhütten, halten wir uns bei der Weggabelung nach rechts, immer der Talsenke folgend, aufwärts. Schließlich wenden wir uns nach Westen und erreichen das *Pfanntörl.* Vom Pfanntörl gehen wir in südlicher Richtung über den Rücken auf das *Toblacher Pfannhorn.*

5.11 Innervillgraten – Pranteralm – Marchkinkele

Verkehrsmöglichkeiten Über die Brenner-Autobahn bis Franzensfeste, von dort in das Pustertal abzweigen und über Bruneck, Innichen bis nach Sillian, knapp danach in Panzendorf nach links in das Villgratental abzweigen. Von Norden und Osten her nach Lienz in Osttirol und weiter über die Drautalstraße B 100 bis knapp vor Sillian, wo man in Panzendorf nach rechts in das Villgratental abzweigt. Man fährt über Außervillgraten nach Innervillgraten. Knapp vor der Ortschaft bei den ersten Häusern liegt ein Sägewerk. Von der Straße nach links abzweigen, am Sägewerk vorbei, über den Villgratenbach zu einigen einzeln stehenden Häusern.

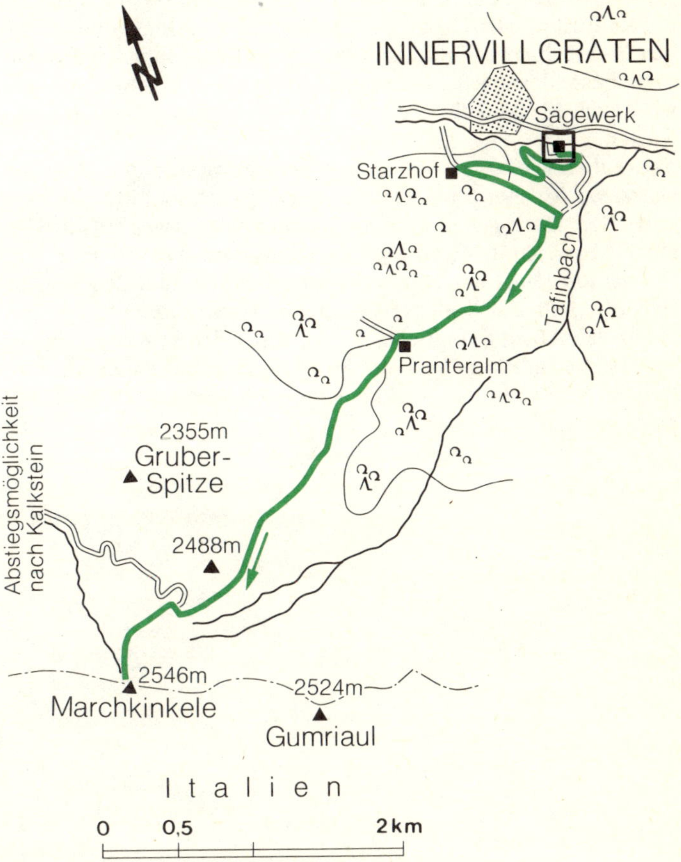

Parkmöglichkeiten Gleich nach der Überquerung des Villgratenbaches gibt es mehrere Abstellplätze für Pkw.
Wegmarkierungen Rot-weiße Markierungen und Hinweisschilder.
Tourenlänge 6,5 km Aufstieg, zusammen 13 km.
Wanderzeit 3¾ Stunden Aufstieg, 2 Stunden Abstieg, zusammen 5¾ Stunden.
Höhenunterschiede Innervillgraten 1402 m, Marchkinkele 2546 m, das sind 1144 m Aufstieg, ebenso Abstieg.
Wanderkarte 1:50 000 Kompass-Wanderkarte Sextener Dolomiten Nr. 58.
Anmerkung Das Marchkinkele ist ein Grenzberg zwischen Österreich und Italien. Ausweis oder Reisepaß mitnehmen. Unterwegs keine Gaststätten.
Wissenswertes Die Wanderung ist reizvoll, da sie anfangs durch die Kulturlandschaft, später durch Wald, über Almen und schließlich in die Hochregion hineinführt. Vom Gipel sehr schöne Aussicht, besonders nach Süden zu den Dolomiten. Das Marchkinkele wird auch Markinkele genannt. Man findet beide Namen in den Karten.
Tourenbeschreibung Wir gehen vom *Parkplatz* den Weg aufwärts, wo wir gleich einen Wegweiser in Richtung Marchkinkele vorfinden. Dann gehen wir über den breiten Fahrweg aufwärts, bei einer Abzweigung folgen wir nach rechts dem *Weg Nummer 5* zur *Pranteralm* (2001 m). Nun wandern wir weiter über den Steig bereits oberhalb der Waldgrenze bis zum *Grenzkamm.*

Für den Abstieg empfiehlt es sich, den gleichen Weg zu wählen. Es besteht allerdings auch die Möglichkeit, über *Kalkstein* abzusteigen. Von Kalkstein muß man dann 5 Kilometer auf der Straße nach *Innervillgraten* gehen.

5.12 Sillian – Drauuferweg

Verkehrsmöglichkeiten Über die Brenner-Autobahn bis Franzensfeste, von dort durch das Pustertal über Bruneck, Innichen nach Sillian. Von Norden und Osten her nach Lienz und weiter über die Drautal-Bundesstraße B 100 nach Sillian.
Parkmöglichkeiten In der Ortsmitte am Hauptplatz und in Drauufernähe gibt es genügen Parkplätze für Pkw.
Wegmarkierungen Der Drauuferweg ist nicht markiert, hat jedoch einzelne Hinweisschilder.
Tourenlänge Von Sillian nach Rabland 2 km, von Sillian nach Arnbach zur Staatsgrenze 4 km. Einfache Tourenlänge 6 km, hin und zurück 12 km.
Wanderzeit 3 Stunden.
Höhenunterschiede Rabland 1078 m, Staatsgrenze 1110 m. Höhenunterschied 32 m Aufstieg, ebenso Abstieg.
Wanderkarte 1:50 000 Kompass-Wanderkarte Sextener Dolomiten Nr. 58.
Anmerkung Man kann den Drauuferweg auch in Abschnitten begehen. So etwa die Strecke Sillian–Arnbach hin und zurück 8 Kilometer, die Strecke Sillian–Rabland 4 Kilometer hin und zurück. Der Uferweg entlang der Drau ist breit, angenehm zu gehen, da man durch den Kraftfahrzeugverkehr nicht gestört wird. Wanderung in unmittelbarer Nähe der Drau.
Wissenswertes Entlang der Drau im Winter: Langlaufloipe.
Tourenbeschreibung Von der *Bahnhofbrücke* im Ausgangsort *Sillian* gehen wir auf dem linken *Drauufer* abwärts bis zur *Asthofbrücke* und weiter bis zu Einmündung des *Gerberbaches,* eines Entwässerungsgrabens, und des *Villgratenbaches.* Von rechts her kommt der *Sägebach,* rechts der Drau die Ortschaft *Rabland,* links der Drau die Ortschaft *Panzendorf.* Zurück muß man nicht den gleichen Weg wählen, man kann auch auf dem gegenüberliegenden Drauufer wandern. Von der *Draubrücke* (Bahnhofbrücke) flußaufwärts gibt es ebenfalls zwei Möglichkeiten. Entweder links zwischen Berghang und Drau, allerdings nicht am Ufer entlang, oder rechts direkt auf der Dammkrone entlang des Ufers nach *Arnbach.* In Arnbach wandern wir durch die Ortschaft, bis wir die Fortsetzung des Weges finden. Wir queren einen kleinen Nebenbach (daneben Geschiebesperre) gehen ein kurzes Stück durch einen Wald, bis wir wieder das Drauufer erreichen. Nun wandern wir auf der einen Seite des Drauufers aufwärts bis zur *Staatsgrenze,* am anderen Ufer wieder retour.

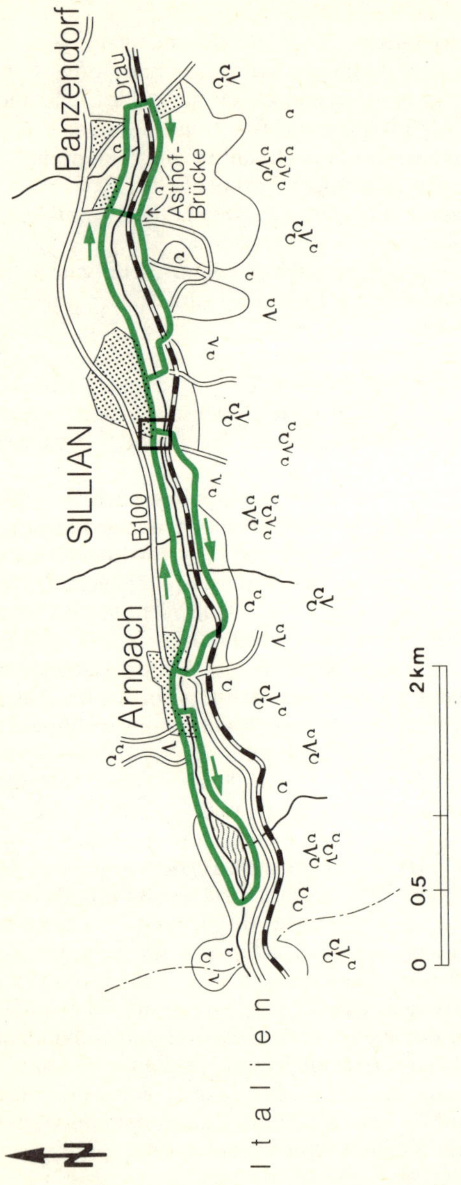

Panzendorf
Drau
Asthof-Brücke
SILLIAN
B100
Arnbach
Italien
0
0,5
2 km

5.13 Sillian – Leckfeldalm – Hinterberger Hütte – Bad Weitlanbrunn – Sillian

Verkehrsmöglichkeiten Über die Brenner-Autobahn bis Franzensfeste, von dort durch das Pustertal über Bruneck, Innichen und Sillian. Von Norden und Osten nach Lienz in Osttirol und weiter über die Drautal-Bundesstraße B 100 bis Sillian.
Wegmarkierungen Rot-weiß und Hinweisschilder.
Tourenlänge 7,5 km Aufstieg, ebenso Abstieg, zusammen 15 km.
Wanderzeit 4¼ Stunden Aufstieg, 2¼ Stunden Abstieg, zusammen 6½ Stunden.
Höhenunterschiede Sillian 1080 m, Leckfeldalm 1890 m, Hinterberger Hütte 2380 m. Höhenunterschied für den Aufstieg 1200 m, ebenso für den Abstieg.
Wanderkarte 1:50 000 Kompass-Wanderkarte Sextener Dolomiten Nr. 58.
Anmerkung Zuerst breiter Weg bis zur Leckfeldalm, dann ein schmälerer Weg zur Hinterberger Hütte. Die Leckfeldalm ist bewirtschaftet. Die Hinterberger Hütte ist in den Sommermonaten bewirtschaftet (AV-Hütte). Sie befindet sich am Grenzkamm zwischen Süd- und Osttirol. Ausweis oder Paß mitnehmen. Der Forstweg bis zur Leckfeldalm ist mit dem Auto befahrbar (Parkplatz).
Wissenswertes Ein besonders schöner Aussichtspunkt ist der nahegelegene Helm. Hier beginnt der Friedensweg über den Karnischen Hauptkamm. Dieser von Oberstleutnant Schaumann angelegte Steig soll die Erinnerung an die Front im 1. Krieg wachhalten und zeigen, unter welchen Opfern und Entbehrungen der Krieg im Hochgebirge geführt worden ist. Die Karnischen Alpen bieten eine wunderbare Aussicht auf die Dolomiten.
Tourenbeschreibung Vom *Marktplatz* in der Ortsmitte von *Sillian* wenden wir uns in südlicher Richtung gegen die Drau. Hier gibt es zwei Brücken. Die untere, die Bahnhofsbrücke, benützen wir nicht, sondern die flußaufwärts gelegene *Wirtschaftsbrücke* (Bildstock), über die wir an das andere Ufer der Drau gelangen. Knapp danach stoßen wir auf einen Bahnübergang. Hier beginnt ein steil aufwärts führender Forstweg, der sich in vielen Kehren durch die hochstämmigen und schattigen Waldungen bis zur *Leckfeldalm* emporwindet. Ab der Leckfeldalm wird die Landschaft freier, der Wald schütterer, es treten allerdings karge und steinige Almwiesen auf. Geleitet von Hinweisen folgt man dem nun etwas schmäleren Weg aufwärts zur *Hinterberger Hütte.*

Hier haben wir eine herrliche Aussicht auf die Sextener Dolomiten. Es lohnt sich, diesen Aussichtspunkt zu besuchen.

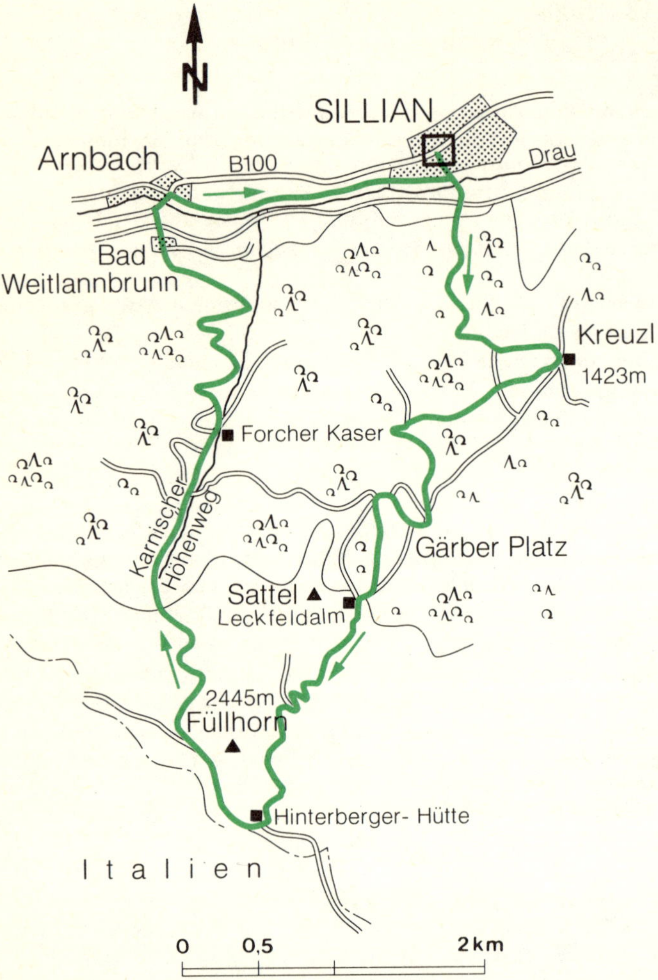

Für den Abstieg kann man den *Karnischen Höhenweg Nummer 402* wählen. Er führt direkt hinunter nach *Bad Weitlanbrunn,* von wo aus man entlang des Drauuferweges entweder rechtsufrig zwischen Bahn und Berghang oder linksufrig, unmittelbar entlang der Drau, zum Ausgangspunkt zurückgelangt.

Tiroler Gailtal

Das Tiroler Gailtal mit den Gemeinden Kartitsch, Obertilliach und Untertilliach bietet viele Eigenheiten, die man im übrigen Osttirol nicht vorfindet. Auf der einen Seite des Tales, das ja seine Wasserscheide, also den höchsten Punkt zwischen den Gemeinden Kartitsch und Obertilliach am Kartitscher Sattel mit 1530 Meter Höhe hat, liegen die Gailtaler Alpen, auf der anderen Seite im Süden der Karnische Hauptkamm. Gerade dieser Hauptkamm mit seinen vielen Seitentälern ist ein wunderbares Wandergebiet. Die stillen, meist einsamen Täler in den tieferen Lagen; der langgezogene Karnische Hauptkamm, der eine hervorragende Aussicht bietet, ist sozusagen die höhere Etage. Oben entlang des Hauptkammes verläuft der von Oberstleutnant Schaumann angelegte Friedensweg. Er führt entlang der ehemaligen Stellungen des 1. Weltkrieges. Dieser Hauptkamm bildet auch die heutige Staatsgrenze zwischen Italien und Österreich.

So kann man durch jedes Seitental auf- und absteigen. Man kann sich die Wanderungen in beliebiger Länge zusammenstellen. Auch Teile der beschriebenen Wanderungen, so zum Beispiel in den Talschluß hinein und zurück, sind durchaus lohnend und empfehlenswert. Ein sehr guter Behelf ist die bei den Fremdenverkehrsverbänden und Banken erhältliche Wanderkarte Tiroler Gailtal, Maßstab 1:25 000. Darin sind alle markierten Wanderwege eingetragen.

6.1 Hollbrucker Tal – Hochgräten

Verkehrsmöglichkeiten Man fährt entweder über die Brennerautobahn und das Pustertal von Südtirol her nach Osttirol, wo man nach der Ortschaft Sillian und Panzendorf nach Tassenbach kommt. Hier zweigt die Gailtal-Bundesstraße B 111 ab. Von Nordwesten und von Osten gelangt man entweder über die Felbertauernstraße oder von Kärnten über die Drautal-Bundesstraße B 100 nach Lienz, von dort weiter die B 100 bis nach Tassenbach. Von Tassenbach einige Kehren aufwärts bis zum Beginn der Ortschaft Kartitsch. Bereits vor den ersten Häusern der geschlossenen Ortschaft zweigt eine Straße nach rechts in Richtung Hollbruck ab. Diese Straße, von der Bundesstraße abzweigend, führt hinunter bis zum Gailbach, über die Brücke, dort scharf nach rechts aufwärts bis zur Ortschaft Hollbruck. Markante große Kirche.
Parkmöglichkeiten Bevor man die Kirche erreicht, läßt man das Auto am Straßenrand (Verbreiterungen) stehen.
Wegmarkierungen Rot-weiß und Hinweisschilder.

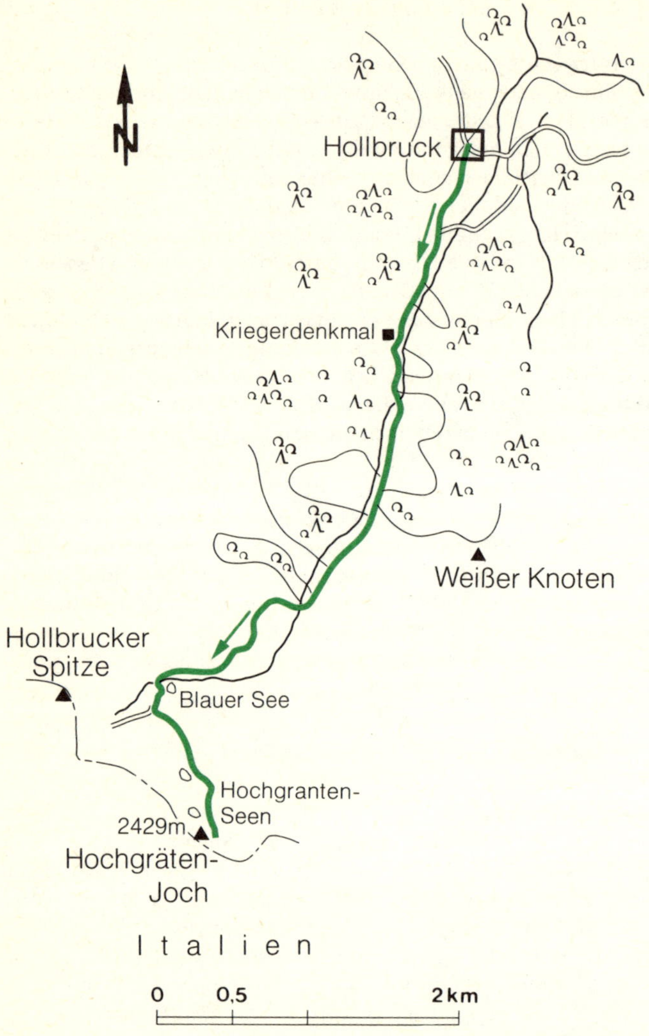
N
Hollbruck
Kriegerdenkmal
Weißer Knoten
Hollbrucker Spitze
Blauer See
Hochgranten-Seen
2429m
Hochgräten-Joch
Italien
0
0,5
2 km

Tourenlänge 6,5 km Aufstieg und ebenso Abstieg.
Wanderzeit 3½ bis 4 Stunden für den Aufstieg, 2 Stunden für den Abstieg. Zusammen 5½ bis 6 Stunden.
Höhenunterschiede Hollbruck 1360 m, Kriegerfriedhof Hochgräten 2429 m. Aufstiegshöhe 1069 m. Ebenso der Abstieg. Die benachbarte Hollbrucker Spitze ist 2581 m hoch, der in unmittelbarer Nähe gelegene Gratrücken Demut weist eine Höhe von 2591 m auf.
Wanderkarte 1:50 000 Kompass-Wanderkarte Sextener Dolomiten Nr. 58.
Anmerkung Der Rückweg nach Hollbruck über die Hollbrucker Spitze ist nur Bergwanderern mit alpiner Erfahrung und Trittsicherheit zu empfehlen. Für die Ersteigung des Demutgipfels benötigt man eine gute ½ Stunde. Auf der ganzen Tour gibt es keine bewirtschafteten Hütten.
Wissenswertes Entlang des Gratzuges, der zugleich die Staatsgrenze bildet, führt der Friedensweg von Oberstleutnant Schaumann.
Tourenbeschreibung Bevor man zur *Hollbrucker Kirche* kommt, zweigt etwa 200 Meter vor der Kirche spitzwinklig ein *Fahrweg* ab. Hinweisschilder und die Markierung leiten uns über diesen Weg, vorbei an einem einzeln stehenden Bauerngehöft taleinwärts. Wir folgen der Wegmarkierung mit der Nummer 467. Zuerst gehen wir über den breiten Fahrweg durch Waldungen und über Lichtungen bis zu einer *Blockhütte*, dort halten wir uns links, und weiter gehen wir links über den Bach und entlang des *Bachlaufes* taleinwärts. Sehr romantisch ist es durch eine schluchtartige Strecke mit großen Felsblöcken hinauf auf eine große, breite Talverflachung, den Kessel zwischen der *Hollbrucker Spitze* rechts oben und der *Schöntalhöhe* links oben zu gehen. Wir halten uns entlang der Markierung rechts in den Hängen aufwärts und queren dann den *Kessel*, wobei wir an einem kleinen See, dem *blauen See*, und einer Hütte für Hirten vorbeikommen. Nun ist es nicht mehr weit zu unserem Ziel am *Hauptkamm*. Wer entlang des Kammes geht, wird bei Schönwetter herrliche Ausblicke genießen können. Nicht nur die Sextener Dolomiten mit den Drei Zinnen, sondern auch der Hochgall, die Rötspitze, der Großvenediger, der Großglockner und viele nähergelegene Berge bieten eine umfassende Rundschau.

6.2 Schustertal – Eisenreich

Verkehrsmöglichkeiten Über die Brenner-Autobahn bis Franzensfeste, weiter durch das Pustertal nach Sillian und über die B 100 bis Tassenbach. Vom Nordwesten und Osten über die Felbertauernstraße oder von Kärnten her über die Drautal-Bundesstraße B 100 nach Lienz. Von Lienz weiter über die B 100 bis nach Tassenbach. Ab Tassenbach die B 111 einige Kehren aufwärts bis knapp vor die Ortschaft Kartitsch. Dort zweigt eine Straße in Richtung Hollbruck ab. Man fährt die Straße hinunter zum Gailbach, überquert diesen, hält sich dann sofort nach rechts wieder aufwärts, um bald danach vor der nächsten Bachbrücke die schmale asphaltierte Straße nach links aufwärts zu wählen. Bei der nächsten Weggabelung fährt man nicht nach rechts, die Straße führt zu einem einzeln stehenden Bauernhof, sondern bleibt links, wo man allerdings bald das Fahrzeug stehen läßt.
Parkmöglichkeiten Entlang des Weges gibt es genügend Parkmöglichkeiten.
Wegmarkierungen Rot-weiße Markierungen und Hinweisschilder.
Tourenlänge 6 km Aufstieg und 6 km Abstieg, insgesamt 12 km.
Wanderzeit 4½ Stunden Aufstieg, 2½ Stunden Abstieg.
Höhenunterschiede Ausgangspunkt etwa 1400 m, Eisenreich 2665 m, Höhenunterschied 1265 m Aufstieg ebenso der Abstieg.
Wanderkarte 1:50 000 Kompass-Wanderkarte Sextener Dolomiten Nr. 58.
Anmerkung Man kann auch die Rundtour mit Abstieg von Eisenreich in östlicher Richtung zur Obstanzer-See-Hütte und zurück nach Kartitsch durchführen. In diesem Falle wird man das Auto am besten in der Nähe der Gailbachbrücke abstellen. Im Schustertal gibt es keine bewirtschafteten Hütten. Die Obstanzer-See-Hütte ist in den Sommermonaten bewirtschaftet. Etwas kürzer als die Ersteigung des Eisenreich ist die Ersteigung der Schöntalhöhe, 2634 Meter Höhe.
Wissenswertes Unser Wanderziel liegt am Karnischen Hauptkamm, der zugleich die Grenze zwischen Österreich und Italien bildet. Hier führt der Friedensweg vorbei.
Tourenbeschreibung Vom *Autoparkplatz* wandern wir immer taleinwärts in das *Schustertal*. Es zweigen breite Wege, sowohl nach links, als auch nach rechts ab, denen wir nicht folgen. Unser breiter Weg endet bei einem großen *Felsblock* im *Talschluß*. Dann führt unser Steig über eine steilere Stufe, um schließlich wieder in flacheres Gebiet, zum sogenannten »*Salzleck*«, zu kommen. Nach einer neuerlichen Steilstufe erreichen wir den *Oberboden* mit 3 verfalle-

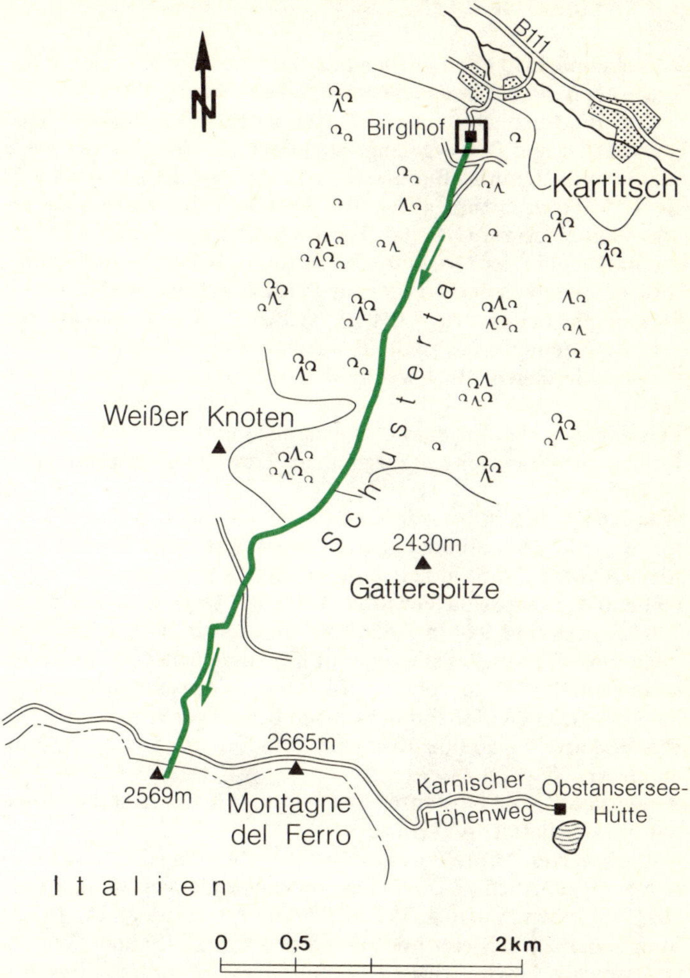

nen Holzhütten und großen Felsblöcken. Schließlich erreichen wir einen *Grassattel* im Hauptkamm mit einer Höhe von etwa 2570 Meter. Hier geht es nach links zum *Eisenreich*, nach rechts zur *Schöntalhöhe*.

6.3 Winkeltal – Obstanzer See – Pfannspitze

Verkehrsmöglichkeiten Über die Brenner-Autobahn bis Franzensfeste, dann durch das Pustertal bis zur Staatsgrenze bei Arnbach und schließlich über die B 100 bis nach Tassenbach. Vom Nordwesten und Osten gelangt man über die Felbertauernstraße oder über die Drautal-Bundesstraße B 100 nach Lienz. Von Lienz die B 100 bis nach Tassenbach. In Tassenbach abzweigen in das Tiroler Gailtal, bis zur Ortschaft Kartitsch. Man fährt in den Ort hinein und biegt in der Ortsmitte, bevor die Hauptstraße nach rechts abbiegt, ebenfalls nach rechts zur Pension Waldruhe ab.
Parkmöglichkeiten Im Ortsteil Neuwinkl gibt es entlang der Fahrwege genügend Abstellmöglichkeiten für Pkw.
Wegmarkierungen Rot-weiße Markierungen und Hinweisschilder.
Tourenlänge 5,5 km zum Obstanzer See und zur Hütte, weitere 1,5 km zur Pfannspitze. Zusammen 7 km. Gesamttourenlänge 14 km.
Wanderzeit Zur Obstanzer-See-Hütte 3 Stunden, auf die Pfannspitze weitere 1¼ Stunden, zusammen 4¼ Stunden für den Aufstieg, Abstieg 2½ Stunden. Zusammen 6¾ Stunden.
Höhenunterschiede Neuwinkl 1360 m, Obstanzer-See-Hütte 2304 m, das sind 944 m Aufstieg. Pfannspitze 2678 m, das sind insgesamt 1318 m Aufstieg. Somit ein zusätzlicher Höhenunterschied von der Obstanzer-See-Hütte von 374 m. Im Abstieg muß man die gleichen Höhenunterschiede bewältigen.
Wanderkarte 1:50 000 Kompass-Wanderkarte Sextener Dolomiten Nr. 58.
Anmerkung Die Obstanzer-See-Hütte ist in den Sommermonaten bewirtschaftet. AV-Hütte.
Wissenswertes Am Weg zum Obstanzer See liegt die Prinz Heinrich Kapelle. Auch sie ist ein lohnendes Wanderziel von Kartitsch aus. 2 Stunden Aufstieg. Von der Hütte erreicht man in etwa ½ Stunde den 2400 Meter hoch gelegenen Kriegerfriedhof. Wer einen weniger beschwerlichen Gipfel als die Pfannspitze machen will, für den steht die Cm. Frugnoni, 2516 Meter, zur Verfügung. Hier führt auch der Friedensweg am Karnischen Hauptkamm vorbei.
Tourenbeschreibung Vom Ortsteil *Winl* oder *Neuwinkl* in Kartitsch aus folgen wir taleinwärts dem Weg *Nummer 466*. Wir wandern bis in den *Talschluß* hinein, dort führt der Weg dann steiler aufwärts, vorbei an rauschenden Wasserfällen und schließlich sehr interessant, der im ersten Weltkrieg angelegte, aus Felsen herausgesprengte Weg, zur *Prinz-Heinrich-Kapelle*. Nun kommen wir auf

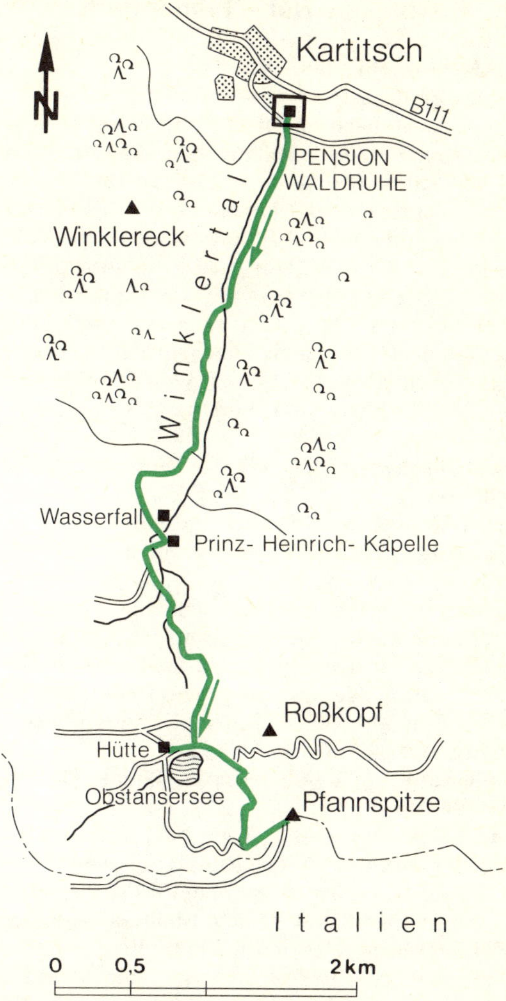

einen sehr schönen grünen *Almboden*, danach geht es wieder in ein steileres Gelände bis hinauf zum *Obstanzer See*, wo die gleichnamige Hütte liegt. Von der Hütte wendet man sich nun in östlicher Richtung, dem *Weg 5b* folgend, aufwärts bis zur *Pfannspitze*.

6.4 Erschbaumertal – Filmoorhöhe

Verkehrsmöglichkeiten Von Norden über die Brenner-Autobahn bis Franzensfeste, von dort durch das Pustertal zur Staatsgrenze bei Arnbach und weiter die B 100 bis Tassenbach. Von Nordwesten und Osten gelangt man über die Felbertauernstraße, oder von Kärnten her über die Drautal-Bundesstraße B 100 nach Lienz. Von Lienz die B 100 weiter bis nach Tassenbach. In Tassenbach mündet die Gailtal-Bundesstraße B 111 ein. Wir fahren bis zur Ortschaft Kartitsch, durch diese hindurch, gleich danach etwa einige 100 Meter kommt wieder eine Häusergruppe. Vor dem ersten Haus rechts führt ein Fahrweg zum Sägewerk Lusser. Diesen Weg fährt man hinunter bis zum Gailbach, überquert den Bach, um dann noch ein kurzes Stück dem Weg aufwärts zu folgen. Vor der Verbotstafel »Fahrverbot, Forststraße« lassen wir das Auto stehen.

Parkmöglichkeiten Entlang des Weges gibt es genügend Parkmöglichkeiten.

Wegmarkierungen Rot-weiß und Hinweisschilder.

Tourenlänge 8,5 km für den Aufstieg, ebenso für den Abstieg, insgesamt 17 km.

Wanderzeit 3¼ Stunden in den Hintersattel, eine weitere ½ Stunde zur Filmoorhöhe. Insgesamt 3¾ Stunden für den Aufstieg, 2¼ Stunden für den Abstieg, zusammen 6 Stunden.

Höhenunterschiede Ausgangspunkt etwa 1400 m, Hintersattel 2407 m, Filmoorhöhe 2457 m. Höhenunterschied 1057 m für den Aufstieg, ebenso für den Abstieg.

Wanderkarte 1:50 000 Kompass-Wanderkarte Sextener Dolomiten Nr. 58.

Anmerkung Als Abstieg kann man auch das Schöntal wählen, wodurch es zu einer schönen Rundtour kommt. In diesem Fall fährt man jedoch von Kartisch aus weiter bis zu den letzten Häusern vor dem Kartitscher Sattel, Omnibushaltestelle Rauchenbach. Etwa 1510 Meter hoch gelegen. Ein breiter Weg zweigt von der Bundesstraße in südlicher Richtung ab und führt in das Erschbaumer Tal hinein. Er trifft mit dem Hauptweg zusammen. Auf der gesamten Tour gibt es keine Hütte mit Verpflegungsmöglichkeiten.

Wissenswertes Das Erschbaumer Tal führt zu den beiden markantesten Berggestalten im Karnischen Hauptkamm, nämlich zum Kinigat und zur Königswand. Unser Weg führt unmittelbar unterhalb der Nordwände vorbei.

Tourenbeschreibung Wir folgen dem breiten Fahrweg taleinwärts. Er trägt die *Nummer 465*. Im *Talschluß* zieht der nun schmäler gewordene Steig nach links aufwärts, wobei er teilweise auf dem

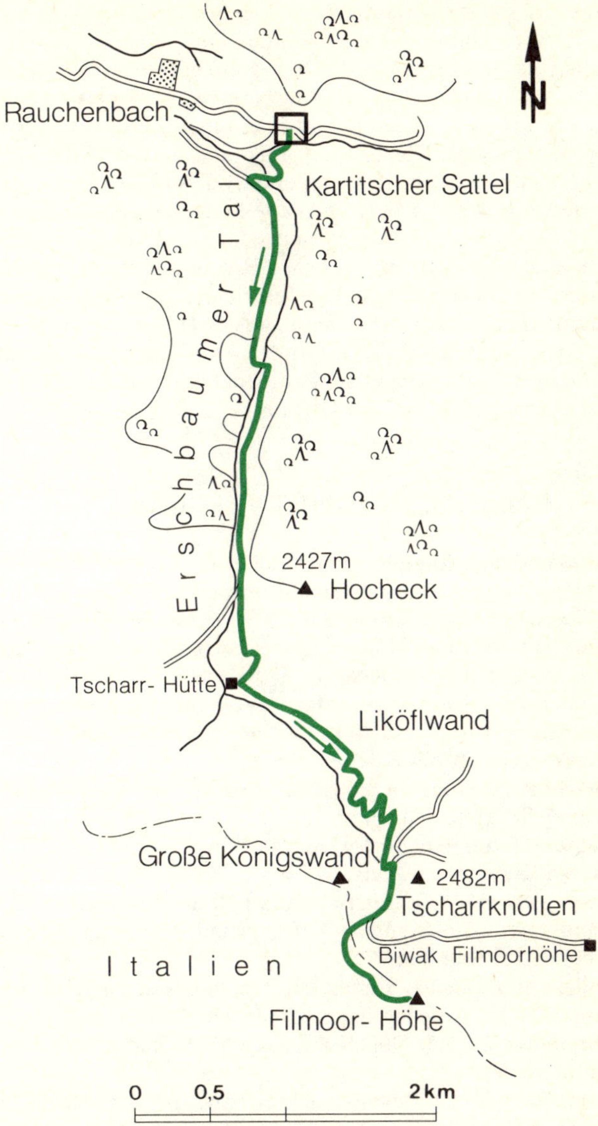
Rauchenbach
Kartitscher Sattel
Erschbaumer Tal
2427m
Hocheck
Tscharr- Hütte
Liköflwand
Große Königswand
2482m
Tscharrknollen
Biwak Filmoorhöhe
Italien
Filmoor- Höhe
0
0,5
2 km
N

alten Kriegswege verläuft. Nach einer Steilstufe kommen wir zu einer kleinen Hütte, der sogenannten *Tscharre*. Nun wieder etwas flacher nach links hinein in einen breiten *Taltrog*. Hier gehen die Wege auseinander, links der Weg Nummer 6, rechts unser Weg mit der *Nummer 402*. Rechts sieht man die mächtigen Nordabstürze von Kinigat und Königswand, links die markante Liköfelwand. Bald geht es wieder etwas steiler aufwärts in den *Hintersattel*. Im Hintersattel kommen verschiedene Steige zusammen. Wir halten uns nach rechts, jedoch nicht ganz scharf nach rechts unterhalb der Felswände, sondern in westlicher Richtung hinüber zum Hauptkamm, wo wir den *Filmoorsattel* erreichen. Nach links, entlang des Hauptkammes zur Filmoorhöhe, ist der Höhenunterschied geringer. Besonders eindrucksvoll ist der Anblick der Südabstürze von Königswand und Kinigat sowie die im Süden gelegenen, dicht bewaldeten Gebiete des Val Digon.

6.5 Leitnertal – Schöntal – Leitnertal

Verkehrsmöglichkeiten Über die Brenner-Autobahn bis Franzensfeste, von dort durch das Pustertal nach Osttirol, über Sillian bis Tassenbach zur Abzweigung der Gailtal-Bundesstraße B 111. Oder von Norden her und von Osten über den Felbertauern bzw. die Drautal-Bundesstraße B 100 nach Lienz, von Lienz weiter über die B 100 bis Tassenbach. Von Tassenbach über Kartitsch und den Kartitscher Sattel, 1530 m, abwärts nach Leiten. Eine kleine Ortschaft mit Kirche.
Parkmöglichkeien In Leiten gibt es an der Bundesstraße Abstellmöglichkeiten für Pkw.
Wegmarkierungen Rot-weiß und Hinweisschilder.
Tourenlänge 6 km Aufstieg bis zur Biwakschachtel und 6,5 km Abstieg durch das Leitnertal nach Leiten. Zusammen 12,5 km.
Wanderzeit 3½ Stunden Aufstieg und 2 Stunden Abstieg, zusammen 5½ Stunden.
Höhenunterschiede Leiten 1430 m, höchster Punkt der Wanderung 2280 m, Aufstiegshöhe 850 m, ebenso der Abstieg.
Wanderkarte 1:50 000 Kompass-Wanderkarte Sextener Dolomiten Nr. 58.
Anmerkung Die Biwakschachtel bzw. die Standschützenhütte wurde im Zuge der Errichtung des Friedensweges entlang des Karnischen Hauptkammes gebaut. Sie ist nicht bewirtschaftet. Bei dieser Rundtour durch das Schöntal und das Leitnertal erreichen wir den Hauptkamm nicht. Man kann die Tour auch in umgekehrter Richtung machen.

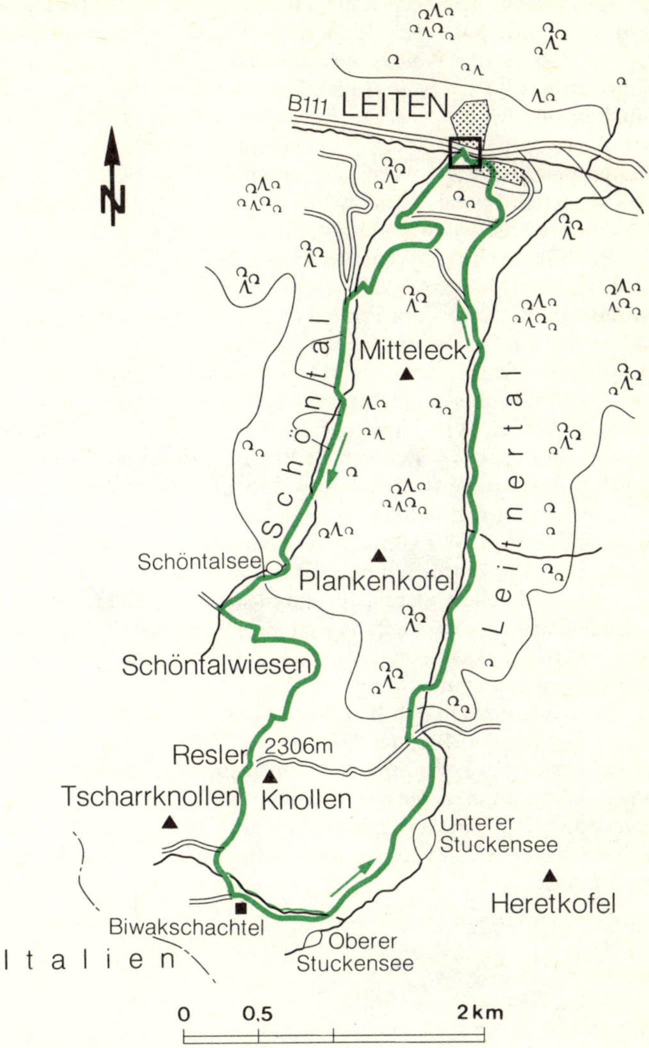
B111
LEITEN
N
Schöntal
Leitnertal
Mitteleck
Schöntalsee
Plankenkofel
Schöntalwiesen
Resler
2306m
Knollen
Tscharrknollen
Unterer
Stuckensee
Heretkofel
Biwakschachtel
Oberer
Stuckensee
Italien
0
0,5
2 km

Wissenswertes Die Rundtour hat ihren Reiz in der Umgebung und der Landschaft, die wir durchwandern. In den unteren Gebieten sind es die Wälder und die Bäche, oben in den Hochregionen wieder die weiten Flächen der Schöntalweisen und der Stuckenwiesen. Zwei stille Bergseen verschönern die Landschaft.

Tourenbeschreibung Wenn wir unser Auto im Bereich der Kirche abgestellt haben, wandern wir ein kurzes Stück die *Bundesstraße* aufwärts, wo wir bei zwei verfallenen alten Mühlen den *Gailbach* überschreiten. Hier führt ein alter, nicht mehr sehr ausgeprägter Steig in den Wald hinein. Wir gehen solange aufwärts, bis wir eine breite *Forststraße* erreichen. Dieser Forststraße folgen wir nach rechts aufwärts, bis diese wieder den Bachlauf quert. Hier kommt von rechts her, vom Kartitscher Sattel, ebenfalls ein breiter Forstweg. Wir überqueren den Bach und gehen nach links in das *Schöntal* hinein. Wir folgen der *Markierung Nummer 464*. Über der Waldgrenze erreichen wir die Schöntalwiesen und schließlich einen Sattel, wo die *Weitenalpe* zwischen Reslerknollen links und Tscharrknollen rechts liegt. Hier bei der Alm kommen mehrere Wege zusammen. Wir können nun dem linken *Weg 6b* folgen, der direkt zum *Stuckensee* hinunterführt, oder noch ein kurzes Stück den *Weg 464* gehen, er führt genau in südlicher Richtung, wo wir bei der nächsten Abzweigung den *Weg Nummer 402* erreichen, dem wir nach links folgen. So erreichen wir die *Standschützenhütte* und steigen dann zum oberen *Stuckensee* ab. Beim See halten wir uns links und wählen den *Weg Nummer 463*. Nach rechts verläuft der Weg Nummer 402, *der Friedensweg,* entlang des Hauptkammes, der hier den Felsgipfeln am *Grat* ausweicht. Vor dem unteren Stuckensee kommen wir mit dem *Weg 6b* zusammen und steigen nun entlang des markierten Weges in das *Leitnertal* ab. Im unteren Teil des Tales gehen wir geradeaus immer dem Steig 463 folgend nach *Leiten*.

6.6 Gailbrücke bei Leiten – Hoher Bösring

Verkehrsmöglichkeiten Über die Brenner-Autobahn bis Franzensfeste, dann durch das Pustertal nach Osttirol, über die Drautal-Bundesstraße B 100 bis Tassenbach. Von Norden und Osten her über den Felbertauern oder die Drautal-Bundesstraße B 100 nach Lienz und weiter bis Tassenbach. In Tassenbach zweigt die Gailtal-Bundesstraße B 111 ab. Wir fahren über Kartitsch, den Kartitscher Sattel gegen Obertilliach. 2 Kilometer nach der Ortschaft Leiten, am Ende des sogenannten Gostenwaldes (bisher links und rechts der Straße Wald), steht an der linken Straßenseite ein überdachter Schuppen (bei Straßenkilometer 103) für den Streusplitt der Straßenverwaltung; vor uns liegt zu beiden Seiten der Straße eine Wiese, die Fortsetzung der Straße führt in einiger Entfernung wieder aufwärts. Rechts zweigt ein Feldweg ab. Diesen Fahrweg benützen wir einige hundert Meter bis zur Brücke, die über die Gail führt.
Parkmöglichkeiten Vor und nach der Gailbrücke gibt es Abstellmöglichkeiten für Pkw.
Wegmarkierungen Weiß-blau-weiß und Hinweisschilder.
Tourenlänge 5 km Aufstieg und 5 km Abstieg. Zusammen 10 km.
Wanderzeit 3 Stunden für den Aufstieg und 1¾ Stunden für den Abstieg. Zusammen 4¾ Stunden.
Höhenunterschiede Brücke über die Gail 1380 m, Hoher Bösring 2324 m. Höhenunterschied 944 m.
Wanderkarten 1:50 000 Kompass-Wanderkarte Sextener Dolomiten Nr. 58 (Gipfelregion der Wanderung) und Lienz Nr. 47.
Anmerkung Unterwegs keine Unterkunftshütte mit Verpflegung, oberhalb der Waldregion, besonders am Gipfel, sehr schöne Aussicht.
Wissenswertes Der Hohe Bösring liegt nördlich des Karnischen Hauptkammes und bietet daher einen anderen Rundblick. Gegenüber liegen der Dorfberg und der Golzentipp in den Gailtaler Alpen mit ihren weitläufigen Almgebieten. Dahinter die Lienzer Dolomiten, und in unmittelbarer Nähe beeindruckt die Porze.
Tourenbeschreibung Von der *Gailbrücke* aus wenden wir uns gleich nach links, wo wir bald auf eine Hinweistafel treffen. Dem Weg Nummer 16 folgend, steigen wir durch ein Waldgebiet auf. Der alte Weg wird durch einen Forstweg, der wesentlich breiter und flacher ist, unterbrochen. Im oberen Bereich kommen beide, sowohl der weiß-blau-weiß markierte Fußsteig als auch die breite Forststraße, zusammen. Man kann somit wählen. Schöner ist der alte Steig, der mehr durch den dichten Wald führt. Bevor wir die

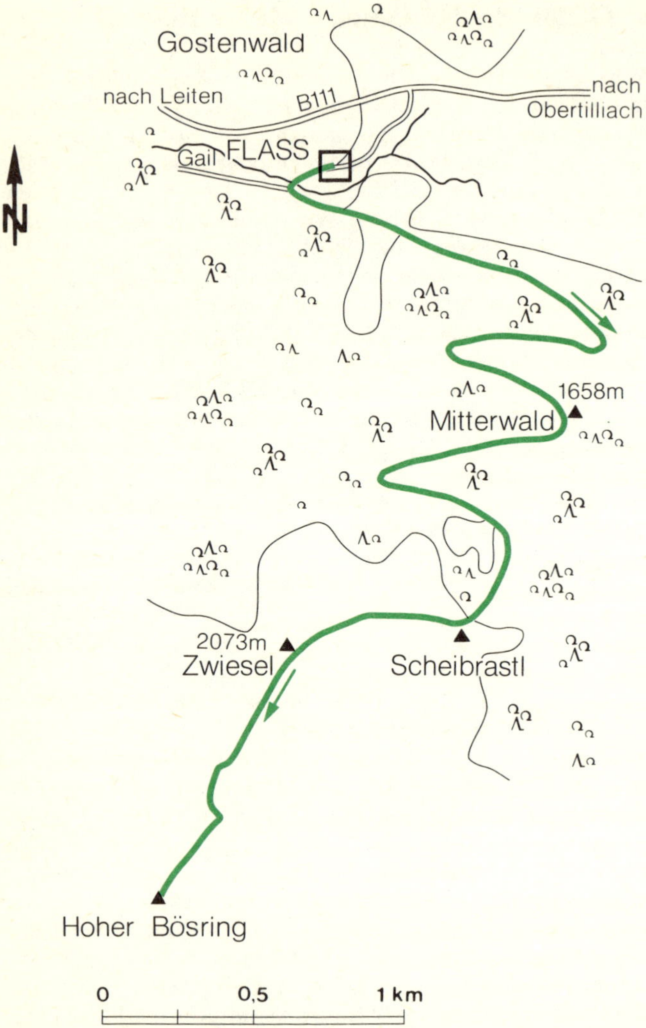

Waldgrenze erreichen, gelangen wir auf eine Wiese mit einer Blockhütte, das sogenannte *Scheibenrastl*. Der Steig führt neben der Hütte vorbei, und wir kommen bald zur Waldgrenze. Nun gehen wir über freie Flächen, meist entlang des Bergrückens, aufwärts. Nach einer längeren Flachstrecke geht es am Schluß noch etwas steiler in einer Schleife auf den Gipfel des *Hohen Bösring*, der mit einem schönen Gipfelkreuz geschmückt ist.

6.7 Durch das Obertilliachertal zum Tilliacherjoch

Verkehrsmöglichkeiten Über die Brenner-Autobahn bis Franzensfeste, dann durch das Pustertal nach Osttirol. Über die Drautal-Bundesstraße B 100 bis Tassenbach. Von Norden und Osten her erreicht man Osttirol über den Felbertauern oder über die Drautal-Bundesstraße B 100, die man von Lienz bis nach Tassenbach verfolgt. In Tassenbach zweigt die Gailtal-Bundesstraße B 111 ab. von dort über Kartitsch, den Kartitscher Sattel bis nach Obertilliach.
Parkmöglichkeiten Parkplätze im Bereich Gasthof Weiler.
Wegmarkierungen Rot-weiß-rote Markierungen und Hinweisschilder, Weg Nummer 461, 402, 459.
Tourenlänge 6 km bis zur Porze Hütte und weiter 1 km bis zum Tilliacherjoch. Zusammen 7 km Aufstieg, ebenso der Retourweg nach Obertilliach.
Wanderzeit Eine ¼ Stunde von Obertilliach hinunter zur Gail, weitere 2 Stunden zur Porze Hütte und eine ½ Stunde zum Tilliacherjoch. Zusammen 2¾ Stunden für den Hinweg, 2¼ Stunden für den Rückweg, zusammen 5 Stunden.
Höhenunterschiede Obertilliach 1450 m, Gail 1342 m, Porze Hütte 1900 m, Tilliacherjoch 2094 m. Somit zuerst 108 m Abstieg, dann bis zur Porze Hütte 558 m Aufstieg und weitere 194 m Aufstieg zum Tilliacherjoch. Gesamtaufstiegshöhe 860 m, Gesamtabstiegshöhe 860 m.
Wanderkarte 1:50 000 Kompass-Wanderkarte Lienz Nr. 47.
Anmerkung Die Porze Hütte ist in den Sommermonaten bewirtschaftet, das Tilliacherjoch liegt an der Staatsgrenze.
Wissenswertes Das Obertilliachertal, das auch Dorfertal genannt wird, wird vom Dorferbach durchflossen. Im Talschluß steht die mächtige Porze, ein Felskoloß, der so wie Kinigat und Königswand aus Kalkgestein besteht. Südlich vom Tilliacherjoch liegt das Val Comelico auf italienischem Staatsgebiet. Während das Tilliacherjoch von Süden her durch eine schmale Militärstraße erschlossen ist, kann man von Obertilliach über einen Fahrweg die Porze-Hütte erreichen (allgemeines Fahrverbot). Für den Wanderer bedeutet dies, daß er einen breiten, nicht zu steilen Weg vorfindet. Über die Porzescharte führt die 110-kV-Leitung Lienz – Pelos.
Tourenbeschreibung Von *Obertilliach*, und zwar gegenüber vom *Gasthof Weiler*, der unmittelbar an der Bundesstraße liegt, führt ein landwirtschaftlicher Fahrweg über die Felder in südlicher Richtung abwärts. Das ist der Weg Nummer 461. Dieser Weg führt zu dem *Mühlboden*, wo der hier noch kleine Gailfluß fließt, in den der *Dorferbach* einmündet. Wir überschreiten die *Gail* und wandern

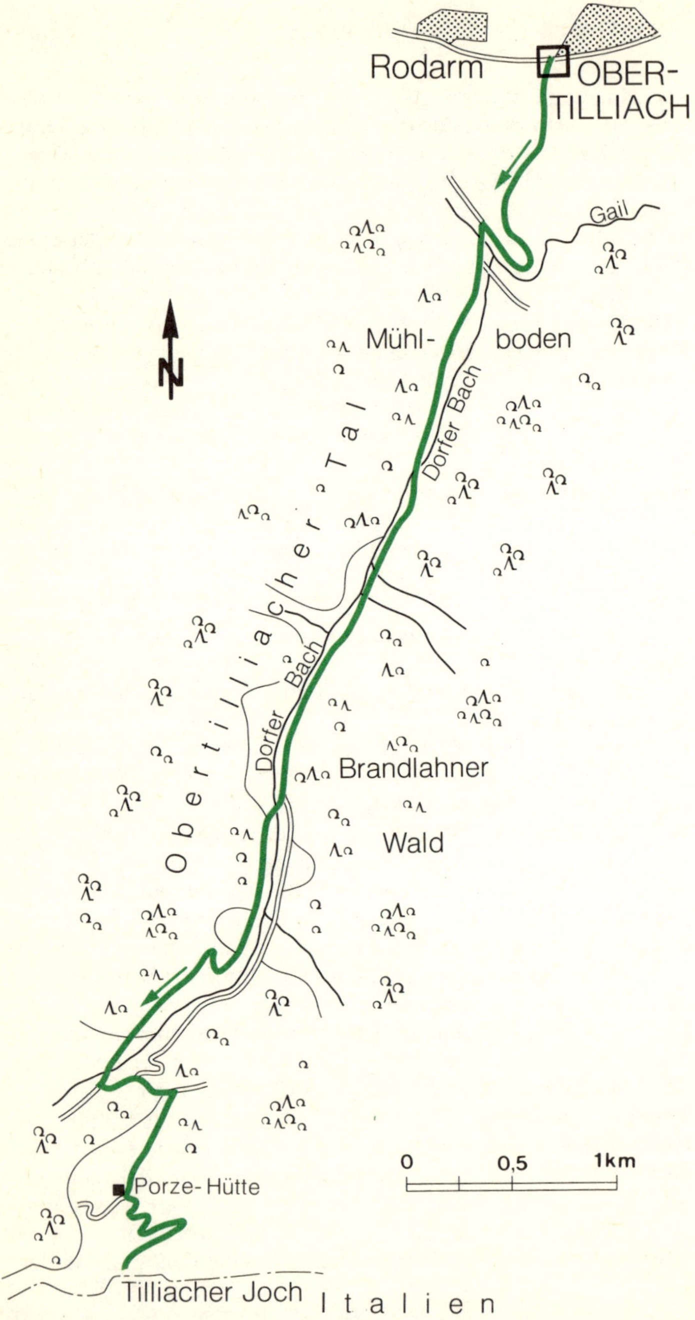

Rodarm
OBER-
TILLIACH
Gail
Mühl-
boden
Dorfer Bach
Obertilliacher Tal
N
Dorfer Bach
Brandlahner
Wald
0
0,5
1km
Porze-Hütte
Tilliacher Joch
Italien

taleinwärts. Hier beginnt das *Obertilliachertal*. Vorerst wählen wir den *Weg Nummer 461*, den wir nach links, immer dem breiten Weg (Weg Nr. 402) folgend, verlassen. In einigen Kehren windet sich der Fahrweg am linken Hang hinauf zur *Porze Hütte*. Von der Porze Hütte folgen wir der Wegmarkierung 459, teilweise auf einem alten Kriegsweg, zum *Tilliacherjoch*, 2094 Meter. Hier haben wir einen schönen Ausblick besonders in das Val Comelico.

6.8 Rundweg Spitzköfele

Verkehrsmöglichkeiten Über die Brenner-Autobahn bis Franzensfeste, dann durch das Pustertal nach Osttirol, über die Drautal-Bundesstraße B 100 bis Tassenbach. Von Norden und Osten erreicht man den Bezirk Lienz über die Felbertauernstraße B 108 oder die Drautal-Bundesstraße B 100. Ab Lienz die B 100 bis Tassenbach. In Tassenbach zweigt die Gailtal-Bundesstraße B 111 ab. Nun über Kartitsch, den Kartitscher Sattel nach Obertilliach, durch die Ortschaft bis nach Bergen und Huben. Das sind kleine Ortschaften bzw. Weiler 2 Kilometer nach Obertilliach. Die Bundesstraße führt hier über den Gärberbach. Vor der Brücke nach rechts hinunter bis man ein großes Sägewerk erreicht. Am Sägewerk rechts vorbei einem Waldweg folgen, bis man die Gail erreicht. Im Bereich der Brücke läßt man das Auto stehen.
Parkmöglichkeiten Parkmöglichkeiten sind bei den hier abzweigenden Wegen für Pkw vorhanden. Man stelle aber das Auto so ab, daß die Holzfuhren am Weg nicht behindert werden.
Wegmarkierungen Rot-weiß-rot, Weg Nr. 460, 402 und 19.
Tourenlänge 5½ km Aufstieg und 8½ km Abstieg, (über das Obertilliachertal).
Wanderzeit 3½ Stunden für den Aufstieg und 3 Stunden für den Abstieg, zusammen 6½ Stunden.
Höhenunterschiede Gailbrücke im Bereich der Goller Säge 1274 m, Spitzköfele 2314 m. 1040 m für den Aufstieg, ebenso für den Abstieg.
Wanderkarte 1:50 000 Kompass-Wanderkarte Lienz Nr. 47.
Anmerkung Die Rundtour kann man auch umgekehrt ausführen, das heißt man geht entlang der Gail bis zum Obertilliachertal und steigt von dort auf. Auf der gesamten Rundtour gibt es keine bewirtschaftete Hütte.
Wissenswertes Das Spitzköfele liegt zwischen dem Obertilliachertal und dem Rollertal. Der Grenzkamm selbst liegt etwa 2 Kilometer südlich. Daher besonders günstige Aussicht nach Norden und hinunter auf das Dorf Obertilliach.

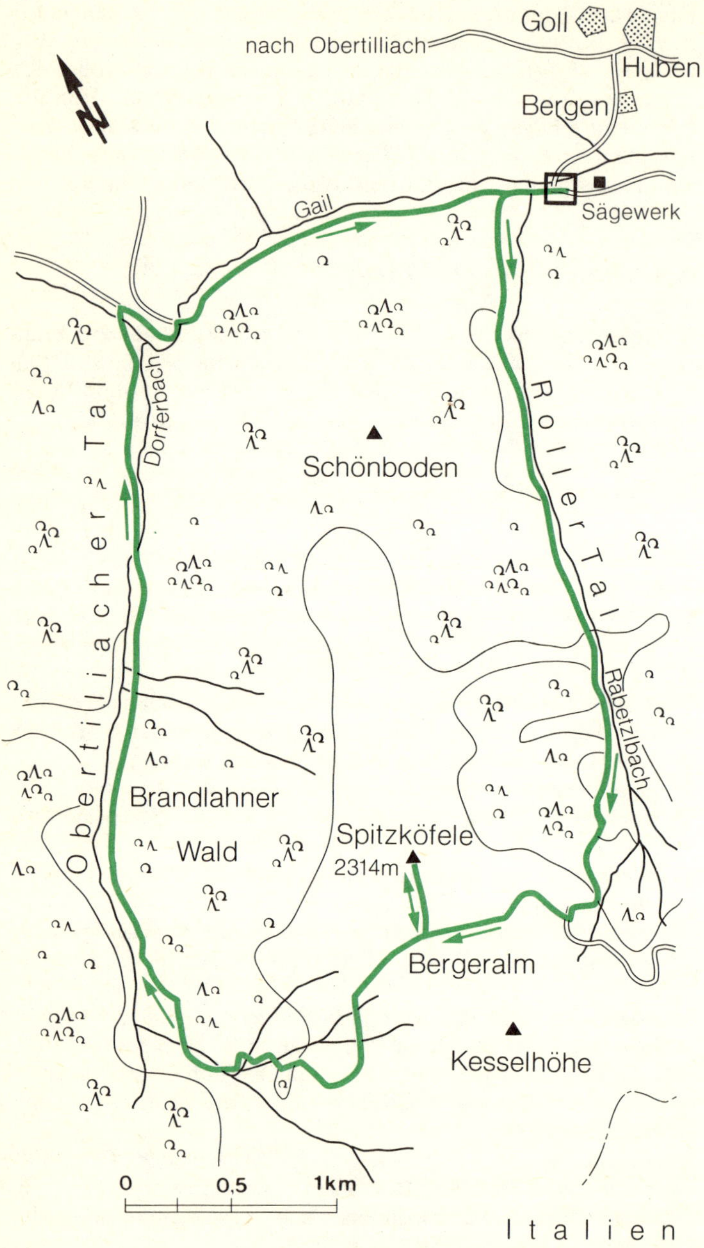
Goll
nach Obertilliach
Huben
Bergen
Sägewerk
Gail
N
Dorferbach
Obertilliacher Tal
Schönboden
Roller Tal
Rabetzlbach
Brandlahner
Wald
Spitzköfele
2314m
Bergeralm
Kesselhöhe
0
0,5
1km
Italien

Tourenbeschreibung Ausgangspunkt bei der *Gailbrücke*, bachaufwärts des Sägewerkes, hier kommt man auch über den Feldweg von Obertilliach. Wir folgen der *Wegbezeichnung 460*, dann gehen wir über eine *Brücke* und bei einem Wegkreuz nach links. Nach rechts geht es entlang der Gail zum Obertilliachertal. Über diesen Weg kommen wir, wenn wir die Rundtour gehen, zurück. Nun wandern wir taleinwärts in das dichtbewaldete *Rollertal*. Nach etwa 2 Kilometern vom Ausgangspunkt zweigt ein Forstweg nach links ab, dem wir jedoch nicht folgen. Wir steigen auf zur *Rollertalalm*. Der breite Weg hört unter der Alm bei einem Kreuz auf. Kurz nach dem Kreuz stoßen wir auf eine Wegtafel, wo unser Weg nach rechts aufwärts durch Gestrüpp führt, bis wir zu einer Wegabzweigung kommen. Rechts verläuft unser Weg Nummer 402 zum Spitzköfele, links ebenfalls Weg 402 zur Reiterkarspitze (etwa auf 1900 m Höhe). (Zur Reiterkarspitze etwa 1¾ Stunden.) Wir halten uns nun nach links aufwärts, gehen über steile Bergwiesen hinauf auf einen Sattel, wo die Bergeralm liegt. Nun wandern wir nach Norden über einen Rücken zum *Spitzköfele* mit Gipfelkreuz.

Für den Abstieg wählt man den *Weg 402* vor dem Sattel in westlicher Richtung abwärts hinunter in das *Obertilliachertal*. Diesen Weg verläßt man weiter unten nach rechts über den *Weg Nummer 19*, weiter geht es über 461 bis zum *Mühlboden an der Gail* südlich von Obertilliach. Nun wählen wir den Weg entlang des Flußlaufes, der zurück zum Ausgangspunkt führt.

6.9 Die Reiterkarspitze

Verkehrsmöglichkeiten Über die Brenner-Autobahn bis Franzensfeste, dann durch das Pustertal nach Osttirol, über die Drautal-Bundesstraße B 100 bis Tassenbach. Von Norden und Osten erreicht man den Bezirk Lienz über die Felbertauernstraße B 108 oder die Drautalstraße B 100. Über die B 100 gelangt man von Lienz nach Tassenbach. In Tassenbach zweigt die Gailtal-Bundesstraße B 111 ab. Die Fahrt über Kartitsch, Obertilliach noch 3½ km weiter, vor der zweiten markanten Straßenbrücke nach Obertilliach. Rechts unterhalb der Straße eine kleine Kapelle. Man fährt diesen Fahrweg hinunter zur Gail, überquert den Fluß und hält sich rechts, wo das Winklertal seinen Ausgang nimmt.
Parkmöglichkeiten Einige 100 m nach der Überquerung des Gailflusses läßt man das Auto stehen, hier gibt es entlang des breiten Fahrweges genügend Abstellmöglichkeiten für Pkw.
Wegmarkierungen Rot-weiß-rote Markierungen, Wege Nummer 460, 402 und 20 sowie Hinweisschilder.

Tourenlänge 7 km für den Aufstieg, ebenso für den Abstieg, zusammen 14 km.
Wanderzeit 4 Stunden Aufstieg, 2½ bis 3 Stunden Abstieg. Gesamt 6½ bis 7 Stunden.
Höhenunterschiede Gail 1231 m, Reiterkarspitze 2421 m. Aufstieg 1190 m. Ebenso Abstieg.
Wanderkarte 1:50 000 Kompass-Wanderkarte Lienz Nr. 47.
Anmerkung Unterwegs gibt es keine bewirtschaftete Hütte. Für unsere Wanderung benützen wir einen Teil des Weges, der entlang des Karnischen Hauptkammes verläuft (Nummer 402).
Wissenswertes Die Reiterkarspitze liegt im Grenzkamm, zwischen dem Rollertal im Westen und dem Winklertal im Osten. Dem Vernehmen nach soll das Wegstück mit der Nummer 402 auf 403 geändert werden. Das letzte Stück unserer Wanderung verläuft über den Nordgrat zur Reiterkarspitze. Dieser ist weiß-blau-weiß markiert, Kletterstellen sind nicht vorhanden.
Tourenbeschreibung Gegenüber der kleinen Kapelle St. Josef kommt vom Süden her das Winklertal vom Karnischen Hauptkamm herab. Nun gehen wir über den *Weg Nummer 456* taleinwärts in Richtung *Winkleralm, Winklerjoch* und *Reiterkarspitze*. Auch das *Hochspitzjoch* erreicht man über diesen Weg. Nach der Winkleralm folgen wir rechts dem Weg 456 weiter, bis er auf den Weg Nummer 402 stößt. Nun gehen wir abermals nach rechts aufwärts, unter der *Reiterkarhütte* (2250 m) weiter dem *Weg 402* nach rechts folgend. Nach links zweigt der Weg Nummer 25 zum Winklerjoch ab. Nun erreichen wir einen *Sattel*, 2167 Meter, wo wir den Steig 402 verlassen und nach links dem Steig Nummer 20 weiß-blau-weiß markiert, über den *Nordkamm* zum Gipfel der *Reiterkarspitze* folgen. 2421 Meter, sehr schöner Rundblick nach Süden auf die östlichen Ausläufer der Dolomiten, im Westen und Osten den Karnischen Kamm und im Norden die Gailtaler Alpen mit den Lienzer Dolomiten.

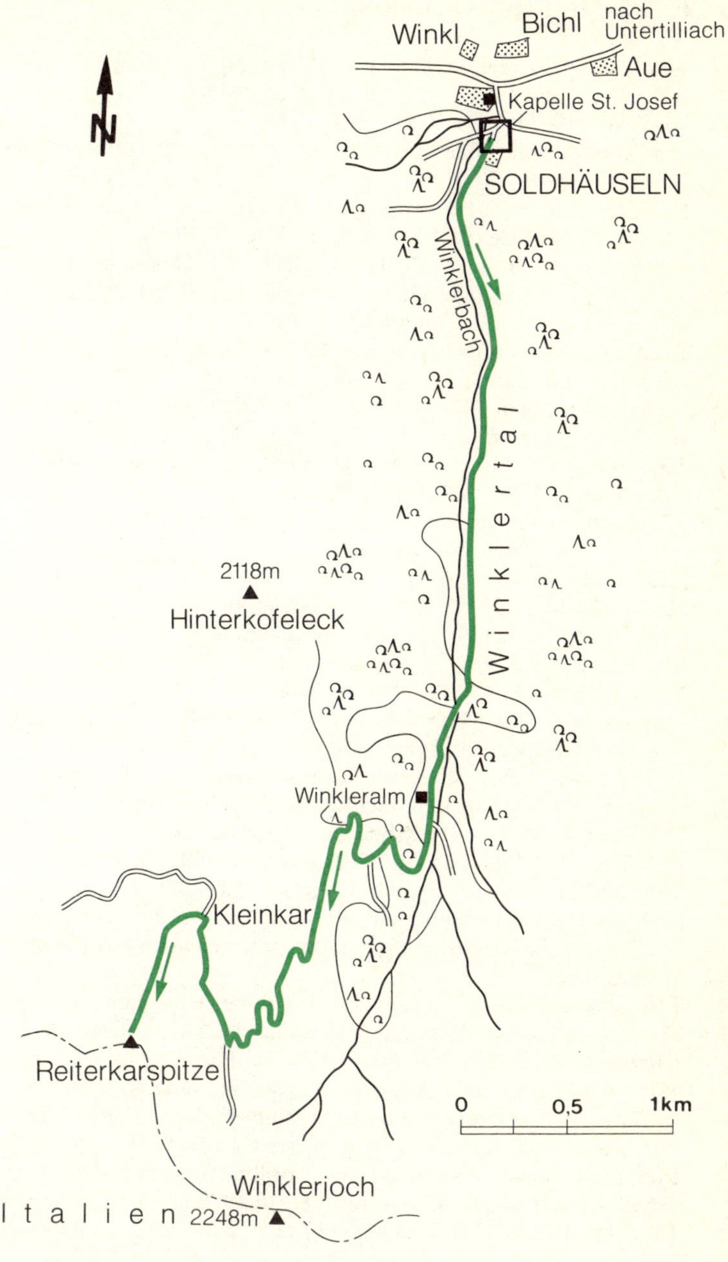
Winkl
Bichl
nach
Untertilliach
Aue
Kapelle St. Josef
SOLDHÄUSELN
Winklerbach
Winklertal
2118m
Hinterkofeleck
Winkleralm
Kleinkar
Reiterkarspitze
0
0,5
1km
Winklerjoch
Italien
2248m

6.10 Hochspitz-Rundtour

Verkehrsmöglichkeiten Über die Brenner-Autobahn bis Franzensfeste, dann durch das Pustertal nach Osttirol, über die Drautalstraße B 100 bis Tassenbach. Von Norden und Osten erreicht man den Bezirk Lienz über die Felbertauernstraße B 108 oder die Drautalstraße B 100. Von Lienz über die B 100 nach Tassenbach. In Tassenbach zweigt die Gailtal-Bundesstraße B 111 ab. Weiterfahrt über Kartitsch, Obertilliach noch etwa 3½ Kilometer, wo man vor der zweiten Straßenbrücke nach rechts abzweigt. Unterhalb der Straße liegt die kleine St.-Josefs-Kapelle. Rechts geht es hinunter zum Gailfluß und über die Brücke.
Parkmöglichkeiten Gleich nach der Brücke bei den Wegabzweigungen gibt es genügend Parkplätze für Pkw.
Wegmarkierungen Rot-weiß-rote Markierungen und Hinweisschilder. Wege Nummer 457, 402 (403), 26 a und 456.
Tourenlänge 5 km zur Biwakschachtel, 1½ km auf den Gipfel, zusammen 6½ km. Abstieg 7½ km. Zusammen 14 km.
Wanderzeit 4½ Stunden für den Aufstieg und 3 Stunden für den Abstieg, zusammen 7½ Stunden.
Höhenunterschiede Ausgangspunkt an der Gail unterhalb der St. Josefs Kapelle, 1231 m. Mitterkarbiwak 1974 m, Hochspitzjoch 2314 m, Hochspitz 2581 m. Gesamthöhenunterschied 1350 m für den Aufstieg, ebenso für den Abstieg.
Wanderkarte 1:50 000 Kompass-Wanderkarte Lienz Nr. 47.
Anmerkung Das Mitterkarbiwak ist eine Selbstversorgerhütte. Die Wanderer werden gebeten, diese Hütte sauberzuhalten. Beschriebene Rundtour über das Raabtal im Aufstieg und das Winklertal im Abstieg läßt sich auch umgekehrt durchführen.
Wissenswertes Der Hochspitz führt auch den Namen »Mt. Vancomune«. Wir benützen ein Stück des Weges 402, den Friedensweg, entlang des Karnischen Hauptkammes. Dem Vernehmen nach soll die Bezeichnung auf 403 geändert werden. Der Gipfel liegt genau im Grenzkamm an der österreichisch-italienischen Straatsgrenze.
Tourenbeschreibung Im Winkel, das ist die Örtlichkeit unterhalb der St.-Josefs-Kapelle bei den Soldhäuseln. Hier folgen wir der *Forststraße* nach links in Richtung *Raabtal*, Richtung *Mitterkarhütte-Hochspitz* und *Steinkarspitze*. Wegbezeichnung 457. Bald danach zweigt eine Forststraße nach rechts ab, der wir nicht folgen. Wir bleiben auf dem Hauptweg rechts vom Bach. Erst bei etwa 1450 Metern queren wir den Bach, worauf der breite Fahrweg endet. Nun führt ein gut markierter Steig durch den mäßig geneigten Talboden aufwärts nach rechts über den Bach und eine Steilstufe

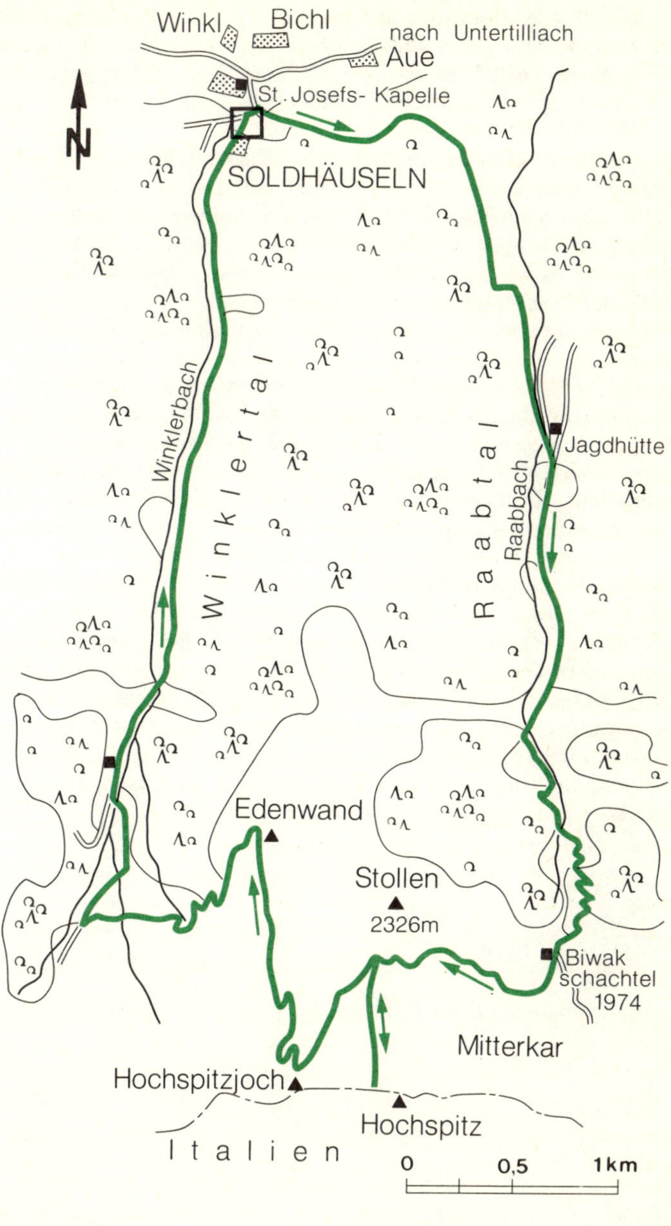
Winkl
Bichl
nach Untertilliach
Aue
St. Josefs- Kapelle
SOLDHÄUSELN
Winklerbach
Winklertal
Raabtal
Raabbach
Jagdhütte
Edenwand
Stollen
2326m
Biwak schachtel 1974
Mitterkar
Hochspitzjoch
Hochspitz
Italien
0
0,5
1km

hinauf zum Mitterkarbiwak. (Auf der *Kirchbergeralm* Aufenthaltsraum mit 4 Schlafplätzen.) Nun folgen wir nach rechts dem Weg *Nummer 402,* in westlicher Richtung, in ein blockerfülltes Seitental auf einen Sattel. Der Hochspitz liegt in südlicher Richtung.

Für den Weiterweg gibt es zwei Möglichkeiten. Beide Wege erfordern eine gewisse Trittsicherheit und sollten nicht bei Neuschnee und schlechter Witterung unternommen werden. Der kürzere Weg führt über den *Nordrücken,* und zwar über den gelb markierten Steig 26 b. Wir haben hier immerhin noch 300 Höhenmeter aufzusteigen, für die wir eine 3/4 bis 1 Stunde ansetzen müssen. Am Gipfel haben wir einen herrlichen Rundblick in alle Richtungen.

Die zweite Möglichkeit, den Hochspitz zu ersteigen, wird im Abstieg beschrieben. Vom Gipfel gehen wir vorerst in östlicher Richtung über Rasen und einigen Steigspuren folgend abwärts, bis wir eine Scharte im *Ostgrat* erreichen, wo ein schmaler Steig steil abwärts nach rechts in südlicher Richtung führt. Diesen *Steig* gehen wir in Serpentinen abwärts, dann kommt eine lange Querung in westlicher Richtung zum *Hochspitzjoch*, 2314 Meter. Nun haben wir wieder den *Weg Nummer 402* erreicht. Nach rechts gelangen wir über diesen Steig zum Sattel am Fuße des Nordgrates, wo der Steig 26b beginnt, von wo aus wir unseren Aufstieg unternommen haben. Für den Abstieg in das Tal wählen wir jedoch den linken Weg, der in das *Winklertal* hinabführt. Zuerst folgen wir der Markierung des Weges 402, erst unten im Tal auf fast 1700 Meter Höhe folgen wir nach rechts dem Weg 26a zur Winkleralm. Von der Winkleralm wählen wir den Weg 456 talauswärts zum Ausgangspunkt.

6.11 Eggen – Kircher Almen – Eggen

Verkehrsmöglichkeiten Über die Brenner-Autobahn bis Franzensfeste, dann durch das Pustertal nach Osttirol über die Drautal-Bundesstraße B 100 bis Tassenbach. Von Norden und Osten erreicht man den Bezirk Lienz über die Felbertauernstraße B 108 oder die Drautal-Bundesstraße B 100. Über die B 100 kommt man von Lienz nach Tassenbach. In Tassenbach zweigt die Gailtal-Bundesstraße B 111 ab. Die Fahrt führt über Kartitsch, Obertilliach nach Untertilliach und von dort noch 1,5 Kilometer weiter. Nach einer markanten Straßensteigung führt die Straße ein Stück beiderseits durch Wald, rechts steht ein Holzkreuz, und links zweigt ein asphaltierter Weg ab. Hinweis »Untereggen und Eggen«. Dieser schmalen Fahrstraße (Wegmarkierung Nummer 30) folgen wir über Untereggen nach Eggen.
Parkmöglichkeiten Genügend Abstellmöglichkeiten entlang des Weges.
Wegmarkierungen Blau-weiß und Hinweisschilder.
Tourenlänge 11 km für den Rundweg.
Wanderzeit 3½ Stunden.
Höhenunterschiede Eggen 1400 m, Hals 2138 m, somit 738 m für den Aufstieg und ebenso für den Abstieg.
Wanderkarte 1:50 000 Kompass-Wanderkarte Lienz Nr. 47.
Anmerkung Die Wanderung verläuft auf der Sonnenseite. Über weite flache Almwiesen, zuerst durch schüttere Waldungen, später über freie Flächen, erreicht man den sogenannten Hals, einen Sattel zwischen den Kircher Almen und Eggenkofel. Die Wanderung ist leicht und angenehm.
Wissenswertes Den Eggenkofel, der immerhin 2590 Meter hoch ist, kann man vom Hals aus ersteigen. Alpine Erfahrung und Trittsicherheit sind erforderlich.
Tourenbeschreibung Von *Eggen* folgen wir dem Weg Nummer 30 in nordwestlicher Richtung aufwärts. Oberhalb der Waldgrenze gehen wir über einen flachen, breiten Rücken immer in der gleichen Richtung weiter, bis wir den höchsten Punkt des Rückens erreichen. Man kann noch ein Stück weitergehen bis zum sogenannten *Hals*, einem Sattel zwischen den *Kircher Almen* und der mächtig aufstrebenden Wand des *Eggenkofels*. Für den Rückweg können wir anstelle des Steiges Nummer 30 den *Steig Nummer 35* wählen. Er führt genau in südlicher Richtung über die Almen in den Wald hinein. Dann erreichen wir einen breiten Weg, der in vielen Kehren bis nach *Kirchberg* führt. Von Kirchberg folgen wir dem Steig Nummer 34 in östlicher Richtung ohne nennenswerte Höhenverluste zurück nach *Eggen*.

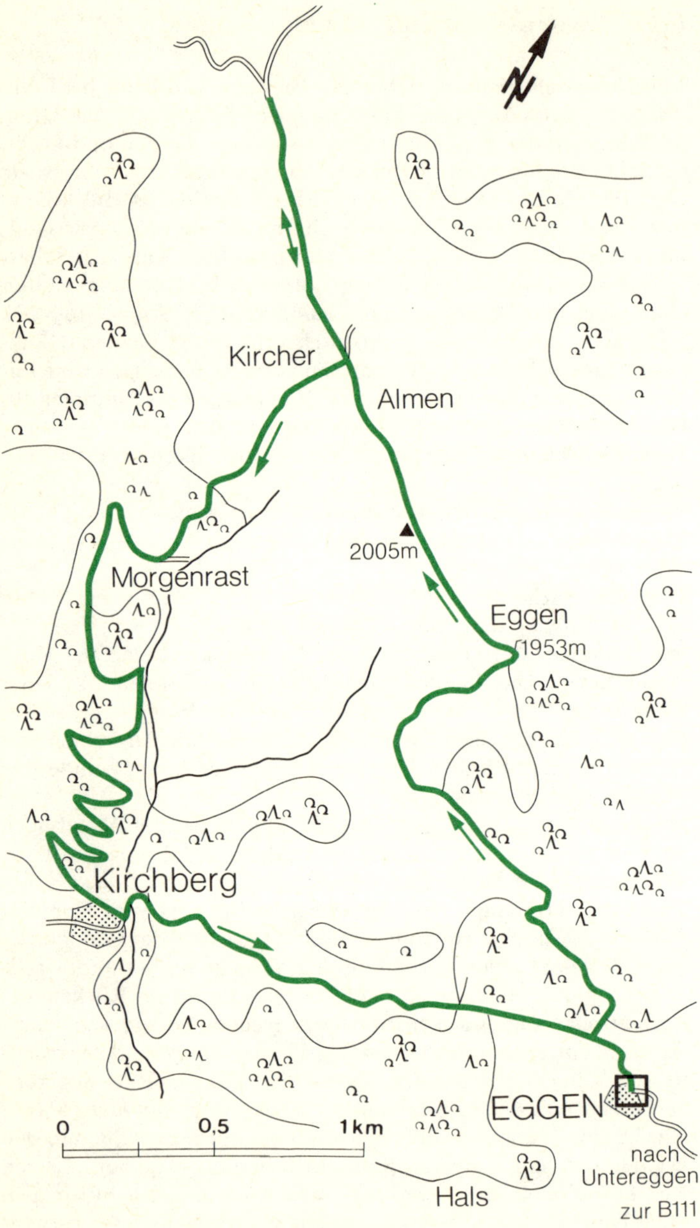
Kircher
Almen
2005m
Morgenrast
Eggen
1953m
Kirchberg
0
0,5
1 km
EGGEN
nach
Untereggen
zur B111
Hals

6.12 Goll – Steinrastl – Goll

Verkehrsmöglichkeiten Über die Brenner-Autobahn bis Franzensfeste, dann durch das Pustertal nach Osttirol, über die Drautalstraße B 100 bis Tassenbach. Von Norden und Osten erreicht man den Bezirk Lienz über die Felbertauernstraße B 108 oder die Drautalstraße B 100. Über die B 100 weiter von Lienz nach Tassenbach. In Tassenbach zweigt die Gailtal-Bundesstraße B 111 ab. Die Fahrt führt über Kartitsch nach Obertilliach, von dort noch 2 Kilometer weiter bis zum Weiler Bergen, Huben bzw. Goll. Vor der Straßenbrücke, die über den Gärberbach führt, zweigen wir nach links ab, wo es Abstellmöglichkeiten für Pkw gibt.
Parkmöglichkeiten Etwa 100 m von der Bundesstraße entfernt. Bevor wir den Gärberbach erreichen, lassen wir das Auto am Wegrand stehen.
Wegmarkierungen Rot-weiße Markierungen, Hinweisschilder.
Tourenlänge 6 km für den Aufstieg und 6 km für den Abstieg, das sind zusammen 12 km.
Wanderzeit 3 Stunden Aufstieg, 2 Stunden Abstieg, zusammen 5 Stunden.
Höhenunterschiede Bundesstraße etwa 1300 m, Steinrastl 2184 m, Höhenunterschied 884 m für den Aufstieg und ebenso für den Abstieg.
Wanderkarte 1:50 000 Kompass-Wanderkarte Lienz Nr. 47.
Anmerkung Unterwegs findet man keine bewirtschafteten Hütten vor. Etwa die Hälfte des Anstieges besteht aus einem breiten Fahrweg.
Wissenswertes Im unteren Teil führt der Weg durch Wald, im oberen Teil über weite freie Almflächen mit vielen netten kleinen Heuhütten. Umfassender Ausblick, besonders in die Gailtaler Alpen und hinüber zum Karnischen Hauptkamm.
Tourenbeschreibung Von der *Bundesstraße* gehen wir den Weg in nördlicher Richtung, vorbei am *Weiler Goll*, der links oben liegt, rechts über eine Brücke dem Fahrweg, der nun steil aufwärts führt folgend, durch *Huben*. Wir folgen dem *Weg Nummer 40,* einer breiten Forststraße aufwärts. Zuerst gehen wir über einige Wiesen, später durch Wälder und erst weiter oben nach der Waldgrenze geht es wieder über Wiesen und Almen. Wir wandern nun über weite freie Flächen sanft ansteigend in nördlicher Richtung weiter. Wir gehen über einen Rücken in einen Sattel, dann leicht ansteigend hinauf zum Gipfel des *Steinrastl*.

Als Abstieg wählen wir den gleichen Weg. Es gibt jedoch noch die Möglichkeit, den markierten Steig Nummer 40 in nordöstlicher Richtung weiter zu verfolgen. Bei den nächsten beiden Wegkreu-

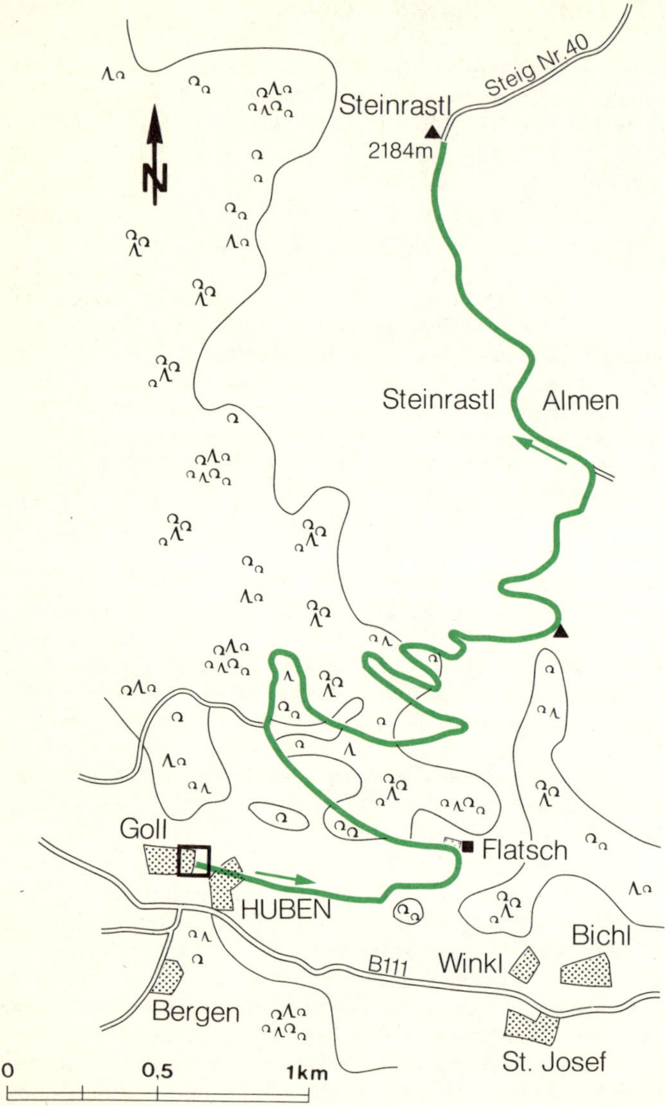
Steig Nr. 40
Steinrastl
2184m
Steinrastl
Almen
Goll
Flatsch
HUBEN
Bichl
Winkl
B111
Bergen
St. Josef
0
0,5
1km

zungen immer den linken Weg gehen (Weg Nr. 30), bis wir in den *Ochsengarten* gelangen. Vom Ochsengarten wählen wir den Weg 42 b talauswärts. Dieser breite *Fahrweg* steigt vorerst leicht an, um erst nach mehr als 1 Kilometer abwärts zu führen. Wir gehen, immer der Nummer 43b folgend, bis nach *Rals*, von dort wählen wir nicht die asphaltierte Straße, die zurück in Richtung Obertilliach führt, sondern einen Verbindungssteig hinunter zum *Gärberbach* bzw. bachauswärts nach *Goll* zum Ausgangspunkt. Für den Rückweg über den Ochsengarten benötigt man etwa eine ¾ Stunde mehr, somit insgesamt 2¾ Stunden für den Abstieg.

6.13 Obertilliach – Golzentipp

Verkehrsmöglichkeiten Über die Brenner-Autobahn bis Franzensfeste, dann durch das Pustertal nach Osttirol. Über die Drautalstraße B 100 bis Tassenbach. Vom Norden und Osten erreicht man den Bezirk Lienz über die Felbertauernstraße B 108 oder die Drautalstraße B 100. Von Lienz über die B 100 nach Tassenbach. In Tassenbach zweigt die Gailtal-Bundesstraße B 111 ab. Die Fahrt führt über Kartitsch nach Obertilliach.
Parkmöglichkeiten Im Ort Obertilliach gibt es genügend Parkmöglichkeiten. Am besten im Bereich des Gasthofes Weiler oder am Parkplatz der Doppelsesselbahn.
Wegmarkierungen Rot-weiße Markierungen. Schilder und Stangen.
Tourenlänge 3,5 km Aufstieg, 3,5 km Abstieg, zusammen 7 km.
Wanderzeit 3 Stunden für den Aufstieg, 2 Stunden für den Abstieg, zusammen 5 Stunden.
Höhenunterschiede Obertilliach 1450 m, Golzentipp 2317 m, das sind 867 m für den Aufstieg und ebenso für den Abstieg.
Wanderkarte 1:50 000 Kompass-Wanderkarte Lienz Nr. 47.
Anmerkung Wer es sich leichter machen will, unternimmt die Tour von der Bergstation der Golzentipp-Sesselbahn aus. Im östlichen Teil des Ortes befindet sich die Talstation der Golzentipp-Doppelsesselbahn. Hier genügend Parkraum vorhanden. Auffahrt mit dem Sessellift. Von der Bergstation nur mehr 320 Meter Aufstieg und 2,5 Kilometer Weglänge zum Gipfel. Aufstiegszeit etwa 1 Stunde.
Wissenswertes Unterwegs gibt es keine Raststätte. Im oberen Teil weite Flächen mit Almen, Wiesen und Heuhütten. Herrlicher Rundblick, nicht nur auf die naheliegenden Gailtaler Alpen, der Karnischen Kette, sondern auch auf die Dolomiten und den Tauernhauptkamm mit den vorgelagerten Berggruppen.

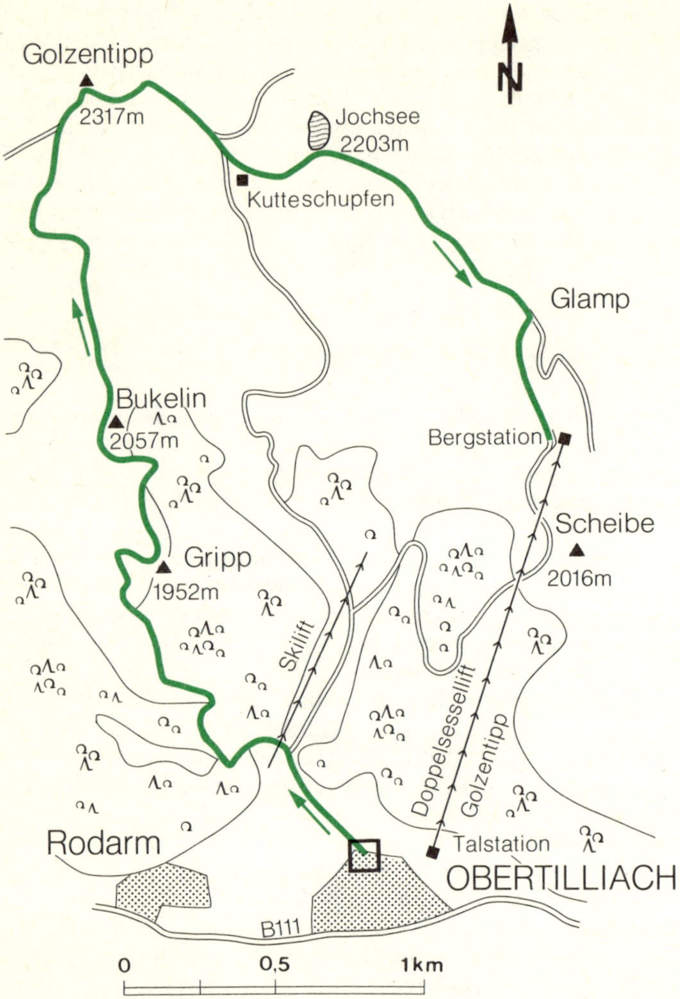

Tourenbeschreibung Von *Obertilliach* gehen wir den Weg in nordwestlicher Richtung aufwärts zu den *Schleppliftanlagen*. Oberhalb der Stationen quert unser Steig die Liftstrecke. Hier zweigt der Weg 46 nach rechts und 47 nach links ab. Beide führen auf den *Golzentipp*. Schöner und interessanter ist der Weg Nummer 47, da er dem Gratverlauf über die *Gripp* folgt. Der rechte Weg hält sich mehr in Talsenken. Unser Weg Nummer 47 führt vorerst durch Waldungen, dann über einige Schläge und Wiesen und schließlich steiler werdend an der Westseite des ersten Grataufschwunges vorbei. Bald danach gehen wir auf den *Grat* hinauf und nun über freie Flächen in nördlicher Richtung zum *Golzentipp*. Hier befindet sich ein großes, schönes Gipfelkreuz.

Der Abstieg erfolgt über den Weg Nr. 46 oder über Nr. 47 zum Sessellift.

6.14 St. Oswald – Dorfberg

Verkehrsmöglichkeiten Über die Brenner-Autobahn bis Franzensfeste, dann durch das Pustertal nach Osttirol über die Drautalstraße B 100 bis Tassenbach. Von Norden und Osten erreicht man den Bezirk Lienz über die Felbertauernstraße B 108 oder die Drautalstraße B 100. Von Lienz über die B 100 bis nach Tassenbach. In Tassenbach zweigt die Gailtal-Bundesstraße B 111 ab. Unsere Fahrt führt bis knapp vor die Ortschaft Kartitsch, wo etwa 1 Kilometer davor die Landesstraße nach links in Richtung St. Oswald abbiegt. Bei der Abzweigung befindet sich eine kleine Kapelle (links von der Bundesstraße). Diese Straße fahren wir aufwärts bis in die Ortschaft St. Oswald.

Parkmöglichkeiten In St. Oswald vor der Kirche.

Wegmarkierungen Rot-weiße Markierungen, Hinweisschilder.

Tourenlänge 6,5 km Aufstieg und ebenso Abstieg. Zusammen somit 13 km.

Wanderzeit 3 Stunden Aufstieg und 2 Stunden Abstieg, sind zusammen 5 Stunden.

Höhenunterschiede St. Oswald Kirche 1364 m, Dorfberg 2114 m, Höhenunterschied 750 m für den Aufstieg, ebenso für den Abstieg.

Wanderkarte 1:50 000 Kompass-Wanderkarte Sextener Dolomiten Nr. 58.

Anmerkung Abstiegsmöglichkeit nach Leiten in 1½ Stunden zur Omnibus-Haltestelle, Abstiegshöhe 687 m. Rückfahrmöglichkeit per Omnibus bis zur Abzweigung der St. Oswalder Straße. Vorher Erkundigungen nach den Omnibusfahrzeiten einholen.

Wissenswertes Der langgezogene bewaldete Höhenrücken von St. Oswald zum Dorfberg liegt zwischen dem Drautal und dem Gailtal, in den Gailtaler Alpen. Es ist eine lange Wanderung durch Waldungen, die erst im oberen Teil durch Lichtungen unterbrochen werden. Am Schluß mäßig steiler Gipfelanstieg oberhalb der Waldgrenze. Schöner Rundblick auf die Deferegger Alpen, besonders die Villgrater Berge, zu den Sextener Dolomiten, aber auch zu den Hohen Tauern.

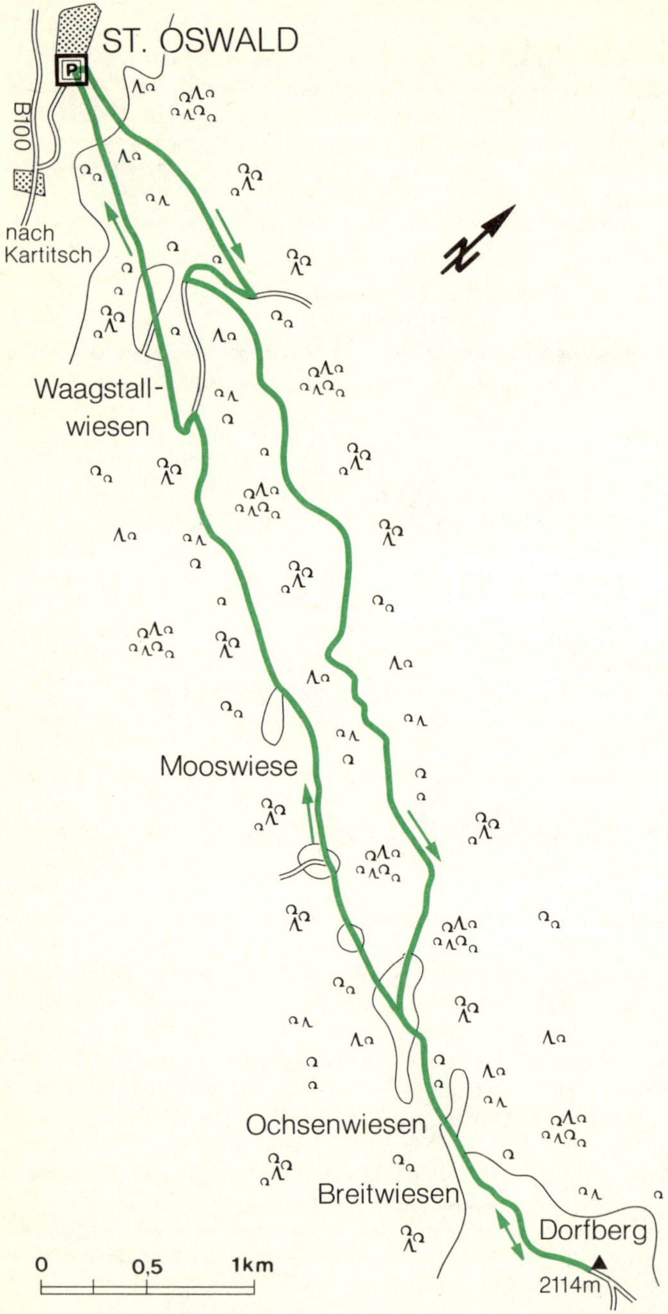
ST. OSWALD
P
B100
nach
Kartitsch
Waagstall-
wiesen
Mooswiese
Ochsenwiesen
Breitwiesen
Dorfberg
2114m
0
0,5
1km

Tourenbeschreibung Von *St. Oswald,* und zwar vom Parkplatz bei der Talstation des Skiliftes, wandern wir den Weg rechts weiter, bald danach geht es nach links aufwärts, zwischen den Häusern hindurch, über Wiesen in einer Schleife nach links bis in den Wald hinein. Nun folgen wir dem markierten *Fahrweg.* Er führt die Bezeichnung 30 und verläuft anfänglich mehr an der Nordseite des Bergrückens. Oberhalb 1800 Meter verflacht sich das Gelände, und wir gelangen nach einer längeren Wanderung endlich auf die freien Wiesenflächen. Zum Schluß gehen wir etwas steiler hinauf zum Gipfelkreuz. Der gegenüber der Drautalfurche liegende Berg, der das Bild immer wieder beherrscht, ist der Gumriaul.

Anstelle des Weges Nummer 30 (er wird ummarkiert und erhält die Alpenvereinsnummer 229) kann man auch den Weg 11a wählen. Wer von St. Oswald aufsteigt und wieder zurück nach St. Oswald geht, wird diesen Weg als Abstieg wählen.

10 Regeln für richtiges Verhalten in den Bergen

Herausgegeben von der Internationalen Bergsteigerunion

1. Vor jeder Tour muß die Bergerfahrung und körperliche Eignung aller Teilnehmer – Erwachsener und Kinder – geprüft werden. Bergwandern verlangt oft Trittsicherheit und Schwindelfreiheit.
2. Jede Bergtour soll an Hand von Tourenbeschreibungen und Landkarten genau geplant werden. Auch Auskünfte alpiner Vereine und Ortskundiger, wie Bergführer und Hüttenwirte, können dabei entscheidend helfen.
3. Entsprechende Ausrüstung und Bekleidung sind beim Bergwandern notwendig: vor allem feste hohe Schuhe mit griffiger Sohle. Da das Wetter in den Bergen oft sehr rasch umschlägt, sind Regen- und Kälteschutz ebenfalls sehr wichtig.
4. Aus Gründen der Sicherheit sollten vor dem Aufbruch Weg und Ziel der Tour sowie der voraussichtliche Zeitpunkt der Rückkehr dem Hüttenwirt bzw. Hotelier oder Freunden bekanntgegeben werden.
5. Das Tempo beim Wandern muß der Kondition der ganzen Gruppe angepaßt werden. Zu rasches Gehen am Beginn einer Tour führt unweigerlich zu frühzeitiger Erschöpfung.
6. Markierte Wege nicht verlassen. Um Stürze zu vermeiden, ist auch im leichten Gelände größte Aufmerksamkeit notwendig.

Vorsicht beim Begehen von steilen Grashängen, vor allem bei Nässe. Besonders gefährlich sind Querungen von Schneefeldern und Gletschern.

7. Das Abtreten von Steinen ist unbedingt zu vermeiden, weil dadurch andere Bergwanderer verletzt werden könnten. Steinschlaggefährdete Stellen sollen möglichst rasch und ohne anzuhalten passiert werden.
8. Wenn das Wetter umschlägt, Nebel einfällt, der Weg zu schwierig wird oder in schlechtem Zustand ist, sollte man umkehren. Das ist keine Schande, sondern ein Zeichen der Vernunft.
9. Tritt ein Unfall ein, Ruhe bewahren. In manchen Fällen wird man sich selbst helfen können. Wenn nicht, soll durch Rufen, Lichtzeichen oder Winken mit großen Kleidungsstücken versucht werden, Hilfe herbeizuholen. Ein Verletzter ist in der Regel am Unfallort zu belassen und soll nach Möglichkeit nicht allein gelassen werden. Der Standort soll durch Markierung leicht einsehbar gemacht werden.
10. Die Berge sind für alle da. An ihrer Erhaltung und Sauberkeit mitzuhelfen, ist Pflicht jedes Bergwanderers. Man soll seine Abfälle ins Tal mitnehmen, die Tier- und Pflanzenwelt soll geschont werden.

Einen Wanderurlaub sollte man der persönlichen Kondition entsprechend einteilen. Es wird davor gewarnt, die eigenen Kräfte zu überschätzen. An den ersten beiden Tagen soll man nur kleine Touren machen und am dritten Tag einen Rasttag einschalten. Danach kann man längere Wanderungen unternehmen.

Wanderausrüstung

Die Wanderausrüstung soll in erster Linie funktionsgerecht sein.
Schuhe Wichtig: Profilgummisohle! Bei längeren Wanderungen ist ein über den Knöchel reichender Schuh zu empfehlen, bei Bergwanderungen unbedingt erforderlich. Weicher, gepolsterter Abschluß. Wasserdichtes Leder.
Neue Wanderschuhe sollen eingegangen werden; nicht gleich bei längeren Touren verwenden.
Strümpfe, Socken Wollstrümpfe, eventuell mit Frottee verstärkt. Bei Kniebundhosen sollen die Strümpfe bis über das Knie reichen. Eventuell können über den Wollstrümpfen noch Socken getragen werden.
Unterwäsche Schweißsaugend, am besten aus Baumwolle. Soll nicht beengend sein. (Besser Trans-tex!)

Hemd, Bluse Schweißsaugend. Baumwolle, Flanell oder Jersey sind die zweckmäßigsten Materialien. Schmutzunempfindliche Farben sind vorteilhaft. Hemd oder Bluse soll lang genug sein; die Ärmel dürfen nicht zu knapp angeschnitten sein (Ärmelloch weit genug). In der Taille sehr enge Hemden oder Blusen behindern die Beweglichkeit.

Pullover Es ist besser, zwei dünnere als einen sehr dicken Pullover mitzunehmen. Bei Kälte ergeben sich durch Übereinanderziehen günstigere Wärmeverhältnisse (Mehrschichtenprinzip). Die Ärmel sollen so lang sein, daß die Handgelenke gut geschützt sind. Der Pullover soll bis unter die Hüfte reichen. Material: möglichst gute, weiche Wolle. Kunstfasern sind nicht empfehlenswert.

Hose Bevorzugt Kniebundhose, wichtig: bequemer Schnitt! Beinlänge soll weit genug unter das Knie reichen. Die Hose soll nicht zu eng sitzen; das behindert die Beweglichkeit. Enge Kleidung ist überdies kälter als weite. (Es kann sich keine wärmende Luftzwischenschicht bilden.) Die Verschlüsse am Bund und unter den Knien sollen nicht zu straff sitzen. Geeignete Materialien sind Loden, Cord, elastische Gewebe, für sehr warme Tage auch Leinen und Jeansstoff. An heißen Tagen als Zweithose eventuell Shorts.

Anorak Wichtig ist eine gute Paßform. Gute Beweglichkeit muß gewährleistet sein; Ärmel dürfen daher nicht zu eng angeschnitten sein. Die Länge soll bis unter das Gesäß reichen; die Kapuze soll mit dem Anorak fest verbunden sein und sich bis hoch in das Gesicht schließen lassen. Die Ärmel brauchen einen guten Abschluß, der aber nicht zu eng sein darf. Genügend Taschen zum Einstecken kleiner Ausrüstungsgegenstände sind günstig. Verschluß: am besten durchgehender Reißverschluß – vorteilhaft Doppelzipp – und eine über den Reißverschluß reichende Druckknopfleiste.

Das Material soll atmungsaktiv und geschmeidig sein; Anoraks aus einer Kunstfaser entsprechen dieser Forderung vielfach nicht. Daher besser Popeline, eventuell kunststoffverstärkt, Segeltuch, Ninoflex, Goretex u. a. m.

Regenschutz Weiter Regenumhang (Pelerine, Cape), der auch über den Rucksack getragen werden kann. Am besten sind leichte, klein zusammenlegbare Modelle. Der Umhang soll nicht zu lang sein, sonst Gefahr des Draufsteigens und Hängenbleibens.

Eventuell auch zusammenlegbarer Regenschirm.

Kopfbedeckung Als Kälte- und Windschutz: Lodenhut mit Sturmband oder Wollmütze mit gutem Ohrenschutz.

Als Sonnenschutz: Leinenhut mit Krempe oder Kopftuch.

Handschuhe Am zweckmäßigsten sind Wollhandschuhe oder -fäustlinge (Fausthandschuhe), deren Schaft über die Handgelenke reicht.

Rucksack Material: mehrfach beschichtetes Kunststoffgewebe oder starkes Segeltuch. Eventuell Polsterung am Rücken. Breite gepolsterte Traggurte, Außentasche mit Reißverschluß wichtig. Klemmschnallen und Schnallengürtel sollen angenäht und nicht nur angenietet sein.
Sonnenbrille 60 bis 80 Prozent Lichtabsorption. Um seitlichen Einfall der Sonnenstrahlen zu verhindern, sollen die Gläser der Brille groß genug sein.
Sonnenschutzmittel Sehr wichtig, vor allem in größeren Höhenlagen wegen der stärkeren Wirkung der UV-Strahlen. Möglichst hoher Lichtschutzfaktor. Bei starker Sonneneinstrahlung ist auch die Verwendung einer Lippenschutzsalbe notwendig.
Kleine Rucksackapotheke Mindestausstattung: Mullbinde, elastische Binde, Pflasterschnellverband, Heftpflaster, schmerzstillende Tabletten, Insektenstift. Eventuell Aluminiumschutzdecke (Gewicht nur zirka 90 Gramm).
Taschenmesser Am zweckmäßigsten ist eines mit einfachem Werkzeug (Schraubenzieher, Korkenzieher, Flaschenöffner).
Toilettenpapier Ein kleiner Vorrat gehört in jeden Tourenrucksack.
Kleinigkeiten Schnüre, Reserveschuhbänder, (Schnürsenkel), Sicherheitsnadeln, Notizblock, Schreibstift, Taschentücher.
Proviant Als Zwischenverpflegung: Obst, Schokolade in stabiler Verpackung, Fruchtschnitten, Dörrobst. An heißen Tagen und bei längeren Wanderungen – vor allem mit Kindern – ist die Mitnahme von Getränken (Mineralgetränke) zu empfehlen (Flasche aus Kunststoff oder Aluminium).
Plastiksack für Abfälle nicht vergessen!
Karte u. Kompaß.

Anschriftenverzeichnis

Jugendherberge
Linker Iselweg 22, A-9900 Lienz.

Vinzenz-Biedner-Hütte (1800 m)
Auf dem Zettersfeld, Schobergruppe. Anfragen: Josef Schedl, Hugo-Engl-Straße 8, A-9900 Lienz.

Alpenverein-Haus Pepi-Stiegler-Heim am Zettersfeld
9900 Thurn bei Lienz.

Alpenverein-Büro
Defreggerstr. 11, A-9900 Lienz

Alpenverein-Jugendheim am Zettersfeld
A-9900 Lienz/Gaimburg